上場会社オーナーのための
資産管理実務

公認会計士・税理士
小谷野 幹雄 ［監修］
Koyano Mikio

小谷野公認会計士事務所 ［編著］
KOYANO C.P.A. OFFICE

株式会社 きんざい

はじめに

実務家の皆様へ

　上場を達成した会社オーナーは、様々な利点を享受する反面、多様な課題を抱えることになります。上場会社オーナーの場合、資産の大部分が、価格変動リスクの大きい自社株式になります。この特性に対応した資産保全、管理、承継のプランニングやその実行時期を判断することは重要な課題となります。そのため、不動産の割合が高い一般的な富裕層の方々とは異なる視点・知識等が必要となります。

　上場会社オーナーは会社も個人も、公（Public）の側面が強く、あらゆる局面で「厳格な倫理（Ethics）」を意識しなくてはなりません。合法か否かの議論だけではなく、株式市場への影響を考えた「風評リスク（Reputation Risk）」までをも念頭に置く必要があります。

　様々なリスクの管理項目や管理レベルは非上場会社のオーナーとは大きく異なります。さらに情報開示（Disclosure）の側面から、会社のIR（株主向け広報）、証券アナリスト向け説明会なども念頭に置いて対策を進める必要があります。

　本書は、読者の方をPB（プライベート・バンカー）、FP（ファイナンシャル・プランナー）、WM（ウェルス・マネージャー）、税理士、公認会計士、弁護士などの専門家と想定しているため、基本的な税法や会社法の解説を省きましたことをご容赦ください。

2016（平成28）年3月吉日

　　　　　公認会計士・税理士　小谷野　幹雄（こやの　みきお）

【監修者プロフィール】

小谷野　幹雄（こやの　みきお）

1984　早稲田大学4年在学中に公認会計士2次試験合格。

1985　大手証券会社新卒入社。

引受審査部にて株式公開業務、企業ファイナンス業務に従事。

多数の著名企業のIPOに関与し、上場会社の新しいファイナンス手法を数多く実践。

1989　ファイナンシャル・プランナー（FP）室にて公開オーナーの資産税対策を中心に各種コンサルティングに従事。

資産家のプライベート・バンキング業務をはじめ、企業の財務戦略、税務戦略の提案実践多数。

1993　ニューヨーク大学経営大学院（NYU）でMBA取得。先端のファイナンス理論を数多くのウォールストリートの実践家から直接学ぶ。

1996　大手証券会社退職。

小谷野公認会計士事務所を東京都港区青山に開業。

2001　ISO9002（品質国際規格、適用範囲：税理士業務）取得。英国機関から税理士サービス業務について認証。

2002　ISO9001新基準移行審査完了。

2007　東京都渋谷区代々木に事務所を移転。

金融財政事情研究会　FP技能検定国家試験委員に就任。

2011　ISO27001（情報セキュリティマネジメントシステム）取得。

2012　日本証券アナリスト協会　PB（プライベート・バンキング）資格試験委員に就任。

現在　複数の東京証券取引所一部上場会社の役員をはじめ、上場REIT投資法人の監督役員、金融財政事情研究会　FP技能検定国家試験委員、日本証券アナリスト協会　PB資格試験委員、各種公益法人の役員等、社会貢献分野でも活躍。

【執筆者】

長谷川　徳男（はせがわ　のりお）

税理士・公認会計士・CMA・CFP

立教大卒　1996年　公認会計士2次試験合格

一般的な会計・税務業務のほか、特に、事業法人の資本政策・M&A・組織再編にかかる会計・税務コンサルティング業務、富裕個人の資産税コンサルティング業務に従事。金融財政事情研究会 FP技能検定国家試験委員。

山口　美幸（やまぐち　みゆき）

公認会計士

千葉大卒　1996年　公認会計士2次試験合格

センチュリー監査法人（現あずさ監査法人）国際部にて外資金融機関の監査、国内金融法人の監査業務を経て小谷野公認会計士事務所入社。上場会社オーナーの資産保全、管理について様々な手法を実践し、企業再編部門においても関与した大型再編事案多数。金融財政事情研究会 FP技能検定国家試験委員。

【小谷野公認会計士事務所プロフィール】

　富裕層、企業オーナーファミリーに対する資産・事業承継コンサルティング、ベンチャー企業に対する成長支援、株式公開コンサルティング、事業法人に対するM&A・組織再編に関する税務・会計アドバイザリー業務、デューデリジェンス、バリュエーション業務、企業再生支援業務など、財務・会計・税務に関する様々な問題を解決することを目的に、公認会計士・税理士を中心としたスペシャリスト集団により高度な専門サービス提供している。会計事務所として、ISO9001（品質国際規格）、ISO27001（情報管理規格）取得。

〈所在地〉

〒151-0053　東京都渋谷区代々木1-22-1　代々木一丁目ビル14階

TEL：03-5350-7435（代）　FAX：03-5350-7436

Email：otoiawase@koyano-cpa.gr.jp　URL：http://www.koyano-cpa.gr.jp

目　　次

| 第1章 | 上場会社オーナーの課題 | 1 |

1－1　上場会社オーナーの資産管理実務に携わるに当たって…………… 2

1－2　上場会社オーナーの課題………………………………………………… 4

1－3　上場会社オーナーの関心事……………………………………………… 6

 1　上場会社の経営者としての公的側面……………………………………… 6

 2　上場会社オーナー個人としての私的側面……………………………… 7

1－4　上場会社オーナーを取り巻く環境と現状の分析…………………… 8

 1　氏名、年齢、住所や家族の情報……………………………………………… 8

 2　上場会社の基礎情報…………………………………………………………… 11

 3　フロー（収入及び支出）及びストック（財産及び債務）の内容と状況… 13

 4　相続に対する考え方………………………………………………………… 27

 5　ライフスタイル………………………………………………………………… 28

 6　リスクに対する許容度……………………………………………………… 29

 7　保有資産のポートフォリオ（保有資産に関する嗜好）……………… 29

 8　資産の嗜好・リスク許容度……………………………………………… 31

1－5　新興市場の上場会社オーナーの特徴………………………………… 32

 1　新興市場の上場会社オーナーの志向……………………………………… 32

 2　新興市場の上場会社オーナーのファイナンシャル・プランニング……… 33

 3　新興市場の上場会社オーナーにとっての資産保全会社の役割……… 33

1－6　後継者の選定と後継者の育成………………………………………… 35

 1　後継者と「二代目」………………………………………………………… 35

 2　後継者の選定………………………………………………………………… 36

 3　後継者の育成………………………………………………………………… 36

 4　社内整備の体制……………………………………………………………… 37

| 第2章 | 資産保全会社を利用した事業承継対策 | 41 |

2－1　上場後の資産保全会社の設立と効果………………………………… 42

 1　資産保全会社のメリット・デメリット………………………………… 43

 2　資産保全会社の設立………………………………………………………… 49

 3　株式移動時のキャピタルゲイン課税……………………………………… 57

 4　金融商品取引法上の手続………………………………………………… 59

2－2　自己株式の取得による株主構成の適正化…………………………… 61

	1	自己株式の取得	61
	2	自己株式の取得の手続	62
	3	税務上の検討事項	67
	4	会計上の検討事項	70

2－3 他の会社への資産保全会社の株式の譲渡とみなし配当課税 … 73

	1	他の会社への譲渡と発行会社への譲渡	74
	2	譲渡対象株式の決定	74
	3	金融商品取引法上の検討事項	76

2－4 上場会社の資産保全会社からの自己株式の取得 … 77

	1	上場会社における自己株式の取得のメリット	77
	2	上場会社が自己株式を取得する方法	78
	3	譲渡者の課税上の取扱い	80

2－5 減資及び上場株式の現物配当 … 83

	1	A社の財団への寄附における役員給与認定の検討	83
	2	J社株式現物配当に関する法律上の留意事項	84
	3	J社株式現物配当に関する会計・税務上の留意事項	87

2－6 資産保全会社の相続税評価額の引下げ … 95

	1	資産保全会社の株式の相続税評価額	96
	2	不動産の収益性分析	105
	3	不動産取得のための資金調達	107
	4	資産保全会社における手続	108

2－7 資産保全会社から受ける役員退職慰労金の事前対策 … 115

| | 1 | 上場会社から支給される役員退職慰労金額の把握 | 116 |
| | 2 | 資産保全会社の役員退職慰労金規程の整備 | 116 |

2－8 資産保全会社と種類株式の活用 … 125

	1	株式会社と種類株式	126
	2	株式会社と属人的株式	129
	3	種類株式と相続税評価	131

第3章 企業組織再編を利用した事業承継対策 … 135

3－1 上場会社のMBO … 136

	1	MBO	137
	2	少数株主のスクイーズ・アウト	138
	3	TOB実施後の株式交換	139

| | 4 | TOB実施後の全部取得条項付種類株式の発行 | 148 |

	4	TOB実施後の全部取得条項付種類株式の発行	148
3-2		**資産保全会社の合併と会社分割**	**152**
	1	相続させる事業単位・会社単位の整理	154
	2	スキームの検討	155
	3	100%子会社化のための株式の譲渡	157
	4	吸収合併	159
	5	新設分割のスケジュール	160
	6	新設分割の会社法上の具体的な手続	161
	7	会社分割の税法上の検討事項	170
	8	分割法人及び分割承継法人の税法上の取扱い	171
	9	分割法人の株主の税法上の取扱い	175
第4章		**資産保全会社のフロー面の検討**	**179**
4-1		**上場会社と資産保全会社の留保金課税**	**180**
	1	特定同族会社の留保金課税の概要	181
	2	同族会社と特定同族会社	182
	3	持株割合	183
	4	資本金の額の減少	184
4-2		**資産保全会社の法人事業税の外形標準課税**	**185**
	1	法人事業税の外形標準課税と地方法人特別税	186
	2	資本金の額の減少における留意点	190
4-3		**資産保全会社の受取配当等に対する課税**	**191**
	1	受取配当等の益金不算入の概要	191
	2	検討事項	192
	3	株式移動方法の検討	195
	4	公開買付規制	196
第5章		**公益財団法人を利用した事業承継対策**	**199**
5-1		**公益財団法人への寄附等の課税関係**	**200**
	1	公益法人制度と財団法人	200
	2	公益財団法人の上場株式保有の検討	202
	3	譲渡所得の特例	206
	4	寄附金の特例	210
	5	相続税の特例	212
	6	公益法人等に係る税務上の特例	214

| 5−2 | 公益財団法人の認定 | ……………………………………… | 214 |

5−2　公益財団法人の認定………………………………………214
　　1　公益認定基準の概要………………………………………214
　　2　公益認定の基準………………………………………215
　　3　公益目的事業の確認………………………………………216
　　4　経理的基礎及び技術的能力………………………………217
　　5　特別の利益を与える行為の禁止…………………………219
　　6　財務に関する公益認定基準の書類………………………220
　　7　理事の制限………………………………………222
　　8　会計監査人の設置………………………………………224
　　9　株式等の保有制限………………………………………224

5−3　公益法人等の税制の概要…………………………………227
　　1　公益法人等の法人税と所得税……………………………227
　　2　公益法人等の消費税………………………………………232
　　3　公益法人等の道府県民税及び市町村民税………………234
　　4　公益法人等の事業税………………………………………234
　　5　公益法人等の登録免許税…………………………………234
　　6　公益法人等の不動産取得税………………………………235
　　7　公益法人等の固定資産税…………………………………235

第6章　信託を利用した事業承継対策……………………………237

6−1　信託の税務…………………………………………………238
　　1　信託の概要………………………………………238
　　2　税務上の取扱いの概要……………………………………239
　　3　受益者等課税信託の税務…………………………………241
　　4　受益者等課税信託におけるその他の信託税務…………243

6−2　資産保全会社の事業承継における信託の活用…………245
　　1　本件の特徴………………………………………246
　　2　遺言と遺言代用信託………………………………………246
　　3　税務上の取扱い………………………………………249
　　4　後継者以外の相続人がいる場合…………………………250

6−3　他益信託による早期の事業承継…………………………252
　　1　本件の特徴………………………………………252
　　2　税務上の取扱い………………………………………254

6−4　受益者連続型信託を利用した承継者の指定……………255

vii

1	税務上の取扱い	256
2	生前に当初受益者が存在しない信託契約を設定する場合	257
3	遺言によって信託契約を設定する場合	258

第7章　資産の移転対策 261

7-1　暦年課税と相続時精算課税 262

1　財産の移転方法の選択 262

2　贈与の課税方法による選択 263

3　贈与契約書の作成 270

4　贈与契約の取消しの税務上の取扱い 271

7-2　株価急騰時の株式移動 273

1　インサイダー取引の検討 274

2　株価急騰の実情にある株式の価額 275

第8章　遺言書 277

8-1　上場会社オーナーの遺言書作成の実務 278

1　遺言書作成の有用性 278

2　保有財産の把握 278

3　保有財産の評価と属性の把握 279

4　遺産分割案の作成 279

5　相続税の試算 279

6　遺言書の原案の作成 280

7　遺言の方式 281

8　配偶者の遺言書の作成 283

9　遺言書作成後 285

8-2　遺言書の具体的な事例 286

第9章　相続発生後の実務 295

9-1　株主代表訴訟と限定承認・相続放棄 296

1　株主代表訴訟 297

2　限定承認と相続放棄の概要 297

3　税務上の取扱い 300

4　株主代表訴訟に対する責任軽減 303

9-2　遺産分割と株主順位 306

1　遺産分割と遺留分 307

2　会社支配に必要な議決権の確保 307

	9-3	資産保全会社の代表取締役の選任	314
	1	取締役の選定	314
	2	株主構成・役員構成別の代表取締役選定手続	315
	3	合同会社における留意点	317

第10章　相続発生後の納税資金対策 … 321

	10-1	上場株式の換金化	322
	1	株価推移に応じた納税方法の選択	322
	2	金融商品取引法等の手続	326
	10-2	資産保全会社の株式の換金化	329
	1	株式を発行会社へ譲渡することによる納税資金の捻出	329
	2	みなし配当等の課税の特例	330
	3	会社法における相続株の制度	331
	4	金庫株と物納の税金比較	333
	10-3	上場株式の物納・延納の担保提供	335
	1	延納・物納のための検討事項	336
	2	上場株式の延納の担保提供及び物納	344
	3	資産保全会社株式の物納	347

第11章　上場会社オーナーの相続税調査 … 351

	11-1	相続税調査における論点	352
	1	税務調査の論点	352
	2	名義預金・名義株式	353
	3	贈与契約と贈与税の時効	354
	4	貸付金債権等の評価と回収可能性	356
	11-2	相続税調査と重加算税	359
	1	上場会社オーナーと相続税調査	359
	2	税務調査の概要	360
	3	附帯税の種類	362

第12章　上場会社オーナーと金融商品取引法 … 367

	12-1	上場会社オーナーと金融商品取引法	368
	1	上場会社オーナーと金融商品取引法	368
	2	刑事罰	368
	3	行政罰	369
	4	民事責任	372

12-2	上場会社オーナーの自社株移動の開示規制	373
	1	大量保有報告制度	373
	2	臨時報告書・適時開示	383
12-3	上場会社オーナーの自社株移動（TOB規制）	387
	1	TOB規制	388
	2	TOB規制の具体的な規制	389
12-4	売出規制	393
	1	売出規制とは	393
12-5	インサイダー取引規制	397
	1	インサイダー取引規制とは	397
	2	公開買付者等関係者のインサイダー取引規制	401
	3	インサイダー取引の未然防止	401
12-6	その他の金融商品取引法規制	404
	1	親会社等の開示規制	404
	2	親会社等状況報告書	404
	3	有価証券報告書における財務諸表等規則に基づく開示	405
	4	取引所規則に基づく支配株主等の会社情報に関する適時開示	405

第13章　上場会社オーナーのフロー面の検討 … 407

13-1	上場株式等の譲渡所得等	408
	1	上場株式等の譲渡益・配当課税について	408
	2	上場株式等の譲渡損失と配当所得との損益通算	408
	3	上場株式等に係る譲渡損失の繰越控除	409
	4	株式等の譲渡に係る収入金額の収入とすべき時期	410
	5	株式の取得価額	410
	6	金融所得一体課税	411
13-2	大口株主等の配当課税	417
	1	上場株式等の配当課税	418
	2	株式の移動の可否及び売却方法についての検討	421
	3	金融商品取引法の手続	423
13-3	上場会社オーナーと税制適格ストックオプション	424
	1	ストックオプションの課税上の取扱い	425
	2	税制適格ストックオプションの権利行使により取得した株式の取得費	427

	3	株式取得後の税制適格要件の取扱い…………………………………… 428
	4	非適格ストックオプションにおける発行会社の課税上の取扱い……… 430

13−4　エンジェル税制………………………………………………… 431

	1	エンジェル税制の優遇措置………………………………………………… 431
	2	エンジェル税制の対象となるベンチャー企業………………………… 432
	3	エンジェル税制の対象となる個人の要件……………………………… 435
	4	エンジェル税制を利用するに当たっての留意点……………………… 435

13−5　ふるさと納税…………………………………………………… 436

	1	ふるさと納税制度の概要………………………………………………… 436
	2	住民税所得割の控除額…………………………………………………… 437
	3	ふるさと納税制度を適用する際の手続……………………………… 440

13−6　貸付金の認定利息と回収不能額………………………………… 441

	1	上場会社オーナーから同族会社に対する無利息貸付………………… 441
	2	個人間の貸付における貸付金利息の収入時期………………………… 442
	3	回収不能額の取扱い……………………………………………………… 443

13−7　馬、趣味嗜好品の売買…………………………………………… 446

	1	競走馬……………………………………………………………………… 446
	2	趣味嗜好品………………………………………………………………… 449

13−8　投資形態による課税の取扱い…………………………………… 450

	1	匿名組合契約……………………………………………………………… 450
	2	任意組合…………………………………………………………………… 452
	3	投資事業有限責任組合…………………………………………………… 453
	4	合同会社（日本版LLC）………………………………………………… 455
	5	リミテッド・パートナーシップ（LPS）……………………………… 456
	6	米国のLLC………………………………………………………………… 457

第14章　上場会社オーナーの海外取引………………………………… 459

14−1　海外不動産の贈与………………………………………………… 460

	1	米国での贈与税申告の手続……………………………………………… 461
	2	日本の税法………………………………………………………………… 464
	3	日米財産の贈与における実効税率の比較……………………………… 468
	4	受贈者の資金負担額の比較……………………………………………… 469

14−2　受贈者の海外移住による贈与…………………………………… 471

	1	贈与税の納税義務者と課税対象………………………………………… 472

xi

2 財産の所在の変更、種類の変更 …………………………………… 474

3 贈与当事者の居住地等の変更 …………………………………… 474

14-3 海外不動産の取得 …………………………………………… 478

1 不動産の特定及び売買契約 ……………………………………… 479

2 中古物件の税法上の耐用年数 …………………………………… 479

3 不動産賃貸料の設定における課税上の問題 …………………… 480

4 米国での不動産所得の申告 ……………………………………… 480

5 日本における不動産所得の申告における外国税額控除 ……… 481

6 米国非居住者の賃貸収入及び売却時の課税 …………………… 484

14-4 グリーンカード保持者の課税 …………………………… 486

1 居住者の判定 ……………………………………………………… 487

2 日本における課税が軽減されている項目について …………… 491

14-5 海外預金利子 ………………………………………………… 496

1 米国での取扱い …………………………………………………… 496

2 日本での取扱い …………………………………………………… 498

14-6 海外投資の留意点 ………………………………………… 500

1 直接投資のデメリット …………………………………………… 500

2 海外投資の運用方法 ……………………………………………… 501

3 海外の名義変更手続 ……………………………………………… 502

14-7 海外資産の税務調査 ……………………………………… 504

1 富裕層への税務調査 ……………………………………………… 504

2 海外資産調査 ……………………………………………………… 505

3 国外財産調書制度 ………………………………………………… 506

4 国外転出時課税制度 ……………………………………………… 509

5 財産債務調書制度 ………………………………………………… 511

6 その他の制度 ……………………………………………………… 512

7 非居住者の居住地の実質判定 …………………………………… 514

【巻末資料】 平成28年度税制改正大綱の概要 ……………………………… 519

コラム

後継者の迎え方　〜息子をいきなり副社長〜…………………………………… 38

上場会社オーナーの名参謀は人たらし　〜遠回しが近回りになる場合も〜……… 39

老舗企業経営者の詐欺被害　〜純粋培養の危うさ〜……………………………… 40

相続人の数だけ資産保全会社をつくる…………………………………………… 60

オーナーがプライベートで始めた事業の成功は多くない……………………… 72

資産保全会社のメンテナンスをしないで失敗…………………………………… 114

政治家の相続………………………………………………………………………… 124

種類株式の活用について…………………………………………………………… 134

MBOを決断しなかった上場会社オーナー　〜従業員とその家族〜…………… 151

財産明細にない会社の相続　〜専門家も聞き逃す遺言〜……………………… 177

上場会社オーナーと保険　〜保険加入に気乗りしない上場会社オーナーの心〜… 178

財団法人の落とし穴　〜完璧の裏側　Uncontrollable〜……………………… 226

上場会社オーナーと信託…………………………………………………………… 260

資産承継における平等の罪………………………………………………………… 272

財産内容を話して息子は堕落……………………………………………………… 276

子どもへの財産移転が親を窮地に………………………………………………… 276

遺言書の内容は家族に伝えるべきか、秘密にすべきか………………………… 291

遺言書は妻へのラブレター………………………………………………………… 292

「何もするな！」という遺言……………………………………………………… 293

遺留分制度の功罪…………………………………………………………………… 294

遺言書と異なる財産の分割………………………………………………………… 313

兼職していた役職…………………………………………………………………… 319

相続人の連帯納付義務……………………………………………………………… 328

物納した上場株券が現金で戻る…………………………………………………… 350

「名義は？」税務調査の最大争点………………………………………………… 366

個人への貸付は贈与………………………………………………………………… 445

強化される各国との徴収共助体制　〜見つかる・見つからないの議論なし〜…… 477

海外での法人設立　〜税負担は激減しない〜…………………………………… 495

xiii

凡　　例

通則法……国税通則法

所　法……所得税法

所　令……所得税法施行令

所　規……所得税法施行規則

所基通……所得税基本通達

法　法……法人税法

法　令……法人税法施行令

法　規……法人税法施行規則

法基通……法人税基本通達

相　法……相続税法

相　令……相続税法施行令

相　規……相続税法施行規則

相基通……相続税法基本通達

評基通……財産評価基本通達

消　法……消費税法

消　令……消費税法施行令

消　規……消費税法施行規則

消基通……消費税法基本通達

地　法……地方税法

地　令……地方税法施行令

地　規……地方税法施行規則

措　法……租税特別措置法

措　令……租税特別措置法施行令

措　規……租税特別措置法施行規則

措　通……租税特別措置法関連通達

企業結合会計基準……企業結合に関する会計基準

企業結合等適用指針……企業結合会計基準及び事業分離等会計基準に関する適用指針

自己株式等会計基準……自己株式及び準備金の額の減少等に関する会計基準

民　法……民法

商　法……商法

商　規……商法施行規則

会　法……会社法

会　規……会社法施行規則

計　規……会社計算規則

会社整備法……会社法の施行に伴う関係法律の整備等に関する法律

商登法……商業登記法

金商法……金融商品取引法

金商令……金融商品取引法施行令

定義府令……金融商品取引法第2条に規定する定義に関する内閣府令

開示府令……企業内容等の開示に関する内閣府令

特定有価証券開示府令……特定有価証券の内容等の開示に関する内閣府令

他社株買付府令……発行者以外の者による株式等の公開買付けの開示に関する内閣府令

自社株買付府令……発行者による上場株券等の公開買付けの開示に関する内閣府令

大量保有府令……株券等の大量保有の状況の開示に関する内閣府令

電子手続府令……開示用電子情報処理組織による手続の特例等に関する内閣府令

SPC法……資産の流動化に関する法律

投信法……投資信託及び投資法人に関する法律

証取法等改正法……証券取引法等の一部を改正する法律（平成18年法律第65号）

円滑化法……中小企業における経営の承継の円滑化に関する法律

円滑化令……中小企業における経営の承継の円滑化に関する法律施行令

円滑化規……中小企業における経営の承継の円滑化に関する法律施行規則

信法……信託法

信令……信託法施行令

信規……信託法施行規則

一般法……一般社団法人及び一般財団法人に関する法律

一般令……一般社団法人及び一般財団法人に関する法律施行令

一般規……一般社団法人及び一般財団法人に関する法律施行規則

認定法……公益社団法人及び公益財団法人の認定等に関する法律

認定令……公益社団法人及び公益財団法人の認定等に関する法律施行令

認定規……公益社団法人及び公益財団法人の認定等に関する法律施行規則

一般公益認定整備法……一般社団法人及び一般財団法人に関する法律及び公益社団法人及び公益財団法人の認定等に関する法律の施行に伴う関係法律の整備等に関する法律

一般公益認定整備令……一般社団法人及び一般財団法人に関する法律及び公益社団法人及び公益財団法人の認定等に関する法律の施行に伴う関係法律の整備等に関する法律施行令

一般公益認定整備規……一般社団法人及び一般財団法人に関する法律及び公益社団法人及び公益財団法人の認定等に関する法律の施行に伴う関係法律の整備等に関する法律施行規則

第1章

上場会社オーナーの課題

1-1 上場会社オーナーの資産管理実務に携わるに当たって

　上場会社オーナーが、プライベート・バンカー、ファイナンシャル・プランナーに求めるサービスは何でしょうか。

　バブル時代の新聞や雑誌の富裕層向けのコラムに連載されていた内容の大部分は、税金の話でした。税金をいかに安くできる手法があるかということに重きが置かれていました。「税金」は、数値で見えてわかりやすいデジタルの観点であり、このデジタルの観点が、編集者や読者の関心事として世の中の脚光を浴びていました。

　では、現在はどうでしょうか。事業承継の実務における相談内容は、税金といったデジタルの観点に加えてアナログの観点がクローズアップされているといえるでしょう。たとえば、「事業承継は、組織の人間の心にどのような影響を与えるだろうか」「誰にどのような資産を承継したらよいだろうか」「親族間の争いを防止するにはどのようにしたらよいだろうか」といった人の心に関する内容の相談が多くなり、それに伴って悩みの優先順位もアナログの観点が高まりました。このアナログの観点は、バブル時代にも存在していましたが、資産評価が異常な右肩上がりを続けていたため、相対的に重要性が低かっただけなのです。

　会社オーナー、とりわけ上場会社オーナーが、プライベート・バンカー、ファイナンシャル・プランナーに求めるサービスも、デジタル（税金、個別金融商品の運用利回りなど）のコンサルティングより、アナログ（ファミリーの将来像、人間関係マネジメント、資産全体のポートフォリオ・運用方針など）のコンサルティングにその重要性が高まっています。

　ある上場会社オーナーの相続事案ですが、二次相続を含めて最も税金面で有利な承継プランを、あるプライベート・バンカーが提案したことがありました。しかし、提案書は紙くずとなってしまいました。

2　第1章　上場会社オーナーの課題

その提案内容は、相続人同士の関係は正常で、かつ、協力体制をとることができることが前提にあり、相続人同士の対立図及び勢力図を詳細に分析していなかったために起きた失敗です。投入された専門家の膨大な時間は、何も生まない結果となってしまいました。デジタルよりも"アナログ怖し"のケースといえるでしょう。

現在のプライベート・バンカー、ファイナンシャル・プランナーには、アナログ相談重視の姿勢が必要といえます。そのためには、まず上場会社オーナーの課題や上場オーナーの関心事を理解しておくことが重要です。これらを念頭に、上場会社オーナーのパーソナル・データを明確に把握しておくことが必要です。

1-2　上場会社オーナーの課題

　会社を上場させることは、経営者ならば誰もが一度は夢見ることです。

　株式上場は、多くのメリットを上場会社及び上場会社オーナーにもたらします。上場会社となれば、企業における社会的認知度のアップ、優秀な人材の確保が実現するのみならず、資金調達手法の多様化や、M&A等の経営手法の多様化、ストック・オプション制度の活用も大いに期待できます。上場会社オーナー個人にとっても、創業者利潤の実現、ファミリーの資産形成などが実現できます。

　一方、株式上場のデメリットもないわけではありません。上場会社となれば、企業の社会的責任の増大、情報開示義務、上場維持コスト、特殊株主への対応といった負担のみならず、被買収リスクも生じます。上場会社オーナー自身にも、上場会社オーナーとしての社会的責任の増大、大株主としての情報開示義務が課せられます。さらには、資産承継コストの大幅な上昇、会社に対する経営支配権の低下といった課題が生じます。

　これらの課題を踏まえて、上場会社オーナーへのコンサルティングの着眼点や提案内容の判断基準をいくつか掲げてみましょう。

①　厳格な倫理（Ethics）

　混沌とした現代において、最も経営者に求められるものです。

　個人投資家、機関投資家、アナリスト、監査法人、金融機関、その他の債権者など、多くの利害関係者による外部牽制が働く上場会社の企業倫理水準と、非上場会社の企業倫理水準とは異なります。

　税金対策も、節税の範囲は厳格に守り、租税回避的な行為は避けるべきでしょう。その他の様々な法令に関する厳格な遵守（Compliance）は、当然のことといえます。上場会社オーナーが風評リスク（Reputation Risk）をとるような提案は、避けるべきです。

② 情報開示（Disclosure）

上場会社オーナーの個人的な事柄であっても、情報を開示しなければならない事項があります。たとえば、上場会社オーナー自身のみならず家族の自社株式の保有株式数に変動が生じた場合には、その事実が発生するごとに、大量保有報告書（変更報告書）において開示しなければなりません。また、上場会社と取引関係が生じた場合には、関連当事者取引として有価証券報告書にその内容が開示されます。プライベート・バンカーやファイナンシャル・プランナーであれば、金融商品取引法や金融商品取引所の諸規則に抵触しないよう、情報開示を念頭に置いた提案を心掛けるべきです。

③ 資産承継（Inheritance）

株式を上場することによって、上場会社オーナーの保有する自社株の資産価値も大きく上昇します。オーナーが保有する資産が換金可能性が低い非上場株式から換金可能な上場株式に変わります。

上場株式を売却することにより納税資金を確保できる反面、相続税負担額は大幅に増加します。そのため、より大きな枠組みでの資産承継対策が必要となり、多くの上場会社オーナーもこの問題意識を強く持っています。

④ 経営支配権（Dominance）

上場準備過程の資本政策により、従業員、役員、取引先、ベンチャーキャピタル、金融機関などが株主として加わり、さらに、上場時の募集・売出しにより一般投資家が株主として加わります。これにより、上場会社オーナーの会社に対する経営支配権は弱まります。

長期的な安定株主対策は、上場会社オーナーにとって大きな課題といえます。

1-3 上場会社オーナーの関心事

　上場会社オーナーの関心事には、上場会社の経営者としての公的側面と、上場会社オーナー個人としての私的側面とがあります。

1 上場会社の経営者としての公的側面

　上場会社の経営者としての「公的側面」における上場会社オーナーの関心事には、おおよそ次のような事項が挙げられます。

経　営	経営戦略 グローバル戦略（国際戦略） 「知価」戦略 企業提携・M&A 新技術・新商品開発 人材確保・育成 従業員の福利厚生 ストック・オプションの活用 コーポレート・ガバナンス
MBO・株式非公開化	株式市場・業績 内外経済見通し 株式市場動向 IR戦略・株主対策 決算戦略 会計基準の改正・税制改正
財務・資本	金融情勢 資本戦略 資金運用戦略 株式市場・債券市場からの資金調達 自己株式の取得・処分・消却 資産の流動化・証券化

6　第1章　上場会社オーナーの課題

2　上場会社オーナー個人としての私的側面

　一方、上場会社オーナー個人としての「私的側面」における関心事には、おおよそ次のような事項が挙げられます。

事業承継	経営支配権の承継 相続税評価額の軽減 相続税納税資金の確保 遺産分割案の作成 一族の人的承継
資産管理	資産のポートフォリオ・マネジメント 資産の保全 資産の有利な運用 不動産の活用 各種金融資産の活用 ベンチャー育成投資 海外資産の管理 負債の管理 資産保全会社の活用 財団法人の設立 所得税対策
趣　味	絵画、彫刻、書画、骨董、貴金属、別荘、ゴルフ、車、クルーザー、飛行機、競走馬など

　それぞれの関心項目は幅広いため、プライベート・バンカー、ファイナンシャル・プランナーは、上場会社オーナーの悩みやニーズに対処できる受け皿を多く持っておく必要があります。金融機関に勤務する人であれば社内のほかの専門部署の動員が、独立系の人であれば専門分野別ネットワークの活用が必要となります。

1-4 上場会社オーナーを取り巻く環境と現状の分析

　上場会社オーナーの課題や関心事を念頭に、顧客属性に関する情報を入手することで、上場会社オーナーを取り巻く環境や現状を把握します。これにより、財産構成を含むクライアント・プロフィール（Client Profile）を作成します。入手すべき顧客属性は、次のとおりです。

---

① 氏名、年齢、住所や家族の情報

② 上場会社の基礎情報

③ フロー（収入及び支出）及びストック（財産及び債務）の内容と状況

④ 相続に対する考え方

⑤ ライフスタイル

⑥ リスクに対する許容度

⑦ 保有資産のポートフォリオ（保有資産に関する嗜好）

　プライベート・バンカー、ファイナンシャル・プランナーにとって、これらの情報の入手は決して容易なことではありません。しかし、情報入手によってはじめて上場会社オーナーの悩みやニーズが把握できるとともに、テーラーメイドのサービスを提供することが可能になります。まずは、次の情報を入手することにより、これらの情報を把握してみます。

1 氏名、年齢、住所や家族の情報

(1) 家族情報

　上場会社オーナーのニーズの一つに「事業承継」があります。上場会社オーナーが高齢であれば、企業トップの世代交代をにらんだ提案をする必要があ

ります。新興企業でオーナーの年齢が高齢でなければ、事業承継は今すぐにという緊急性はないかもしれませんが、早い段階から事業承継の将来像を描いておくに越したことはありません。

事業承継の検討に当たっては、まずは、クライアントの家族情報の把握から始めることになります。

親族関係図を作成することにより、後継者の候補者は誰であるかを把握でき、さらに、孫まで把握することにより、孫への贈与を計画的に実行する、いわゆる相続の一代飛ばしの検討も見えてきます。

また、身内に海外居住者がいたり、障害を持った人が存在するような場合には、事業承継プランに大きく影響を及ぼすことになります。

上場会社オーナーに事業承継対策の情報を提供するのはもちろんですが、後継者に対しても事業承継対策の情報を提供する必要があります。なぜなら、相続を前提として考えた場合、事業承継に伴って実際に相続税を負担するのは後継者（相続人）だからです。

(2) 上場会社オーナーの主要略歴

有価証券報告書の「第4【提出会社の状況】5【役員の状況】」には、役員の主要略歴（入社年月、役員就任直前の役職名、役員就任後の主要職歴、他の主要な会社の代表取締役に就任している場合の当該役職名、中途入社の場合における前職など）が記載されていますので、これにより上場会社オーナーの略歴を把握できます。

役員間において二親等内の親族関係がある場合には、その内容が注記されています。親族が役員に就任しているか否かの確認も可能です。さらに、インターネット上の検索で、商工会議所をはじめ諸団体役員などの兼職状況など詳しい情報が入手できる場合があります。

(3) 親族の持株数

　上場会社オーナーの相続財産は、上場会社の自社株式がほとんどです。株式は、財産的価値の化体ですが、一方で、議決権という経営支配権を表象するものでもあります。上場会社及び資産保全会社それぞれに対する親族の持株数を把握しなければならないことは、いうまでもありません。上場会社オーナーが後継者として誰を考えているかということも、ある程度は現在の親族の持株数で推測することができます。

　これらの情報は、上場会社オーナーの経営支配権の維持を考慮しながら、いつ、どのように、どのくらいを、後継者に株式を渡していくかのプランニングをするときの資料となるでしょう。

(4) 実質共同保有者及びみなし共同保有者

　発行済株式総数に占める保有株式数の割合が5％を超えている者は、大量保有報告書を提出しなければなりません（いわゆる5％ルール）。そのため、上場会社オーナーのほとんどが、この大量保有報告書を提出しています。この提出に当たっては、本人による保有だけでなく、「共同保有者」が保有する株式も合算して保有株式数の割合を判定します。

　共同保有者には、共同して株券を取得し、もしくは譲渡し、又は議決権等を行使することを合意している者（実質共同保有者（金商法27の23⑤））及び夫婦や、会社の総株主等の議決権の50％超を所有している者（支配株主等）と当該会社（被支配会社）など（みなし共同保有者（金商法27の23⑥、金商令14の7））が含まれます。

　大量保有報告書（変更報告書）を閲覧することにより、実質共同保有者及びみなし共同保有者を把握できます。

　大量保有報告書（変更報告書）は、EDINET（Electronic Disclosure for Investors' NETwork）で閲覧することが可能です。

2 上場会社の基礎情報

(1) 上場会社の基礎情報

　直近の会社四季報、有価証券報告書、四半期報告書、臨時報告書、親会社等状況報告書、新規公開時の有価証券届出書（目論見書）、適時開示情報、インターネット検索などから、上場会社の基礎情報を把握します。

　・EDINET（Electronic Disclosure for Investors' NETwork）

　　http://disclosure.edinet-fsa.go.jp/

　・適時開示情報閲覧サービス

　　http://www.jpx.co.jp/listing/disclosure/

---

(2) 上場会社の直近の株価推移・売買高・株主数

　上場会社の直近の株価推移を把握します。最近5年間の事業年度別最高・最低株価及び最近6カ月の月別最高・最低株価程度は把握しておきます。これにより、上場株式の贈与や譲渡のタイミングを検討することができ、相続税の総額の概算を把握することが可能になります。

　上場会社の株式の売買高も把握します。上場会社の最近3カ月間及びその前3カ月間それぞれの月平均売買高程度は把握しておきます。売買高が少ないと、流動性が低く、株価が上下に大きく動きやすい傾向にあるといえ、売買高が上場廃止基準に抵触する可能性もあります。東京証券取引所市場第一部・第二部・マザーズとも、最近1年間の月平均売買高が10単位未満又は3カ月間売買不成立は、上場廃止とされます。

　株主数が上場廃止基準に抵触する可能性も考えるべきです。その基準は、東京証券取引所市場第一部・第二部では400人未満、マザーズでは150人未満です。ただし、猶予期間が1年あります。これを解消するために、上場会社

11

オーナーが保有する株式の売出し、立会外分売、場合によっては発行会社の公募増資を検討しなければなりません。

(3) 主要株主

臨時報告書の親会社の異動（開示府令19②三）、主要株主の異動（開示府令19②四）及び金融商品取引所における適時開示制度の親会社の異動、支配株主（親会社を除く）の異動又はその他の関係会社の異動がないかを確認します。

ここでいう親会社とは、財務諸表等規則8条3項に規定する親会社をいい、支配力基準によって判定します（開示府令1二十六）。

主要株主とは、自己又は他人の名義をもって総株主等の議決権の10%以上の議決権を保有している株主をいいます（金商法163①）。

(4) 親会社等

上場会社オーナーの資産保全会社が親会社等に該当するかどうかを確認し、該当している場合にはその内容の情報を入手します。

① 親会社等状況報告書

上場会社の親会社等が有価証券提出会社でない場合には、親会社等状況報告書の提出が義務づけられています（金商法24の7）。

ここでいう親会社等とは、提出子会社の総株主等の議決権の過半数を自己又は他人の名義をもって所有する会社であり、支配力基準ではなく、持株基準が採用されています（金商令4の4）。

② 非上場の親会社等の会社情報に関する適時開示

上場会社の親会社等が上場会社でない場合には、金融商品取引所の要請により、上場会社にその親会社等の会社情報に関する適時開示が求められています。

ここでいう親会社等とは、①財務諸表等規則8条3項に規定する親会社、

及び②財務諸表等規則8条17項4号に規定するその他の関係会社等をいい、支配力基準によって判定します（東京証券取引所有価証券上場規程第2条(2)(3)）。

3 フロー(収入及び支出)及びストック(財産及び債務)の内容と状況

(1) 上場会社オーナーの所得税の確定申告書

上場会社オーナーの所得税の確定申告書は、上場会社オーナーと緊密な人間関係を構築しないと、入手するのは難しいかもしれません。入手できたなら、最低限チェックしておかなければならない項目があります。

① フロー（収入及び支出）の内容と状況

申告書の第一表・第二表・第三表、「所得の内訳書」から、上場会社オーナーの所得の類型を把握します。所得の種類には、事業、不動産、利子、配当、給与、雑のほか、一時、譲渡などがあります。

上場会社オーナーの所得を類型化すると、次のとおりです。

種　類	主な内容
事業所得	・通常は発生しない
不動産所得	・家賃収入等
利子所得	・公社債・預貯金の利子 ・海外預金利子（要確定申告）
配当所得	・上場株式（自社株）の配当収入 ・投資有価証券の配当収入 ・資産保全会社の株式の配当収入
給与所得	・上場会社（自社）の役員報酬 ・自己の資産管理会社の役員報酬 ・他社の役員報酬（他社の社外役員に就任している場合）

13

雑所得	・公的年金 ・講演料、原稿の執筆料 ・知人や資産保全会社への貸付金の利息 ・為替差損益 ・匿名組合分配金
一時所得	・期間5年以下の一時払養老保険の差益
譲渡所得	・上場株式（自社株）の譲渡 ・投資有価証券の譲渡 ・資産保全会社（非上場）の株式の譲渡 ・土地・建物等の譲渡
退職所得	（死亡退職金はみなし相続財産、ただし非課税枠あり）

② ストック（財産及び債務）の明細書

次の要件に該当する年の所得税の確定申告書の提出に当たっては、「財産債務調書」を提出することが義務づけられています（国外送金等調書法6の2①本文）。

- 総所得金額及び山林所得金額の合計額が2,000万円を超える
- 12月31日において3億円以上の財産又は1億円以上の国外転出特例対象財産（有価証券や未決済信用取引等、未決済デリバティブ取引に係る権利等）を有する

この明細書には、財産の種類、数量及び価額並びに債務の金額が記載されているため、おおまかですが、上場会社オーナーの保有財産及び債務の内容を把握することができます。

ただし、この明細書に記載されている価額等には注意が必要です。このままでは財産の時価総額の参考にはならないからです。土地・建物等は、原則として、その年の12月31日現在の見積価額を記入することとされているものの、その年分の固定資産税の課税標準額を記載しても構わないものとされて

います。また、有価証券は、上場株式・非上場株式・株式以外の有価証券に区分され、特定口座内で保有する上場株式等は、「銘柄別」の記載をせず、所在地、株式公社債、投資信託等の別に一括して価額及び取得価額を記載します。保有する国外の財産価額が5,000万円超の場合は、別途「国外財産調書」を提出することになります。

　これらの財産及び債務の明細書をもとにして、株式等の保有銘柄、取引金融機関等を上場会社オーナーにヒアリングを行い、全資産を把握していきます。

〈所得税の申告書　第一表〉

FA0121

平成　　　年分の 所得税及び復興特別所得税 の 申告書B

第一表（平成二十七年分以降用）

16　第1章　上場会社オーナーの課題

〈財産債務調書合計表〉

■ _____税務署長	FA6001
____年___月___日	平成 □□ 年12月31日分　財産債務調書合計表

提出用

住所又は事業所事務所居所など	〒 □□□-□□□□	フリガナ			氏 名	㊞
		性別 男・女	職業	電話番号（自宅・勤務先・携帯）　－　－	
		生年月日		国外財産調書の提出　有	○
				整理番号 □□□□□□□	

財 産 の 区 分	財産の価額又は取得価額	財 産 の 区 分	財産の価額又は取得価額
土　　地 ①		書画骨とう美術工芸品 ⑭	
建　　物 ②		貴金属類 ⑮	
山　　林 ③		動　産（④、⑭、⑮以外）⑯	
現　　金 ④		保険の契約に関する権利 ⑰	
預 貯 金 ⑤		株式に関する権利 ⑱	
有価証券 上場株式 ⑥		預託金等 ⑲	
取得価額 ㋐		組合等に対する出資 ⑳	
非上場株式 ⑦		信託に関する権利 ㉑	
取得価額 ㋑		無体財産権 ㉒	
株式以外の有価証券 ⑧		その他の財産（上記以外）㉓	
取得価額 ㋒		国外財産調書に記載した国外財産の価額の合計額 ㉔	
匿名組合契約の出資の持分 ⑨		財産の価額の合計額 ㉕	
取得価額 ㋓		国外財産調書に記載した国外転出特例対象財産の価額の合計額 ㉖	
未決済信用取引等に係る権利 ⑩		国外転出特例対象財産の価額の合計額 ㋐+㋑+㋒+㋓+⑪+⑫+㉖ ㉗	
取得価額 ㋔		債 務 の 区 分	債 務 の 金 額
未決済デリバティブ取引に係る権利 ⑪		借 入 金 ㉘	
取得価額 ㋕		未 払 金 ㉙	
貸 付 金 ⑫		その他の債務 ㉚	
未 収 入 金 ⑬		債務の金額の合計額 ㉛	

備　考

税理士署名押印	㊞
電話番号　　　－　　　－	

整理欄	通信日付印	確認印	異動　年　月　日
	枚数		区　　　　　分
	□□枚		A B C D E F G H I

17

〈財産債務調書〉

FA6101

整理番号 [| | | | | |]

平成 □□ 年12月31日分　財産債務調書

提出用								
	財産債務を有する者	住　所（又は事業所、事務所、居所など）						
		氏　名						
						（電話）　　　−　　　−		

財産債務の区分	種　類	用途	所　　　　在	数　量	(上段は有価証券等の取得価額)財産の価額又は債務の金額	備　考
					円	
					円	

国外財産調書に記載した国外財産の価額の合計額　　　　　　　　　　　　　　　　合計表㉙へ
（うち国外転出特例対象財産の価額の合計額（　　　　　　）円（合計表㉘へ））

財産の価額の合計額	合計表㉕へ	債務の金額の合計額	合計表㉛へ

（摘要）

（　　　）枚のうち１枚目　　　　　　　通信日付印（年月日）（　・　・　）

18　第１章　上場会社オーナーの課題

〈国外財産調書合計表〉

FA5002

_____ 税務署長
_____年_____月_____日

平成 ☐☐ 年12月31日分　　国外財産調書合計表

提出用

住所又は事業所事務所居所など	〒 ☐☐-☐☐☐☐	フリガナ	
		氏　名	
		性別 男・女	職業		電話番号 (自宅・勤務先・携帯)	財産債務調書の提出 有
		生年月日			整理番号	

受付印

財産の区分			価　額　又　は　取　得　価　額	財産の区分		価　額　又　は　取　得　価　額
土　　地		①		未決済デリバティブ取引に係る権利	⑪	
建　　物		②		取得価額	㋕	
山　　林		③		貸　付　金	⑫	
現　　金		④		未　収　入　金	⑬	
預　貯　金		⑤		書画骨とう美術工芸品	⑭	
有価証券	上場株式	⑥		貴　金　属　類	⑮	
	取得価額	㋐		動　産(④、⑭、⑮以外)	⑯	
	非上場株式	⑦		その他の財産	保険の契約に関する権利	⑰	
	取得価額	㋑			株式に関する権利	⑱	
	株式以外の有価証券	⑧			預託金等	⑲	
	取得価額	㋒			組合等に対する出資	⑳	
匿名組合契約の出資の持分		⑨			信託に関する権利	㉑	
取得価額		㋓			無体財産権	㉒	
未決済信用取引等に係る権利		⑩			その他の財産(上記以外)	㉓	
取得価額		㋔		合　計　額	㉔	

備考

| 税理士署名押印 | ㊞ |
| 電話番号　　　　-　　　-　　　 | |

整理欄	通信日付印	確認印	異動 年 月 日
	枚数		区　　　分
		A B C D E F G H I

19

⑵　上場会社オーナーの資産保全会社の法人税の確定申告書

　資産保全会社の法人税の確定申告書も、上場会社オーナーと緊密な人間関係を構築しないと入手することは難しいかもしれません。プライベート・バンカーやファイナンシャル・プランナーとしての顧客との信頼関係が試されているポイントともいうことができます。これら資料が入手できたなら、最低限チェックしておかなければならない項目があります。

〈別表二　同族会社等の判定に関する明細書〉

別表二　平二十七・四・一以後終了事業年度又は連結事業年度分

同族会社等の判定に関する明細書		事業年度 又は連結 事業年度	・　・	法人名	

同族会社の判定	期末現在の発行済株式の総数又は出資の総額	1	内		特定同族会社の判定	㉑の上位1順位の株式数又は出資の金額	11	
	(19)と(21)の上位3順位の株式数又は出資の金額	2				株式数等による判定 $\frac{(11)}{(1)}$	12	%
	株式数等による判定 $\frac{(2)}{(1)}$	3	%			㉒の上位1順位の議決権の数	13	
	期末現在の議決権の総数	4	内			議決権の数による判定 $\frac{(13)}{(4)}$	14	%
	(20)と(22)の上位3順位の議決権の数	5				㉑の社員の1人及びその同族関係者の合計人数のうち最も多い数	15	
	議決権の数による判定 $\frac{(5)}{(4)}$	6	%			社員の数による判定 $\frac{(15)}{(7)}$	16	%
	期末現在の社員の総数	7				特定同族会社の判定割合 ((12)、(14)又は(16)のうち最も高い割合)	17	%
	社員の3人以下及びこれらの同族関係者の合計人数のうち最も多い数	8			判定結果	18	特定同族会社 同　族　会　社 非同族会社	
	社員の数による判定 $\frac{(8)}{(7)}$	9	%					
	同族会社の判定割合 ((3)、(6)又は(9)のうち最も高い割合)	10						

判定基準となる株主等の株式数等の明細

順位		判定基準となる株主（社員）及び同族関係者		判定基準となる株主等との続柄	株式数又は出資の金額等			
					被支配会社でない法人株主等		その他の株主等	
株式数等	議決権数	住所又は所在地	氏名又は法人名		株式数又は出資の金額 19	議決権の数 20	株式数又は出資の金額 21	議決権の数 22
				本　人				

法　0301－0200

〈別表七(一)　欠損金又は災害損失金の損金算入に関する明細書〉

⑤ 欠損金又は災害損失金の損金算入に関する明細書

事業年度　・　・　〜　・　・　　法人名

別表七(一)　平二十七・四・一以後終了事業年度分

控除前所得金額 (別表四「37の①」) − (別表七(二)「9」又は「21」))	1	円	所得金額控除限度額 $(1) \times \dfrac{50、65、80又は100}{100}$	2	円

事業年度	区　分	控除未済欠損金額 3	当期控除額 当該事業年度の(3)と((2)−当該事業年度前の(4)の合計額)のうち少ない金額 4	翌期繰越額 (((3)−(4))又は別表七(二)「15」) 5
・　・	青色欠損・連結みなし欠損・災害損失	円	円	
・　・	青色欠損・連結みなし欠損・災害損失			円
・　・	青色欠損・連結みなし欠損・災害損失			
・　・	青色欠損・連結みなし欠損・災害損失			
・　・	青色欠損・連結みなし欠損・災害損失			
・　・	青色欠損・連結みなし欠損・災害損失			
・　・	青色欠損・連結みなし欠損・災害損失			
・　・	青色欠損・連結みなし欠損・災害損失			
・　・	青色欠損・連結みなし欠損・災害損失			
	計			

当期分	欠　損　金　額 (別表四「47の①」)		欠損金の繰戻し額	
	同上のうち　災害損失金 ⑬			
	同上のうち　青色欠損金			
	合　計			

災害により生じた損失の額の計算

災　害　の　種　類		災害のやんだ日又はやむを得ない事情のやんだ日	平　・　・

災害を受けた資産の別	棚　卸　資　産 ①	固定資産 (固定資産に準ずる繰延資産を含む。) ②	計 ① + ② ③
当期の欠損金額 (別表四「47の①」) 6			円
災害により生じた損失の額 　資産の滅失等により生じた損失の額 7	円	円	
被害資産の原状回復のための費用等に係る損失の額 8			
被害の拡大又は発生の防止のための費用に係る損失の額 9			
計 (7) + (8) + (9) 10			
保険金又は損害賠償金等の額 11			
差引災害により生じた損失の額 (10) − (11) 12			
繰越控除の対象となる損失の額 ((6の③)と(12の③)のうち少ない金額) 13			

法 0301−0701

① 資産保全会社の株主構成

別表二により、資産保全会社の株主構成を確認します。

ただし、この別表二には、すべての株主が記載されているとは限りません。株主及びその同族関係者を1株主グループとして数え、1株主グループが所有する株式数の合計が最も多いものから順次記載し、3番目の株主グループまでが記載されています。

② フロー（収入及び支出）の内容と状況

法人税の申告書に添付されている損益計算書より当期純利益を把握するとともに、申告書の別表一により、「所得金額又は欠損金額　1」を把握します。

税引前当期純利益と所得金額が大きく乖離している場合には、会計と税務の損益の差異が生じていますので、その原因を別表四（所得の金額の計算に関する明細書）により把握します。

また、留保金課税（「課税留保金額　8」「同上に対する税額　9」）があるか否かを把握します。

留保金課税とは、特定同族会社が内部留保した金額について、追加的に課税する特別税をいいます。ここでの特定同族会社とは、1株主グループで50％超を保有している会社をいい、ほとんどの資産保全会社はこれに該当します。なお、資本金の額が1億円以下の会社は、この留保金課税の対象から除外されています。

最後に「差引所得に対する法人税額　13」により、法人税の納税としてキャッシュ・アウトした額を把握します。

③ ストック（財産及び債務）の明細書

法人税の申告書に添付されている貸借対照表及び勘定科目内訳明細書により、資産保全会社が有する資産及び負債の内容を把握します。会計上の帳簿価額と税務上の帳簿価額が異なる場合には、別表五㈠（利益積立金額及び資本金等の額の計算に関する明細書）にその内容が記載されています。

資産保全会社が有する資産及び負債を把握するに当たって、最も重要なの

は、資産及び負債の時価情報です。資産保全会社が有する土地・建物等の資産の時価（路線価・固定資産税評価額）が高騰していれば、資産保全会社の株式の相続税評価額も高くなっています。また、資産及び負債に含み損益がある場合には、これらの含み損益をいつ利用するかといったタックス・プランニングの見当をつけなければなりません。

④　税務上の繰越欠損金

別表七㈠により、過年度の税務上の繰越欠損金を把握します。

青色申告書を提出した事業年度の欠損金（法法57）、青色申告書を提出しなかった事業年度の災害による損失金（法法58）及び連結欠損金（法法81の9）の繰越期間は、9年です。期限切れによる切捨てとならないよう、これらの繰越欠損金をいつ利用するかといったタックス・プランニングの見当をつけなければなりません。

なお、繰越欠損金の利用により課税所得金額がゼロとなり本来の法人税等の負担がなくても、留保金課税が生じる場合があることに留意する必要があります。

⑤　出資関係図

100％の親子関係にある法人がある場合には、完全支配関係がある法人との関係を系統的に示した図を添付する必要があります。オーナーによっては複数の資産管理会社を保有しており、漏れなく資料を収集するための足掛かりとなります。

〈出資関係図〉

イ　出資関係を系統的に記載した図

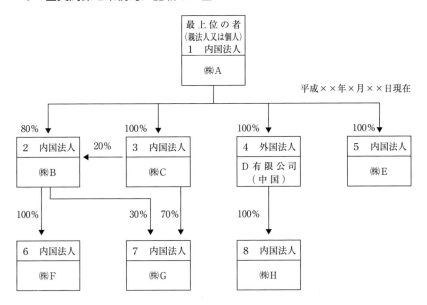

ロ　グループ一覧

平成××年×月××日現在

一連番号	所轄税務署名	法人名	納税地	代表者氏名	事業種目	資本金等（千円）	決算期	備考
1	麹町	㈱A	千代田区大手町1-3-3	a	鉄鋼	314,158,750	3.31	
2	仙台北	㈱B	仙台市青葉区本町3-3-1	b	機械修理	34,150,000	6.31	
⋮	⋮	⋮	⋮	⋮	⋮	⋮	⋮	

25

(3)　合算貸借対照表

　資産保全会社の決算書及び上場会社オーナーからのヒアリング、財産及び債務の明細書により、資産保全会社と上場会社オーナー個人の要約貸借対照表を作成します。これにより、それぞれがどの程度の資産・負債を保有しているのかを把握することができます。

　この要約貸借対照表を作成する際には、それぞれの資産・負債の時価情報まで記載することが必要になります。どの程度の含み損益を有しているかについては、今後のタックス・プランニングに影響します。簿価よりも時価が高く、含み益がある資産を譲渡しようとする際に発生すると想定される実現益と他の資産の実現損のタイミングを合わせることによって、資産の移転に対する課税を軽減できる可能性があります。

　想定される実現損に見合わないほどの多額の含み益がある資産の移動は難しく、それに見合ったタックス・プランニングを検討しなければなりません。

(4)　債権債務関係図

　上場会社オーナーと資産保全会社との間において、多額の資金貸借があるケースもよく見られます。また、資産保全会社が金融機関からの借入れを実行する場合であっても、上場会社オーナーの保有する有価証券等を物上保証として担保提供することもままあります。

　自社株式の担保提供に関する情報開示がされているかのチェックも必要でしょう。上場会社オーナーを取り巻く資産保全会社及び親族との間の債権債務関係を把握することは、今後の資産移動や収益資産の新規取得に際して重要です。債権債務関係だけでなく、担保提供状況、返済計画等を把握しておく必要もあります。

4 相続に対する考え方

(1) 相続に対する要望の把握

上場会社オーナーの相続に対する要望は、次の類型に整理できます。

イ　事業の維持・承継

ロ　配偶者への相続

ハ　子への相続

ニ　相続権のない者への遺贈

ホ　財団法人への遺贈

ヘ　特定の者への条件又は負担付相続・遺贈

ト　財産を相続させたくない者の排除

(2) 財産の特性の把握

財産の特性を把握することによって、何を、どれだけ相続させられるのか
が明らかになります。財産の特性の観点からの分類としては、次のような項
目が挙げられます。

イ　換金可能性（高い・低い）

ロ　処分の意向（あり・なし）

ハ　有効活用の必要性（あり・なし）

ニ　分割可能性（可・否）

5 ライフスタイル

　ライフスタイルの把握には、次のようなシートを利用するとヒアリングしやすいでしょう。

項　目	主な内容
生年月日	昭和　　年　　月　　日
出生地	
本　籍	
住所移転状況	
先代からの相続内容	
学　歴	
職　歴	
病　歴	
趣味・嗜好	書画、骨董、貴金属、ゴルフ、テニス、自動車、ヨット、競走馬、読書、音楽鑑賞、園芸など
交友関係・所属団体	ライオンズクラブ、ロータリークラブ、同業者、同好クラブ、業界団体、商工会議所、法人会など
他社役員等	
主要取引銀行	金融機関名　　　　　　支店名 担当者
主要取引証券会社	金融機関名　　　　　　支店名 担当者
その他	

6 リスクに対する許容度

　リスク許容度は、許容できるリスクの程度のことであり、上場会社オーナーそれぞれに個人差があります。一般的には、年齢が低ければリスク許容度が高く、年齢が高ければリスク許容度は低いといわれています。

　リスク許容度は、次のタイプに類型化できます。

　イ　安全性を優先（ローリスク・ローリターン型）

　ロ　リスク・リターンを合理的に判断（バランス型）

　ハ　リスクを楽しむ（ハイリスク・ハイリターン型）

　リスク許容度は、通貨（為替）、流動性（換金性）、不動産、インフレ・デフレ、タックスなど対象によってそれぞれ異なります。たとえば、不動産に対してはそれほどリターンを望まないが、通貨に対してはリスクを冒してでもハイリターンを望むといったこともあり得ます。いずれも、上場会社オーナーとの面談のなかで判断していくことになります。

　一概にはいえないものの、税の専門家である税理士の立場からいえば、上場会社オーナーのタックスに関するリスク許容度が低くなるような啓蒙活動が必要でしょう。

7 保有資産のポートフォリオ（保有資産に関する嗜好）

　上場会社オーナーの資産保有（資産保全会社の保有資産を含む）のポートフォリオをタイプ別に類型化すると、一般的には次のとおりです。

29

	想定されるタイプ		提案内容等
会社一体型	資産運用に関心がなく、1社経営専念型の上場会社オーナー		ファミリー資産として価値変動の激しい自社株式のみでよいかといった観点から、自社（上場）株式のブロックトレード（大口の相対取引）、売出し、信託の活用等による流動化の提案を行います。
	自社（上場）株式	90%	
	金融資産・自宅	10%	
マルチ経営型	複数の会社を経営し、ベンチャー投資にも積極的な上場会社オーナー		情報入手に積極的で、多様なネットワークを持っている人が多く、継続的で多面的な情報提供が求められます。
	自社（上場）株式及びその他経営参画企業の株式	40%	
	ベンチャー投資	20%	
	不動産	20%	
	金融資産・自宅	20%	
不動産志向型	自社株式ほど価値の変動しない不動産への志向が強い上場会社オーナー		不動産所在地は国内外を問わず、不動産のレアもの物件の情報提供が重要です。
	自社（上場）株式	65%	
	不動産	30%	
	金融資産・自宅	5%	
流動性志向型	・新興市場で上場し、次のシーズ（新規事業の種）を探す上場会社オーナー ・最前線を勇退した上場会社オーナー		国際分散投資、仕組債的金融商品、信託活用など、多様な資産運用提案が必要です。
	自社（上場）株式	60%	
	金融資産・自宅	40%	

8 資産の嗜好・リスク許容度

　上場オーナーには、年齢にかかわらず株式などのリスク商品を極端に嫌う人もいます。過去の苦い投資経験や家訓などにより態度がかたくなな人も少なくありません。

　このようなオーナーに対して、無理にリスク商品取引のお付き合いをお願いして、出入り禁止になった金融機関職員（プライベート・バンカーやファイナンシャル・プランナーを含む）は数知れません。

　また、資産の「運用」よりも「保全」の嗜好が強いオーナーに、「利回りが何十ベーシス高い特別レートを取ってきました」といっても心に響くことはないでしょう。このようなオーナーは、元本の安全性以外に関心が低く、安全性のためなら利回りはゼロでも、逆にコストを払ってもよいくらいという考えを持つ人が多くいます。

　一方、資産嗜好の観点で、不動産についてプロ並みに詳しい知識と相場観を持っているオーナーもいます。この場合、継続した不動産情報の提供は、RM（リレーションシップ・マネジメント）上、欠かせません。

31

1-5 新興市場の上場会社オーナーの特徴

1 新興市場の上場会社オーナーの志向

新興市場の上場会社オーナーの志向は、従来の一般的な上場会社オーナーの志向とは異なります。

従来の一般的な上場会社オーナーは、上場ありきの企業経営を行ってきたわけではなく、知名度の向上、ステータスの向上、事業承継対策を目的として上場し、長年の企業経営の結果として創業者利得を獲得したという方が多く見受けられます。

一方で、新興市場における上場会社には、社歴の浅い会社が多く見受けられます。新興市場の上場会社オーナーの多くは、創業時から上場を目指してきたというところに顕著な違いがあります。株式上場にかかる手間と時間を省略したいというオーナーの意思が強かったといえるでしょう。

新興市場の上場会社オーナーの上場に対する考え方には、創業者利益を得たいという面もありますが、証券市場から新規事業の資金を調達したいという面も強くあります。つまり、上場の目的は、創業者利益の獲得と、直接金融による資金調達手段の獲得であるケースが多く見受けられます。

また、新興市場の上場会社は、エリートビジネスマンが大会社を退職して設立した会社や、何らかのアイデアや技術を持っている者が起業した会社であることがほとんどです。したがって、新興市場の上場会社オーナーには、シャープなビジネス感覚を保持し、かつ、ドライな若手経営者が多いのも特徴です。

2 新興市場の上場会社オーナーのファイナンシャル・プランニング

　新興市場の上場会社オーナーに対する資産管理、事業承継、タックス・プランニングをはじめとしたファイナンシャル・プランニングは、従来の一般的な上場会社オーナーに対するものとは異なると考えるべきです。

　上場会社オーナーの志向は、従来の一般的な上場会社オーナーであればストック重視・資産保全優先、新興市場の上場会社オーナーであればフロー重視・積極的資産運用志向であると考えてよいでしょう。従来の一般的な上場会社オーナーに対しては、ストックに対する提案、事業承継対策等の提案に相当の比重を置く必要がありましたが、新興市場の上場会社オーナーに対しては、フローに対する提案が重要性を占めているといえるでしょう。

	従来の一般的な 上場会社オーナー	新興市場の 上場会社オーナー
重　視	ストック重視	フロー重視
資産運用志向	資産保全優先	積極的資産運用
提案の重点	・ストックに対する提案 ・事業承継対策等の提案	フローに対する提案
キーワード	資産保全、安全、事業承継、相続、遺言、流動性（納税）	斬新さ、面白さ、リスクテイク、事業関連性、余暇、教育

3 新興市場の上場会社オーナーにとっての資産保全会社の役割

　従来の一般的な上場会社オーナーにとっての資産保全会社は、事業承継対策が主たる利用目的です。上場会社オーナーが上場株式を直接保有していると、上場株式の相続税評価額は時価が基準となります。上場株式を資産保全会社に間接保有させれば、相続財産は上場株式から取引相場のない株式に変わり、かつ、資産保全会社の相続税評価額は相対的に低く評価されるため、

相続財産の課税価格の総額を引き下げることが可能です。

　また、安定株主対策としての機能も、資産保全会社にはあります。

　新興市場の上場会社オーナーにとっての資産保全会社は、もちろん事業承継対策、安定株主対策に効果的なことはいうまでもありません。

　しかし、それだけではありません。新興市場の上場会社オーナーには、事業拡大のために上場前から支援を受けた社交関係者が多くいます。上場後、これらの社交関係者から様々な依頼などがあったときに、これらの依頼などの受け皿として、資産保全会社が利用されています。たとえば、投資案件がある場合に、上場会社オーナーが直接自己の個人名で投資するのではなく、資産保全会社の名で投資を実行すれば、上場会社オーナーの名が直接的に世に出ることはありません。

　上場会社の本業とは異なる事業を創業したい、買収したいと考えたときには、上場会社ではなく、この資産保全会社を利用して、事業の創業・買収を実行します。なぜなら、上場会社のコア事業とシナジー効果が疑わしい事業の創業や買収は、株主の理解を得るのが難しいからです。

	従来の一般的な 上場会社オーナー	新興市場の 上場会社オーナー
資産保全会社の役割	・経営権の確保(安定株主) ・事業承継対策 ・資産保全の主体	・経営権の確保(安定株主) ・事業承継対策 ・資産保全の主体 ・投資活動の主体 ・本業以外の事業主体

1-6 後継者の選定と後継者の育成

1 後継者と「二代目」

上場会社オーナーの関心事の一つに、「後継者問題」があります。事業を引き継ぐことになる後継者の選定や育成に、頭を悩ます上場会社オーナーも多く見られます。

上場会社、非上場会社を問わず、「二代目」と呼ばれる後継者には、大きく分けて次のタイプがいます。

① 父親の路線にとことんこだわりそこから脱線しないタイプ

何代も続いている老舗企業に多く見られます。能や歌舞伎の世界ではありませんが、ファミリー内ですでに承継についての「文化」形成がなされているのではないでしょうか。社長の順番まで明確に議論して合意されていることもあります。

このタイプの外部専門家に対するニーズは、いわゆるデジタル業務、既定の法律・税実務の実行、運用金融商品のロールオーバーなどです。

② 父親を超えようとしてがむしゃらに努力するタイプ

父親を超えたい、「親の七光り」とはいわせたくないという想いが強いといえます。やる気があるのが特徴です。わかりやすく派手なことに関心が強く、多額の負債を伴った事業の新展開をする場合が多く見られます。そして、その成否は、二代目独自の能力、人脈にかかっています。

先代の番頭さんの存在は反発の対象であり、牽制役として機能しなかった事例は少なくありません。初代の成功体験を踏み台にして大発展を遂げることもあれば、経営破綻してしまうこともあります。

このタイプの外部専門家に対するニーズは、アナログ業務、たとえば、経営そのものであり、相談事が社内及び親族間の人間関係にまで及ぶことも多

35

いようです。

2 後継者の選定

　後継者候補の選定は、相続発生前に終えておく必要があります。経営者として必要な知識、経験を身につけさせ、能力を開発するための施策を講じておくことが望まれます。身内に適当な人材が見当たらなければ、従業員のなかから選定し、創業者一族は資本所有のみとすることもあります。

　後継者候補に求められる資質や、後継者が身につけておくべき知識には、次のようなものが挙げられ、どれを優先するかは後継者の選定上とても重要なことです。

イ	志	ロ	判断力
ハ	実行力	ニ	先見性
ホ	柔軟性	ヘ	統率力
ト	対外折衝力	チ	事業に関する専門知識
リ	経営管理に関する知識	ヌ	規制、税制、法律に関する知識

3 後継者の育成

　その事業において必要とされる後継者としての資質を養成し、かつ知識を習得させる方法としては、次のようなものが一般に挙げられます。これらの育成期間を通じて、経営者は後継者候補と絶えず経営問題について話し合い、薫陶を与えることが必要です。

イ　大学、大学院、その他の教育機関への通学

ロ　他社での勤務

ハ　自社での勤務

ニ　自社の事業部や子会社での経営経験

ホ　自社での役員経験

4　社内整備の体制

　創業オーナーのもとでは、強力なリーダーシップ、カリスマ性により、会社に対する権限が創業オーナーに集中していることも多く見受けられます。後継者にとっては現体制が適当でない場合もあります。後継者が無理なく経営できるようにするため、次のような施策を検討・提案すべきでしょう。

施　策	主な提案内容
ブレインの選定	信頼できる現役員、創業オーナーと交友があった他社の経営者、取引金融機関担当者、顧問弁護士、顧問公認会計士、顧問税理士、経営コンサルタント等、後継者の知恵袋となり、経営の補佐ができるチームを組織することが望まれます。
現役員の処遇	新しい経営者を快く受け入れることのできない役員もなかにはいるでしょう。これらの役員に対し退職や異動などの説得が必要な場合もあり得ます。先代の重要な役割です。
新しい部署の設置	経営企画室や内部監査室、その他経営を補佐するような部署を社内に設置し、後継者の負担を分散します。
権限委議	複数代表、共同代表、ホールディングカンパニー制度の導入等により、創業オーナーに集中していた権限を他に分散します。

37

従業員提案制度	従業員が経営に参加できる仕組みをつくり、後継者の現場知識の不足を補います。
取引先等への認知	後継者が取引先や同業者の集まりなどに積極的に出席し、次期経営者であることを認知させます。

コラム

後継者の迎え方
〜息子をいきなり副社長〜

　ある創業オーナーが、海外において別の業界で脚光を浴びて活躍していた息子を、副社長として、部屋付き、秘書付き、車付きの待遇をもって自分の会社に招聘しました。たしかに後継者は、学歴・職歴ともにピカピカな人材でありました。しかし、はじめから同社での高い役職に就いたこともあり、社内の同世代との交流が難しく、社内での人脈構築ができませんでした。必然的に副社長室にこもる時間が多くなり、孤立感から会社を去ることになりました。課長職くらいから招聘して、社内人脈を構築していく環境を準備して迎え入れることができていればと、残念なケースでありました。

コラム

上場会社オーナーの名参謀は人たらし
〜遠回しが近回りになる場合も〜

　上場会社オーナーの参謀の方々は、オーナーへのメッセージの伝え方に皆さん苦労します。オーナー経営者の多くは織田信長タイプです。

　強いリーダーシップで組織を引っ張っていく反面、自己中心的でわがまま、天邪鬼な傾向があります。仕事柄、たくさんの参謀と呼ばれる人を見ていますが、卓越した参謀の伝え方のパターンをまとめてみます。

〈オーナーへの反対意見を伝えるとき〉

　「やめるべきです。理由は○○と○○です。」など、ストレートに論理で伝えると大抵失敗します。

　オーナーは自分に対しての否定的言語には過敏に反応します。

　「何を言っている！こういうケースもあるのだ！」と、一喝されて終わるでしょう。

　名参謀は、オーナーの判断をまずは賞賛します。しかしその後、身近な人の例、他社の例をうまく使って「婉曲的」な進言をします。

　「あんな立派な人が見事に騙されたようです。あの会社はあんなことで大変苦労しているようです。」などと間接的な伝え方をします。

　自分の話ではないので、オーナーは過敏な反応はできません。

　しかし、自分に対して進言していることをすぐに悟ります。

　「フーン、そうか。うちもやめとくか。」と大事に至らなかったケースもありました。

　プライベート・バンカーなども同様に、「奥歯に衣着せる」「婉曲」がキーワードになる場合があります。

コラム

老舗企業経営者の詐欺被害
～純粋培養の危うさ～

　老舗企業経営者の詐欺被害の処理対応を幾度か経験しています。詐欺師の保証人になったり、実印を押した白紙委任状を渡したり、代表印を預けているケースさえありました。一番悲しい結末は、何代も続いた会社を売却して詐欺被害の補填を行ったことです。何代も住み続けた邸宅の売却は、断腸の思いで手続を進めました。

　学歴も職歴もエリートといわれる老舗企業経営者がどうして…、と思われることでしょう。

　私の経験からいろいろと考えてみると、やはり「温室育ち」「純粋培養」の言葉に帰着してしまいます。

　有名大学の附属小学校から16年間一環教育を受けていることなどは典型的な例でしょう。クラスのなかに給食代が払えない者はいないし、家庭崩壊や経済的困苦から悪行を重ねている人もいません。いつも一定水準以上の人間に囲まれて成長してきたといえます。

　現在の社会通念上の性善説に疑問を持たない状態が、バイ菌に極端に弱い理由に思えてなりません。相手の素性を確認しないのです。相手の学歴、職歴、名刺記載の会社の確認はおろか、プロジェクトの実在性までも飲み屋のなかの会話だけで信じ込み、重大な意思決定をしてしまうのです。確認するのは失礼だと思っているようです。

　詐欺師は魅力的です。服装のセンスをはじめ、ルックス、身のこなしがスマートで、しゃべりは雄弁で説得力があり、非凡で雄大な新しい世界を夢見させてくれるのだそうです。

　余談ですが、最初の出会いが夜のクラブ活動の最中というのが複数ありました。

　純粋培養のなかで育つと、ゴルフの距離感はともかく、様々な人間関係の距離感をつかむのが得意でない人になってしまうようです。

第2章

資産保全会社を利用した
事業承継対策

2-1 上場後の資産保全会社の設立と効果

事　例

　上場会社オーナー甲は、上場会社A社の設立時からA社株式を直接保有しており、現在の持株割合は40％です。A社は、新規上場してから10年が経過しています。A社の業績は好調なものの株式は大きく売り込まれており、現在の株価水準はピーク時の5分の1程度で推移しています。しかしながら、甲は、将来のA社の株価の上昇を見込んでいます。

　甲は、相続税の軽減を図り、できるだけ多くの株式を子に残したいと考えています。現状のまま相続が発生してしまうと、甲がA社株式を直接保有しているため、A社株式の相続税評価額は時価（市場価格）そのもので評価されてしまい、相続人に多額の相続税が課されてしまいます。相続人には納税資金がないため、甲から相続したA社株式の約半分程度を売却し、その売却資金を納税に充当しなければならないことになりかねません。このままでは甲一族によるA社の持株割合40％を維持し続けるのは、困難な状況にあるといえます。

　また、個人の資産運用として不動産投資を始めるに当たり、法人格を利用したいと考えています。

解決策

　甲がA社株式を直接保有する形態から、間接保有する形態に変更することを検討すべきです。資産保全会社B社を設立し、甲が所有するA社株式をB社に移動します。このような形態を作り出すことにより、甲がA社株式を間接的に保有する形態に変更でき、甲の相続財産が、上場株式から取引相場のない株式に変わります。

　甲の相続財産の課税価格は、A社株式の時価（市場価格）ではなく、

Ｂ社株式の時価（取引相場のない株式の価額）となります。甲の相続財産の課税価格は、Ａ社株式の直接保有よりも間接保有のほうが低く抑えることができ、相続税額も少なくなることが想定されます。

1 資産保全会社のメリット・デメリット

(1) 資産保全会社の概要

上場準備期間に、オーナーの資産保全会社を設立し、一部の自社株をこの資産保全会社に保有させるという資本政策を行っているケースが多いようです。これは、長期安定株主対策に加えて、上場後に株価が大きく上昇することを見越した相続税対策の一環としても有効です。

一方、上場準備期間にオーナーの資産保全会社の設立を失念しており、上場会社オーナーが自社株のすべてを直接保有しているケースもよく見受けられます。

株価水準が現在よりも将来大きく上昇すると見込まれる場合や、あるいは過去にクロス取引（同一銘柄、同数量の買いと売りの注文を同時に発注し約定させる取引）をして取得価額が高く上場会社オーナーの株式を資産保全会社へ移動する際の売却益が小さい場合には、新たに資産保全会社を設立し、上場会社オーナーの保有する株式を資産保全会社に移動することを検討する余地が十分にあります。

(2) 資産保全会社による株式保有のメリット

資産保全会社が上場株式を保有するメリットには、次の事項があります。

① 受取配当等の益金不算入

配当金課税につき、法人には、受取配当等の益金不算入の適用があります（法法23）。資産保全会社が、上場会社の発行済株式総数の３分の１超（100％未満）の株式を配当基準日以前６カ月間以上引き続き保有していれば、関連

法人株式等から受ける配当等として、控除負債利子がないとすれば受取配当等の全額が益金不算入です（法法23④⑥）。関連法人株式等に該当しない場合であっても、5％超（3分の1以下）保有していれば受取配当等の額のうち50％が益金不算入となります。なお、5％以下の保有比率である場合には、20％が益金不算入となります（法令22の2〜22の3の2）。

② 所得の分散

資産保全会社から親族へ給与を支給することにより、所得を分散することができます。たとえば、上場会社オーナーの子息を資産保全会社の役員に就任させ、資産保全会社から子息に対して役員報酬や役員賞与を払うことにより、ファミリー内における所得分散が可能になります。

③ 各個人の給与所得控除

給与の支給を受けた各個人の所得税の計算上、給与所得控除を受けることができます（所法28、57の2）。

たとえば、上場会社オーナーの子息が資産保全会社の役員に就任し、資産保全会社から役員報酬や役員賞与を受け取りますが、子息の所得税の計算上給与所得控除を受けることができます。上場会社オーナーが直接配当金を収受する場合に比べて、ファミリー全体の手取金額が増加します。

④ 諸支出の経費計上

諸支出を資産保全会社の経費として計上できます。様々な所得が発生した場合に、法人の場合、個人と異なり所得区分による課税方法の相違はありませんので、資産保全会社の所得計算上、すべて損益通算できます。

⑤ 繰越欠損金の繰越控除

資産保全会社に損失が生じた場合には、9年間の繰越控除（平成29年4月1日以後（平成28年度税制改正大網によれば1年延期し、平成30年4月1日以後）開始事業年度において生じた欠損金は10年間）ができます（法法57）。なお、資本金1億円を超える法人は、繰越控除の控除限度額が制限されます（法法57）。所得に対して控除できる控除限度割合は次のとおりです。

開始事業年度 法人の種類		H27.3 以前	H27.4 〜 H29.3	H29.4 以後
資本金・出資金額が1億円超		80%	65%	50%
資本金・出資金額が1億円以下	資本金の額等が5億円以上の法人の完全支配関係がある法人			
	それ以外	100%		

※　平成28年度税制改正については【巻末資料】を参照

⑥　評価差額に対する法人税等相当額の控除による評価引下げ

　資産保全会社の株式の相続税評価を純資産価額方式で行う場合に、純資産価額から評価差額に対する法人税等相当額（38％）を控除することができます（評基通185）。なお、38％は法人税率の改正で変動することがあります。

　この評価差額に対する法人税等相当額は、課税時期における相続税評価額による純資産価額から帳簿価額による純資産額を控除した評価差額に38％を乗じて計算します（評基通186-2）。38％は、清算所得に対する法人税、事業税、道府県民税及び市町村民税の税率の合計額に相当する割合です。資産保全会社が株式を取得した後に発生した上場株式などの資産の含み益のうち38％相当額については、相続税の課税対象にはならないことを意味します。

　将来の株価の上昇が見込めるのであれば、資産保全会社が上場株式を保有するのは、相続税対策の一環となります。

⑦　類似業種比準方式の適用による評価引下げ

　資産保全会社に株式以外の資産も保有させることにより、株式保有特定会社に該当しないようにすれば、資産保全会社の株式の評価に、類似業種比準方式を適用することができ、純資産価額方式よりさらに低い評価額とすることもできます（評基通180）。

⑶　資産保全会社による株式保有のデメリット

資産保全会社が上場株式を保有するデメリットには、次の事項があります。

①　大口株主以外の個人株主の配当所得課税

資産保全会社に受取配当等の益金不算入（法法23）が認められない場合、資産保全会社が留保金課税（法法67）の対象となった場合には、資産保全会社による上場株式の保有は有利とはいえません。

大口株主（持株割合３％以上の株主等）以外の個人株主であれば、上場株式等の配当は20.315％の源泉徴収をしたうえで、㋑確定申告不要制度の適用、あるいは、㋺総合課税、㋩申告分離課税を選択できます。資産保全会社の損益に対する税額計算は通常35％程度の実効税率が適用されてしまいます。発行済株式総数の３％未満の上場株式であれば、配当課税の観点では資産保全会社で保有するより個人で保有したほうが有利です。

②　個人の上場株式等の譲渡所得課税

個人における上場株式の譲渡は、原則として、譲渡益に対して20.315％の申告分離課税です。これに対し、法人における株式の譲渡は他の所得との分離はなく一律35％程度の実効税率が適用されます。法人に繰越欠損金がある場合や、将来に損失を発生させる予定などのタックス・プランニングがある場合を除き、株式の譲渡益に対する課税は、個人に比べ法人課税のほうが不利となります。

③　株式保有特定会社への該当

資産保全会社の株式の相続税評価において、資産保全会社の株式の保有割合が50％以上であれば、株式保有特定会社に該当し、純資産価額方式により評価しなければなりません（評基通189－３）。

④　取得後３年以内の土地及び家屋等の評価

資産保全会社の株式の相続税評価による純資産価額方式による評価において、取得後３年以内の土地及び家屋等は、路線価及び固定資産税評価額によることはできず、時価で評価しなければなりません（評基通185）。

⑤　資産保全会社株式の物納の適格性

　資産保全会社の株式を物納しようとする場合に、資産保全会社の株式が管理処分不適格財産に該当し物納できないなど納税資金不足に陥る可能性があります（相法41）。資産保全会社の株式を物納できたとしても、物納後一定期間内にその株式の買受けを行わないと、競売により第三者に株式が渡ってしまうおそれがあります。

⑥　小規模宅地等の特例の適用

　資産保全会社が土地を保有していたとしても、その土地に対し小規模宅地等の特例を適用することはできません。ただし、個人が直接土地を保有する場合には、相続税の申告の際に、その土地に対し小規模宅地等の特例を適用することができます（措法69の4）。

(4)　資産保全会社設立の留意点

①　資産保全会社の株式の財産分割

　資産保全会社の設立に当たっては、相続発生時の遺産分割を念頭に置いて検討すべきです。

　資産保全会社1社がすべての上場株式（自社株式）を保有している状態で、上場会社オーナーに相続が発生すると、様々な弊害が生じる可能性があります。上場会社オーナーが所有する資産保全会社の株式を兄弟で法定相続分に従って相続するとなると、資産保全会社の経営は共同経営の状態になってしまいます。数年後に資産保全会社が有する財産の処分や取得など、会社の方針決定につき相続人間で意思の相違が生じ、資産保全会社の経営権の争いが生じるかもしれません。

　これに対処するためには、遺産分割しやすいよう、相続人の数に応じた資産保全会社の設立を検討することが肝要です。たとえば、複数の資産保全会社の設立や、上場株式（自社株式）の直接保有と資産保全会社による間接保有の割合を考慮したうえでの資産保全会社の設立を検討する必要があります。

②　相続税の納税資金の確保

　資産保全会社を利用した相続対策の失敗の一つに、相続税の納税資金不足があります。上場株式は市場による売却などにより換金が可能ですが、資産保全会社の株式は換金可能性がほとんどないからです。

　たとえば、次のような失敗事例があります。甲は、上場会社A社の株式を有する資産保全会社B社の株式を従前より有しており、相続によりA社株式を取得しました。相続税の納税資金確保のため、B社の有するA社株式を売却したうえで、甲がB社に対してB社株式を売却（B社にとっては自己株式を取得）し、B社から現金を受け取るという方法を選択しました。B社のA社株式の帳簿価額は売却した時価に比べ低かったため、多額の法人税の負担が生じました。自己株式の取得として、甲には、みなし配当課税が生じ、思わぬ所得税負担が生じてしまいました。相続税・法人税・所得税の税額の合計額が、B社のA社株式の売却による収入額を超えてしまい、その差額について甲は金融機関から新たに借入れを行わざるを得なくなってしまったという悲劇的な事例です。

　なお、資産保全会社B社の株式を被相続人が保有しており、相続により取得した甲が、B社に自社株譲渡した場合には、譲渡対価の全額を譲渡所得の収入金額とするみなし配当課税の特例（措法9の7）と、相続税額をB社株式の取得費に加算することができる取得費加算の特例（措法39）があります。

　資産保全会社の利用は、その節税効果だけでなく、相続税の納税資金の確保といった観点も忘れずに検討しておく必要があります。

2 資産保全会社の設立

(1) 資産保全会社の株主構成

上場会社オーナーが有する株式の移動先となる資産保全会社を、上場会社オーナーのみが出資する会社とするか、上場会社オーナーとその子全員が共同で出資する会社とするか、上場会社オーナーの後継者のみが出資する会社とするかを検討します。

上場会社オーナーが、子に資産保全会社設立のための出資資金を贈与して、子が資産保全会社の出資者となる場合には、子は名義を借りているだけであって、実質的な株主は上場会社オーナーと認定されてしまうリスクがあります。そこで、公正証書などで確定日付をとった贈与契約書を残すとともに、銀行口座を通して資金を移動するなど、証跡をたどれば、贈与した出資資金の流れがわかるようにしておくことが肝要です。

(2) 新設会社と既存設立会社との選択

上場会社オーナーが資産保全会社を保有しておらず、新たに資産保全会社を立ち上げるといったときには、新たに会社を設立する方法と、既存の会社を買収する方法とがあります。

新たに会社を設立しこの会社に財産を移転するに当たっては、事後設立規制があります。旧商法下においては、検査役の調査が要求され、事後設立の手続負担が重かったことから、既存の休眠会社を買収しその会社を資産保全会社とする方法が多く選択されてきました。会社法では、事後設立の際の検査役の調査に関する規定は撤廃され、株主総会の特別決議があれば足ります（会法309②十一）。取得する財産が純資産額の20％以下であれば株主総会の特別決議も不要とされており、事後設立の手続負担は軽くなっています（会法467①五）。

既存の休眠会社などを買収しその会社を資産保全会社とする場合には、そ

49

の会社の買収前の簿外債務の存在の可能性を完全に消滅させることはできないというデメリットがあります。上場株式を資産保全会社に移動した後に、その資産保全会社に巨額の簿外負債の存在が明らかになったとの事態を招く可能性も否定できません。このようなデメリットを考慮すれば、新たに会社を設立する方法を選択するのがよいでしょう。

(3) 合同会社と株式会社との選択

新たに会社を設立する場合には、組織形態を合同会社とするか、株式会社とするかを決定する必要があります。

合同会社は、合名会社や合資会社のような持分会社としての側面と、株式会社のような物的会社としての側面の双方をあわせもった組織形態であり、次の特徴があります。

---

① 社員は間接有限責任を負う（会法580②）

② 各社員は出資義務を有するが、信用又は労務による出資は認められない（会法578）

③ 退社の際の持分払戻しは原則として認められない（会法632①）

株式会社と合同会社の共通点、相違点、メリット・デメリットをまとめると、次のとおりです。

	株式会社	合同会社
責　任	有限責任	有限責任
出　資	金銭その他の財産	金銭その他の財産
法人格	有	有

50　第2章　資産保全会社を利用した事業承継対策

内部組織	・機関として、株主総会と取締役が必要。最低1人の取締役の選任が必要（会法326①） ・役員の任期は、譲渡制限会社であれば10年まで伸長可（会法332②）	・定款自治・内部自治が認められている ・社員が業務執行を行う（会法590①）
メリット	・対外的になじみやすい	・設立手続が容易 ・業務は、社員の過半数をもって決定（会法590②） ・定款の変更は総社員の同意（会法637） ・損益分配の割合を出資比率に関係なく、自由に定められる（会法622） ・自由な内部組織を設計できる ・設立又は出資の際の資本金組入れ規制がない ・現物出資時の検査役の調査が不要 ・役員の任期の定めがない ・決算公告が不要 ・法定監査が不要
デメリット	・設立又は株式の発行の際の払込み又は給付に係る額の2分の1以上を資本金に組み入れなければならない（会法445②）	・複数の社員で設立した場合、意思決定及び業務執行に一定の制限がある ・対外的になじみにくい ・金庫株が利用できない ・定款に定めがないと、持分の承継（相続）ができない ・出資をしないと社員になれない ・出資割合ではなく社員が各1議決権を持つため資本の原理がない

合同会社の設立又は増資の際の資本金組入れ規制がないのは最大のメリットです。多額の出資があったとしても資本金の額に組み入れる額を少なくすることにより、設立に関する登録免許税を低く抑えることができるとともに、資本金を1億円以下とすることによって外形標準課税の適用を避け、さらに中小企業優遇税制の適用を受けることができます。

　なお、合同会社は、総社員の同意により株式会社に組織変更することができます（会法746、781）。

(4)　特例有限会社の利用

　会社法施行前にすでに資産保全会社を有限会社の会社形態で設立していることもあるでしょう。会社法施行に当たり、有限会社法が廃止されましたが、ほとんどの有限会社は、特例有限会社として存続しています（会社整備法2）。この特例有限会社を資産保全会社として利用することも可能です。

　また、特例有限会社を株式会社に移行することもできます（会社整備法45、46）。特例有限会社が株式会社に移行するメリットには、機関設計が自由に選択できること、企業組織再編が可能であること、デメリットには、貸借対照表の決算公告が必要となること、役員の任期が最長10年に制限されることなどがあります。

(5)　設立時の資本金の額の決定

①　法人事業税の外形標準課税の適用の検討

　資産保全会社の資本金の額は、法人事業税の外形標準課税の適用の有無を勘案して、検討すべきです。

　資本金が1億円を超える会社は、法人事業税につき、従来の所得割を課税標準とする方法に代えて、所得割、付加価値割、資本割を課税標準とする外形標準課税が適用されます（地法72の2①一イ）。所得の多寡による課税（所得割、付加価値割）に加えて、資本金の額による課税（資本割）がされると

いうものです。

資本金の額が大きければ、所得がなくとも資本割による法人事業税が生じます。その反面、所得を課税標準とする所得割の税率は従来の事業税の税率よりも低く抑えられているため、多額の所得が生じるのであれば、あえて法人事業税の外形標準課税の適用を受けたほうが法人事業税の税額を少なくできる場合もあります。ただし、法人事業税の外形標準課税の適用が不利か否かは、一概にはいえません。上場株式を保有することをもっぱらの目的とする資産保全会社であれば、法人事業税の外形標準課税の適用を避けたほうが一般的には有利でしょう。

法人事業税の外形標準課税が適用されるか否かは、事業年度末時点での資本金の額によって判定されます（地法72の2②）。ここでいう資本金の額は、まさしく会社法上の資本金の額です。事業年度中に増資あるいは資本金の額の減少を行うことにより、法人事業税の外形標準課税の適用の有無を変更することができます。

なお、資本金の額を1億円以下にすることにより法人事業税の外形標準課税の適用から外れることができますが、法人住民税の均等割は資本金等の額に無償増資、無償減資による欠損填補等に関する調整を行った金額を基準とするため、均等割を減額することはできません。また、法人事業税の外形標準課税が適用される場合の資本割の課税標準は、資本金等の額となります。

資本金等の額とは、法人の④資本金の額と、⑪資本等取引により生じた金額のうち資本金の額に組み入れなかった額などの合計額をいいます（法法2十六、法令8①）。⑪の具体的な内容は、法人税法施行令第8条第1項に定められており、株式の発行又は自己株式の処分において払い込まれた金銭の額等のうち資本金の額に組み入れなかった額、資本金の額を減少した場合のその減少した金額などがあります。つまり、資本金の額を減少させたとしても、資本金等の額には影響しません。

② 株式会社の設立の登録免許税

会社の商業登記の登記原因に対する課税標準は資本金の額であることがほとんどです。資本金の額が大きくなれば、登録免許税も高額になります（登録免許税法9、別表第1）。

〈登録免許税の税率〉

	内　容	課税標準	税　率	最低税額
設立登記	合名・合資会社	申請件数	6万円/件	－
	株式会社	資本金の額	0.7%	15万円
	合同会社	資本金の額	0.7%	6万円

(6) 資産保全会社の資産構成

資産保全会社設立後の資産構成を事前に検討しておきます。

資産保全会社が有する総資産に対する株式の割合が一定割合を超えると、資産保全会社の株式の相続税評価額を評価するに当たり、株式保有特定会社に該当してしまい、相対的に高い評価額となってしまう可能性があります（評基通189－3）。

株式保有特定会社に該当しないよう、資産保全会社に保有させる自社株式数の増減、投資用不動産の保有、新規事業の開始による資産の保有などを検討します。

(7) 具体的な会社の手続

① 会社の設立

資産保全会社といっても、設立手続は普通の会社の設立手続と変わりません。実際には、会社の設立手続は司法書士に依頼することが多いでしょう。

資産保全会社の設立手続の概略は、次のとおりです。なお、合同会社の設立には、次の手続のうち、「ニ．定款の認証」と「ヘ．設立時取締役・監査

役の調査」は不要です。

イ．設立準備

　設立準備として、商号（会社名）、事業目的、本店の所在地を決めなければなりません。

　商号については、取引の安全を図る目的から、同一所在地で同一商号を登記することは認められません（商登法27）。つまり、本店所在地が同一所在地でなければ設立登記が認められます。なお、不正の目的で他の会社の営業と誤認させるような商号の使用は認められません。商号を使用した場合は差止請求の対象となります（会法8）。不正競争防止法においても、差止請求や損害賠償の対象となります（不正競争防止法2、3、4）。

　事業目的は、将来、資産保全会社で行う可能性がある事業もあらかじめ記載しておくことが肝要でしょう。

　なお、会社の機関設計は、大会社（資本金5億円以上の株式会社など）に該当せず、譲渡制限のある株式会社であれば、取締役1名で足り、監査役も設置する必要はありません（会法326、327、328）。

ロ．会社の印鑑の作成

　登記申請時に必要となる代表者印を作成します。

ハ．印鑑証明書の入手

　設立登記に必要な印鑑証明書を入手します。取締役各1通(社員各1通)、払込手続をする取締役1通が必要です。

ニ．定款の作成と認証

　商号、事業目的、本店の所在地など、会社の組織や活動内容を定款に定めます（会法26〜29）。作成した定款は、公証人役場において公証人の認証を受けなければ、法的に効力を持ちません（会法30）。なお、合同会社は、公証役場の手続は不要で、定款を作成するだけで効力が生じます。定款を紙で作成した場合には4万円の印紙税がかかりますが、電子定款で作成すると印紙税は不要です。

55

ホ．払込みがあったことを証する書面

　金融機関において、その出資に係る金銭の払込みを行います（会法34）。設立登記の際には、金融機関が発行した払込金受入証明書もしくは金銭の払込みが記帳された預金通帳のコピーが必要です。

ヘ．設立時取締役・設立時監査役の調査

　出資の履行が完了したこと、会社の設立の手続が法令又は定款に違反していないことなどを調査します（会法46）。

ト．登記申請

　本店所在地を管轄する法務局へ必要書類を提出し、設立の登記の申請を行います（会法49）。

チ．会社の成立

リ．税務署などへの届出

　会社を設立したら、税務署、都道府県税事務所、市区町村、社会保険事務所など、必要に応じて書類を提出しなければなりません。提出すべき書類として、法人設立・設置届出書（税務署、都税事務所、市区町村）、青色申告の承認申請書（税務署）、給与支払事務所等の開設届出書（税務署）などがあります。

②　現物出資

　会社を新たに設立する際、あるいは増資を行う際、金銭以外の財産（現物）を出資する方法を現物出資といいます（会法28一）。上場株式等が保有資産のほとんどを占めており、現預金のポジションがあまりない上場会社オーナーであれば、現物出資の利用を検討します。

　現物出資をするには、現物出資財産につき、定款への記載・記録及び検査役の調査が必要です。ただし、定款に記載・記録された価額の総額が500万円を超えなければ、検査役の調査は不要です（会法33⑩一）。

　また、現物出資財産のうち市場価格のある有価証券について定款に記載・記録された価額が定款の認証の日におけるその有価証券を取引する市場にお

ける最終の価格（その日に売買取引がない場合又はその日が有価証券取引市場の休業日に当たる場合には、その後最初になされた売買取引の成立価格）を超えない場合にも、検査役の調査は不要です。なお、定款の認証の日にその有価証券が公開買付け等の対象である場合には、定款の認証の日における公開買付け等に係る契約における有価証券の価格と、有価証券取引市場における最終の価格のいずれか高い額を基準として、検査役の調査が必要か否かを判定します（会法33⑩二）。

　さらに、現物出資財産等について定款に記載され、又は記録された価額が相当であることについて弁護士、弁護士法人、公認会計士、監査法人、税理士又は税理士法人の証明（現物出資財産等が不動産である場合にあっては、その証明及び不動産鑑定士の鑑定評価）を受けた場合にも、検査役の調査は不要です（会法33⑩三）。

③　事後設立

　事後設立とは、株式会社の成立後2年以内におけるその成立前から存在する財産であって、その事業のために継続して使用するものを取得する契約を締結することをいいます（会法467①五）。

　事後設立を行うには、検査役の調査は不要ですが、その財産の対価として交付する財産の帳簿価額の合計額が会社の純資産額の20％を超える場合には、その行為の効力発生日の前日までに、株主総会の決議によって、その行為に係る契約の承認を受けなければならないとの制約があります（会法467①五）。

3　株式移動時のキャピタルゲイン課税

　株式等を譲渡したときの所得に対する税額は、他の所得とは区分して計算します（申告分離課税）。株式等の譲渡所得等の所得金額は、譲渡価額から取得費及び委託手数料等を差し引いて計算します。上場株式等の譲渡所得は、

20.315％（所得税15％、復興特別所得税0.315％、住民税５％）の税率で課税されます。

　なお、金融商品取引業者を通じた上場株式等の譲渡であれば、譲渡損失を３年間繰り越して、翌年以降の株式等の譲渡所得等の金額や申告分離課税の上場株式等の配当所得の金額から控除していくこともできます。

　上場会社オーナーの自社株式の取得費は、相対的に低いことが多いため、資産保全会社に譲渡する際には多額の譲渡所得が発生してしまうことが想定されます。過去にクロス取引を行い取得価額が高くなっている場合や、特定口座に「みなし取得費」（平成22年改正前措法37の11の２）で入庫されていることにより実現する譲渡益の額を抑えることができる場合などの事情があれば、上場会社オーナーが有する株式を資産保全会社に移動すべきでしょう。

　上場株式を現物出資することにより資産保全会社を設立することもあります。現物出資も資産の譲渡にほかならず、所得税の課税対象です。譲渡収入は、現物出資により取得した株式等の取得時の価額（時価）です（所法36②）。現物出資は、金融商品取引業者への売委託により行う上場株式等の譲渡に該当しませんので、譲渡損失が発生したとしても、上場株式等に係る譲渡損失の繰越控除の対象にはなりません。このため、上場株式等を事前に市場でクロスし、益出し又は損出しした後に、資産保全会社に現物出資する場合があるようです。

　なお、上場株式の現物出資により取得した資産保全会社の株式の取得価額は、資産保全会社の株式の取得時の価額（時価）です（所令109①五）。

　法人においては、クロス取引は譲渡がなかったものとみなされますが、個人の場合は、取引所市場取引（オークション市場での取引）又は立会時間外取引（ToSTNeTやJ-NET、N-NET等）により行う場合であれば、譲渡が成立し取得価額の付け替えが可能です。なお、立会時間外の取引である場合には、同日の売りと買いでの譲渡は認められず、売却の翌日に再取得することが必要です（日本証券業協会の個人が上場・店頭売買株式を売却するととも

に直ちに再取得する場合の当該売却に係る税務上の取扱いについての照会に対する国税庁の回答)。

4 金融商品取引法上の手続

　上場会社オーナーが有している上場会社の株式を資産保全会社に移動するのに伴い、上場会社オーナー及び資産保全会社は大量保有報告書（変更報告書）を提出しなければなりません。発行会社も、臨時報告書の提出や、取引所の定める適時開示が必要になります。

　また、資産保全会社による上場株式等の有償の譲受けが、その上場株式等に対する公開買付規制の対象となる場合もあります。現物出資も有償の譲受けに該当するため、公開買付規制の対象となります。

　なお、平成16年11月12日金融庁が、「証券取引法等の一部を改正する法律の一部の施行に伴う関係政令の整備等に関する政令案に対するパブリックコメントの結果について」で、「証券取引法上、現物出資による買付けは『有償の譲受け』に該当するものと解されており、公開買付けの対象となる。同法第27条の2第3項及び同令第8条第2項では、公開買付けが金銭以外のものをもって対価とする場合について規定している」とコメントしています。

59

コラム

相続人の数だけ資産保全会社をつくる

　富裕層の所得税や相続税の最高税率が上がりましたが、その増収税額は、国家財政再建には微力です。しかし、日本は現在、消費税率を上げていくために、取れるところから取っているという政治姿勢が重要なようです。

　一方、法人税は国際競争力強化のために低い水準に抑えなければなりません。

　このような背景から、収益を生む資産を個人で持つのは不利で、法人で持つ風潮がすでに広まってきました。また、相続発生時の争いを避けるために、子どもの数だけ資産保全会社を設立し、どの会社を、誰に相続させるかを明確にすることにより争族リスクまでも回避しようとするケースも増えてきました。

2-2 自己株式の取得による株主構成の適正化

事　例

　上場会社オーナー甲は、資産保全会社A社を保有しています。資産保全会社A社は上場会社B社の株式を保有しています。

　A社は、B社の上場後に設立したのですが、上場会社オーナーの兄弟姉妹、さらには、上場会社オーナー甲氏とは関係の薄い第三者である株主乙氏にもA社の株式を割り当ててしまっています。株主乙は、A社の役員に就任しています。乙は、A社の実質的な経営から年々離れており、現在はまったく経営に参画していないにもかかわらず、過去の保有水準をいまだ保ったまま役員報酬の支給を受けており、A社の経営の負担になっています。

　甲は、A社の株主の整理を行いたいと考えています。A社は潤沢な資金を有するものの、甲氏一族には資金があまりありません。

解決策

　資産保全会社A社が、株主乙から自己の株式を取得します。乙は、株主の地位を離れ、株主総会における議決権行使ができなくなります。これを機に、乙に役員も退任してもらいます。乙は、役員報酬がなくなりますが、株式の譲渡代金を手に入れることができます。

1　自己株式の取得

　会社法では、株主との合意により自己の株式を有償で取得する場合（会法156）、譲渡承認請求に係る譲渡制限株式を買い取る場合（会法138）など、発行会社による自己の株式を取得することを認めています（会法155）。

61

相続税の納税資金の確保の一手法として、また、資産保全会社における株主の整理の一手法として、自己株式の取得を利用することができます。

自己株式の取得には、次のようなメリットがあります。

① 株主構成の適正化

資産保全会社といった譲渡制限会社では、オープンな経営を行うよりも、家族といった仲間うちだけで経営を行うほうが運営しやすいケースがほとんどです。仲間うちだけで経営を行うために、非友好的株主を排除する方法の一つとして、非友好的株主からの自己株式の取得があります。

② 納税資金の確保

上場会社オーナーの相続税の納税資金の原資となる財産が自社株式と資産保全会社の株式しかない場合に、資産保全会社に潤沢な資金があれば、資産保全会社の株式を資産保全会社に自己株式として譲渡し、その対価として受け取った金銭を納税資金に充てることができます。

2 自己株式の取得の手続

(1) 自己株式の取得の方法

自己株式の取得の方法には、株主との合意による取得として、㋑不特定の株主からの取得、㋺特定の株主からの取得、㋩市場取引等による株式の取得があります。さらに、譲渡承認請求に係る譲渡制限株式の買取りといった方法も利用することも可能です。

また、事前の対策として、相続人等に対する売渡請求制度を導入しておくことを検討すべきでしょう。

(2) 自己株式の取得の具体的な手続

① 株主との合意による取得

イ．不特定の株主からの取得及び特定の株主からの取得

通常は、株主総会の普通決議で、あらかじめ次に定める事項を決定します（会法156①、157、158、160）。

---

① 取得する株式の数（種類株式発行会社にあっては、株式の種類及び種類ごとの数）

② 株式を取得するのと引換えに交付する金銭等の内容及びその総額

③ 株式を取得することができる期間（最長1年間）

④ 特定の者から買い受けるときは、次の事項の通知を特定の株主に対して行う旨の定め

　(イ) 取得する株式の数（種類株式発行会社にあっては、株式の種類及び種類ごとの数）

　(ロ) 株式1株を取得するのと引換えに交付する金銭等の内容及び数もしくは額又はこれらの算定方法

　(ハ) 株式を取得するのと引換えに交付する金銭等の総額

　(ニ) 株式の譲渡の申込みの期日

　普通決議には、議決権を行使できる株主の議決権の過半数を有する株主が出席し、その出席した株主の議決権の過半数の賛成が必要です（会法309①）。特定の相手方から自己株式を取得するのであれば、株主総会の特別決議が必要です（会法160①、156①、309②二）。特別決議には、議決権を行使できる株主の議決権の過半数を有する株主が出席し、その出席した株主の議決権の3分の2以上の賛成が必要です（会法309②）。非上場会社における自己株式の取得は、通常、特定の相手方からの自己株式の取得に該当しますので、株主総会の特別決議によるのがほとんどです。

　特定の相手方以外の株主は、特定の相手方に自己をも加えたものをその株主総会の議案とすることを請求する権利を有しています。これを売主追加請求権といいます。このため、会社は、株主総会の2週間前までに、そ

63

の特定の相手方以外の株主に対し、売主追加請求権を行使することができる旨を通知しなければなりません（会法160②③、会規28）。

ロ．市場取引等による株式の取得

市場取引等により自己株式を取得することを取締役会の決議によって定めることができる旨を定款に定めることにより、取締役会の決議により自己株式を取得することができます（会法165②）。ただし、市場取引等による自己株式の取得、つまり、会社が市場において行う取引又は金融商品取引法上の公開買付けの方法により自己株式を取得する場合ですので、資産保全会社のような非上場会社は、この規定の対象とはなりません。

② 譲渡等承認請求に係る譲渡制限株式の買取り

譲渡制限株式につき、株主又は株式取得者から譲渡等承認請求を受け、会社がこれを承認しない旨の決定をした場合には、会社はこの譲渡等承認請求に係る譲渡制限株式（以下「対象株式」という）を買い取らなければならないと定められています（会法140①②、309②一）。この自己株式の取得に当たり、他の株主に売主追加請求権はありません。

自己株式の取得に当たり、特定の相手方以外の株主の売主追加請求権の行使を排除するために、通常の自己株式の取得手続によらず、特定の相手方の同意のもと、あえて譲渡制限株式の譲渡等承認請求を承認せず、株式の買取りを実行するという方法を選択することもあります。この場合には、株主総会の特別決議により、次の事項を定めなければなりません。

---

① 対象株式を買い取る旨

② 会社が買い取る対象株式の数（種類株式発行会社にあっては、対象株式の種類及び種類ごとの数）

---

(3) 相続人等に対する売渡請求制度

　株主に相続が発生すると、相続財産である株式は、一般承継により当然に相続人に移転します。しかし、株式を相続により取得した相続人が当然に株主になると、会社にとって好ましくない者も株主となってしまうおそれがあります。これを避けるため、相続人等に対する売渡請求制度の利用も検討すべきです（会法174）。相続人等に対する売渡請求制度は、その株式に譲渡制限が付されていることが前提です。

　相続人等に対する売渡請求制度を導入するには、定款に、相続その他の一般承継により発行会社の譲渡制限株式を取得した者に対し、発行会社がその株式を自己に売り渡すことを請求することができるとの定めを置きます。これは定款変更にほかならず、株主総会の特別決議によります（会法466、309②十一）。なお、定款の例示は次のとおりです。

（相続人等に対する株式の売渡請求）

第○○条　当会社は、相続その他の一般承継により当会社の株式を取得した者に対し、当該株式を当会社に売り渡すことを請求することができる。

　相続人等が株主になるのを認めたくないのであれば、会社は、その相続人等に対して相続等により取得した株式の売渡請求をします。売渡請求をするには、そのつど、次の事項につき、株主総会の特別決議が必要です（会法175、309②三）。

---

①　売渡しの請求をする株式の数（種類株式発行会社にあっては株式の種類及び種類ごとの数）

②　売渡しの請求をする株式を有する者の氏名又は名称

　決議後、会社は相続人等に対して、その請求に係る株式の数を明示して、

売渡請求をしますが（会法176①②）、相続人等はこれを拒むことはできません。会社が売渡請求できるのは、相続その他の一般承継があったことを知った日から1年以内です（会法176①ただし書）。

売渡価格は、会社と相続人等との協議によって決定するのが原則ですが（会法177①）、協議が調わなければ、裁判所に対して売渡価格の決定の申立てをすることもできます。この期限は売渡請求日から20日以内とされており（会法177②）、20日以内に申立てをしなければ、売渡請求の効力を失います（会法177⑤）。そのため、裁判所への申立てを準備してからの売渡請求の手順が肝要です。

この売渡請求に基づく株式の買取りは、自己株式の取得にほかならず、金銭等の支払が分配可能額を超える場合には、株式の買取りをすることができないことにも留意が必要です（会法461①五）。

なお、相続発生後に、この定めを置く定款変更を行い相続人に対して株式売渡請求をすることも可能とされています（相澤哲・葉玉匡美・郡谷大輔編著「論点解説　新・会社法」（商事法務、2006年）162頁）。

(4) 自己株式の取得の財源規制

自己株式の取得には、財源規制があります。会社法では、自己株式の取得は剰余金の配当と同様に株主に対する金銭等の交付と位置づけています（会法461①）。

分配可能額は、原則として、その剰余金の額（会法461②一）から、自己株式の帳簿価額（会法461②三）、最終事業年度の末日後に自己株式を処分した場合における当該自己株式の対価の額（会法461②四）、会社計算規則第158条各号に定める各勘定科目に計上した額の合計額（会法461②六）を差し引いた金額によって計算します。

また、会社が自己株式の取得を行った事業年度の末日において欠損が生じた場合には、その業務執行者は原則として、その欠損額（その欠損額が自己

株式の取得により株主に対し交付した金銭等の帳簿価額の総額を超えるとき
にはその額）を支払う義務を負います（会法465①）。

3 税務上の検討事項

(1) 自己株式の取得価額の検討

自己株式の取得価額は、時価で行われるのが原則です。

取引相場のない株式の評価は、非常に難しいといえます。上場会社であれ
ば、市場があり時価が形成されますが、非上場会社の株式の評価は、恣意性
が介入しやすく、常に時価の適正性は論点になります。

税法においては、一つの指標として、法人税基本通達9－1－13、9－1
－14及び所得税基本通達23～35共－9、59－6があります。これらの通達に
よれば、時価は、純資産価額等を参酌して通常取引される価額とされ、課税
上弊害がない限りは、次によることを条件として財産評価基本通達の例に
よって算定した価額によることが可能としています。

---

① その法人（個人）が、その株式の発行会社にとって「中心的な同族
株主」に該当するときは、その発行会社は、常に「小会社」に該当す
るものとして評価する

② 土地や上場有価証券を有しているときは、純資産価額方式の計算に
当たり、その土地や上場有価証券については、譲渡時点の時価で評価
し直す

③ 純資産価額方式の計算に当たり、評価差額に対する法人税額は控除
しないで評価する

所得税基本通達では、「課税上弊害がない限りは」が「原則として」とさ
れるとともに、次の条件が追加されています。

67

④ 「同族株主」の判定は譲渡又は贈与前の保有株式数で行う

(2) 売手株主の税務処理

① 法人株主の税務

　発行会社に対する株式の譲渡により交付を受けた金銭等の額がその株式に対応する資本金等の額を超える場合には、株式を譲渡した者にみなし配当が生じます。みなし配当の額の計算は、次によります。

みなし配当の額＝交付金銭等の額－株式対応取得資本金額

　株式対応取得資本金額は、発行会社の取得直前の資本金等の額を直前の発行済株式総数（自己株式を除く）で除し、これに譲渡する自己株式の数を乗じて計算します。

　みなし配当の額は、剰余金の配当としての源泉徴収の対象となるとともに、受取配当等の益金不算入の適用を受けることができます。

　また、その株式対応取得資本金額とその有価証券の帳簿価額との差額につき、有価証券譲渡損益が生じます。有価証券の譲渡損益の計算は、次によります。

有価証券譲渡損益＝取得資本金額－帳簿価額

　有価証券譲渡損益は、株式を譲渡した法人において益金又は損金となり、法人税の課税計算の対象となります。

② 個人株主の税務

　個人株主も、法人株主と同様、交付金銭等の額と帳簿価額との差額をみなし配当部分と有価証券譲渡損益部分に区分し、それぞれ配当所得課税及び株式等の譲渡所得課税がなされます。みなし配当は配当所得として、その最高税率は所得税、住民税を合わせて49.44％になります。他方、株式等の譲渡所得は、20.315％（所得税15％、復興特別所得税0.315％、住民税5％）の申告分離課税となります。株式等の譲渡損失が生じた場合には、他の所得と損益通算ができず、申告分離課税を行う他の株式等に係る譲渡所得等との内部通算のみしかできないことにも注意が必要です。

　平成28年1月以降は、未公開株式の譲渡損益は上場株式等の譲渡損益と通算できませんが、私募株式投信だけではなく私募公社債投信の譲渡損益との通算はできます。

　なお、相続税の申告期限の翌日以後3年経過日までに、相続又は遺贈によって取得した株式を発行法人に譲渡した場合、みなし配当は課税されず、すべてが譲渡所得にかかる収入とする特例があります（措令5の2）。そのため、相続税の納税の観点からすれば、生前よりも相続発生後発行会社に譲渡したほうが、課税負担が少なくなる場合がほとんどです。

(3) 自己株式を取得した法人（発行会社）の税務処理

① 資本金等の額と利益積立金の調整

　自己株式を取得した場合には、資本金等の額及び利益積立金の減額処理を

行います。資本金等の額から取得資本金額を減額します。取得資本金額は、取得直前の資本金等の額を直前の発行済株式総数（自己株式を除く）で除し、これに取得する自己株式の数を乗じて計算します（法令8①二十）。

交付金銭等の額が取得資本金額を超える場合には、その超過額につき利益積立金額を減少します。これは、利益積立金の減少額がみなし配当に対応する部分です。なお、自己株式の取得に当たっての購入手数料などの取得費用は、損金算入が認められます。

② みなし配当に関する源泉徴収

自己株式を取得した発行会社から、自己株式の取得に応じた株主に対して、みなし配当金額を明確にしなければ、株主は交付金銭等の額と帳簿価額との差額を、みなし配当部分と株式譲渡損益部分とに区分することができません。自己株式を取得した発行会社は、自己株式の取得に応じた株主に対して自己株式の取得である旨、1株当たりのみなし配当金額を通知する必要があります（法令23④）。

みなし配当は、剰余金の配当として源泉徴収の対象となります。源泉徴収税額は、自己株式の取得日を含む翌月10日までに税務署に納付します。年末には支払調書を作成し、源泉徴収対象者への交付及び税務署への提出をする必要があります。

4 会計上の検討事項

(1) 貸借対照表上の自己株式の表示

期末に保有する自己株式は、純資産の部の株主資本の末尾に自己株式として一括して控除する形式で表示します（「自己株式及び準備金の額の減少等に関する会計基準」（企業会計基準第1号）8）。貸借対照表の要旨を公告する場合にも、同様に、純資産の部から控除して表示します（計規141②五）。

70 第2章 資産保全会社を利用した事業承継対策

⑵　株主資本等変動計算書等の表示

　株主資本等変動計算書には、自己株式の取得、自己株式の消却などの株主
資本の変動事由について、前期末残高、当期変動額及び当期末残高に区分し、
当期変動額は変動事由ごとにその変動額及び変動事由を表示しなければなり
ません（計規96⑦）。

　さらに、株主資本等変動計算書の注記事項として、事業年度末日における
自己株式の数（種類株式発行会社の場合は種類ごとの自己株式の数）を記載
する必要があります（計規105二）。

・自己株式の種類及び株式数に関する事項

株式の種類	前事業年度末株式数	当事業年度増加株式数	当事業年度減少株式数	当事業年度末株式数
普通株式	××	××	××	××

（注）１．当期における増加株式数は、……による増加
　　　 ２．当期における減少株式数は、……による減少

コラム

オーナーがプライベートで始めた事業の成功は多くない

　個人の資産管理会社などを利用して上場会社における本業以外の事業を始めるオーナーは多いのですが、不動産賃貸業を除いて、事業として成り立つケースは多くありません。

　なぜなのでしょうか。

・社会貢献か、個人の趣味か、事業か、あいまいな場合が多い。

・オーナーが陣頭指揮は執らずに第三者に丸投げしている。

・知識や経験のない分野での勝負であることが多い。

・競合者が多い事業領域への参入が多い。

　これらがその理由でしょうか。特定の分野で金字塔を打ち建てた偉大な経営者とはいえ、複数のわらじを履きこなすのは容易ではないということでしょう。

2-3 他の会社への資産保全会社の株式の譲渡とみなし配当課税

事 例

　上場会社オーナー甲には、長男乙がいます。甲と乙で、資産保全会社A社とB社の2社を所有しています。A社の株主及び持株比率は、甲70％、乙30％、B社の株主及び持株比率は、甲20％、乙80％です。A社もB社もそれぞれ上場会社C社の株式を有しており、C社からの配当収入により資金は潤沢です。

　甲には現時点で強い資金ニーズがありますが、手元の流動資金がありません。そこで、資産保全会社の株式を換金したいと考えています。資産保全会社に自己株式を取得させることによって資産保全会社の株式を換金する方法もあるのですが、みなし配当課税が過大となり、その実行は困難です。

　一方で、乙に上場会社C社の株式を承継させる予定でいます。

解決策

　甲が所有している資産保全会社の株式を他の会社へ譲渡し、譲渡代金を得ることにより、甲の資金ニーズを満たすことができます。他の会社への譲渡であれば、自己株式の取得に伴い考慮しなければならないみなし配当課税は生じません。

　本事例では、甲が有しているA社及びB社の株式をどちらの会社に譲渡するかが重要です。

　検討ファクターは、①各個人（甲・乙）が保有する資産保全会社株式（A社・B社）の取得費、②資産保全会社（A社・B社）の株式の評価額です。

1 他の会社への譲渡と発行会社への譲渡

　自己株式の取得、つまり、発行会社への株式の譲渡を行った場合には、自己株式の取得に応じた株主にみなし配当が生じます。配当所得は、総合課税の対象となるため、所得水準の高い上場会社オーナーは、最高税率49.44％（税額控除、復興特別所得税を加味し住民税も含む）での課税となります。

　いずれか一方の会社の株式を他の会社に譲渡した場合には、みなし配当は生じず、株式の譲渡所得課税のみです。株式の譲渡所得は、20.315％（所得税15％、復興特別所得税0.315％、住民税5％）の申告分離課税です。

　自己株式の取得によりみなし配当が生じる場合には、発行会社への株式の譲渡よりもいずれか一方の会社の株式を他の会社に譲渡したほうが、税務上有利です。

2 譲渡対象株式の決定

(1) 各個人が保有する資産保全会社株式の取得費

　個人が譲渡する株式の総収入金額（譲渡価額）と必要経費（取得費＋委託手数料）との差額は、株式等に係る譲渡所得等の金額となり、確定申告で20.315％（所得税15％、復興特別所得税0.315％、住民税5％）の申告分離課税となります。取得費が高い株式を譲渡したほうが、譲渡所得等の金額は少なく、これに対する税額が少なくて済むため、有利といえます。

(2) 各個人の資産保全会社の持株比率

　甲は、C社に対する甲自身の持株比率を高めることよりも、C社に対する乙の持株比率を高めたいという意図があります。乙の持株比率が高いB社に対しA社株式を譲渡すれば、A社株式の移動後のC社に対する乙の間接的な持株比率が高まります。

74　第2章　資産保全会社を利用した事業承継対策

C社の株価が将来上昇することが予想されるならば、C社に対する乙の間接的な持株比率が高まるよう資産保全会社の株式を移動すれば、将来の事業承継コストが安くなるともいえます。さらに、乙の経営者意識を高めることにもなります。

(3)　資産保全会社の保有する資産及び負債の評価差額

　会社が保有する資産及び負債の相続税評価額と帳簿価額との差額が大きいほど、資産保全会社の株式の相続税評価額が低くなります。取引相場のない株式を純資産価額方式により評価するに当たっては、評価差額（含み益）に対する法人税等相当額を控除することができるからです。

　会社の株式を純資産価額方式により評価する場合には、会社が有する資産及び負債をそれぞれ相続税評価額によって評価します。帳簿価額と相続税評価額との差額（評価差額）が生じますが、評価差額の38％相当額を株式の評価の計算上控除することができます。評価差額が大きければ大きいほど、株式の評価減の効果を享受することができるといえます。

　会社が保有する資産の相続税評価額が今後上昇すると予想されるならば、その帳簿価額が低ければ低いほど、ひいては、評価差額が大きくなれば大きくなるほど、株式の相続税評価額は下がります。会社が保有する資産の評価が下落しないことが予想され、かつ、会社の保有する資産の帳簿価額が低ければ低いほど、その株式を相続発生時まで保有していたほうが有利といえます。

　なお、株式を譲渡する際の譲渡価額を純資産価額方式により算定する場合には、その評価差額に対する法人税等相当額を控除することはできません。株式を現金化することにより、将来享受できる評価差額に対する法人税等相当額控除の評価減の効果を放棄することになります。

　また、純資産価額方式により、取引相場のない株式を評価する際、評価対象会社が他の取引相場のない株式を有している場合に、その株式の評価差額

に対する法人税等相当額は控除できませんので注意が必要です。

3　金融商品取引法上の検討事項

　本事例において移動させるのは、資産保全会社の株式ですので、上場会社オーナーが上場株式を移動させるときに必要となる上場会社オーナーの大量保有報告書（変更報告書）や発行会社の臨時報告書など、原則として金融商品取引法上求められる開示手続は不要です。

　ただし、大量保有報告書（変更報告書）について甲と乙が単独で提出している場合、A社・B社はそれぞれの共同保有者として提出されています。A社・B社の支配権の移動があった場合には、変更報告書を提出する必要があります。

　なお、資産管理会社の株式の取得は、「株券等の公開買付け（TOB）等」に該当するものではありません。しかし、金融庁から公表されている株券等の公開買付けに関するQ&Aによれば、有価証券報告書提出会社の株券等の3分の1超を所有する資産管理会社の株式を取得することは、TOB規制の対象になりえます。

　当該資産管理会社が対象上場会社株式しか保有していない場合等、資産管理会社の株式の取得が実質的には対象者の「株券等の公開買付け等」の一形態にすぎないと認められる場合には、公開買付規制に抵触するものと考えられています。

　これに対し、取引の実態に照らし、実質的に投資家を害するおそれが少ないと認められる場合には、この限りではないと考えられます。

　この点、親族間での移動については、親族（配偶者並びに一親等内の血族及び姻族）は買付者の形式的基準による特別関係者に該当することから、実質的に投資家を害する行為にはならずTOB規制の対象外と考えます（金商令9二③、三）。

76　第2章　資産保全会社を利用した事業承継対策

2-4 上場会社の資産保全会社からの自己株式の取得

事 例

　上場会社オーナー甲は、自己が100％保有する資産保全会社Ａ社を有しています。Ａ社が有する資産のほとんどは、上場会社Ｂ社の株式です。資産保全会社の株式は、資金が必要な場合に換金したくてもすぐに換金できません。

　甲は、Ａ社の有するＢ社株式を売却して、Ａ社の保有資産のポートフォリオの変更を考えています。しかし、Ａ社が有するＢ社株式を市場で売却すると、多額の譲渡益が生じ、売却益に対する法人税の負担が大きいため実行が困難です。

　上場会社であるＢ社は、資本効率の向上及び機動的な経営の遂行の観点から、自己株式の取得を希望しています。

解決策

　上場会社であるＢ社が自己株式のTOB（発行者による上場株券等のTOB）を実行します。資産保全会社Ａ社は、その有するＢ社株式につきＢ社の自己株式の公開買付けに応じ、Ｂ社株式をＢ社に引き渡します。この方法によれば、最も税負担が少なく、Ａ社の有するＢ社株式を流動性の高い金銭へと変換することができます。

1　上場会社における自己株式の取得のメリット

　自己株式の取得は、上場会社にとって、資本に対する経営の選択の幅が広がります。株式の持合い解消の一時的な受け皿として、あるいは資本効率を高めるためなどの理由により、自己株式を取得する会社が増加しています。

取得後は、企業組織再編の代用自己株式としても利用できます。

① 資本効率の向上

自己株式を取得することで、1株当たりの利益（PER）や株主資本利益率を高め、肥大化した資本を圧縮し、資本効率の向上を図ることができます。手元資金が潤沢であるにもかかわらず、有望な投資案件がない場合に、自己株式の取得によって、資本効率を高め、ひいては1株当たりの株主価値を高めることが可能です。

② 市場の安定

上場会社では、資本効率の向上を図るなどの目的から、各企業が株式の相互持合いの解消を進めています。相互持合いの解消により自社の株式が市場に放出された場合でも、自己株式を取得することにより市場に放出された株式数を吸収し株価の下落を防ぐことができます。

③ M&A&D（Merger and Acquisition and Divestiture）での活用

自己株式の取得をし、そのまま保有しておくことにより、合併、買収、会社分割（M&A&D）などの企業組織再編成に際して、新株発行に代えて保有する自己株式を代用して交付することが可能です。新株発行に伴う事務手続、負担が軽減されることから、機動的な組織再編成が可能となり、かつ、既存株主の持株比率の低下も防ぐことが可能です。

2　上場会社が自己株式を取得する方法

上場会社が自己株式を取得するには、次の方法があります。

---

① 公開買付けによる市場外での取得

② 特定の株主からの市場外での相対取得

③ 事前公表型の市場内立会外での取得

---

(1) 公開買付けによる市場外での取得

　発行者による上場株券等の公開買付けは、市場からの買付けに比べ、自己株式を短期間に大量買付けができます。

　上場株券等の発行者が、その上場株券等について取引所金融商品市場外における買付け等のうち、会社法第156条第1項の規定による株主総会の決議による自己株式の取得については、公開買付けによらなければなりません（金商法27の22の2①）。市場取得等によりその会社の株式を取得することを取締役会の決議によって定めることができる旨の定款の定めを設けた場合における取締役会の決議による自己株式の取得も同様です。

　ただし、会社法第160条第1項の規定による通知を行う場合は、公開買付けの対象とはなりません。具体的には、株主総会の決議で取得株式数、交付金銭等の内容、その総額、譲渡しの申込期間を定め、特定の株主に対してこれらの通知を行う場合です。

　上場会社では、公開買付届出書や公開買付報告書などの提出といった金融商品取引法で要求される公開買付規制に係る諸手続が必要です。

(2) 特定の株主からの市場外での相対取得

　特定の株主からの自己株式の取得は、株主総会の特別決議と、特定の株主に対する通知、株主に対し売主追加請求権を行使できる旨の通知が必要です（会法156、158①、160）。

(3) 事前公表型の市場内立会外での取得

　上場会社では、市場内で自己株式の取得を行う場合にあっては、通常、事前公表型の自己株式取得によります。東京証券取引所における事前公表型の自己株式取得には、①オークション市場における買付け、②終値取引（ToSTNeT-2）による買付け、③自己株式立会外買付取引（ToSTNeT-3）による買付けがあります。ToSTNeT（Tokyo Stock Exchange Trading-

Network System）取引は、オークション時間外の立会外取引です。

事前公表型の自己株式取得とは、株主からの売却が予定されている場合などに、買付日の前日にあらかじめ具体的な買付内容を公表したうえで、オークション市場、終値取引（ToSTNeT-2）又は自己株式立会外買付取引（ToSTNeT-3）において、自己株式取得のための買付けを行うものです。事前公表型の買付けは、特定の株主からの売却が予定されていることを前提にしていますが、他の株主の売却機会を制限するものではありません。

終値取引（ToSTNeT-2）は自己株式取得以外の売買も行われますが、自己株式立会外買付取引（ToSTNeT-3）は、自己株式取得のための売買のみが行われる売買です。自己株式立会外買付取引は、終値取引と異なり、買い注文が買付会社の注文に限定されています。

これらは、株主総会の普通決議により自己株式取得（授権枠）議案を決定し（会法156、309②）、その後取締役会において具体的な自己株式取得決議を得ることになります。なお、定款に市場取引等による自己株式取得を取締役会の決議によって定めることができる旨を定めている会社（会法165）においては、まずは取締役会の当初決議（取得する株式の種類、総数、取得価額の総額及び1年を超えない範囲内の取得期間）及び公表を行ったうえで、あらためて終値取引による具体的な買付けの決定及び公表をし、買付けを実施します（東京証券取引所「東証市場を利用した自己株式取得に関するQA集」2015年3月20日改訂）。

3 譲渡者の課税上の取扱い

① 譲渡損益とみなし配当課税

自己株式の取得には、公開買付け・相対取引・市場取引があります。

自己株式の取得に応じた株主には、原則的な考え方からすれば、みなし配当課税が生じます（法法24①四、所法25①四）。

② 市場における買付けによる自己株式の取得

ただし、上場会社が、金融商品取引所が開設する市場における買付け（市場買付け）により自己株式を取得した場合には、これに応じた個人株主、法人株主ともに、みなし配当課税は生じず、譲渡益課税のみとなります（法令23③一、所令61①一）。

③ 公開買付け（TOB）による自己株式の取得

イ．法人株主

法人株主が公開買付け（TOB）による自己株式の取得に応じた場合には、金融商品取引所が開設する市場における買付けではないため、これに応じた株主に、みなし配当及び譲渡益が生じます。

法人株主は、みなし配当は受取配当等の益金不算入（法法23）の対象となります。発行済株式総数（自己株式は除く）の3分の1超の株式を保有していれば配当額の100%、5%超の株式の保有であれば配当額の50%、5%以下の株式の保有であれば配当額の20%が、益金不算入となります。この3分の1超の保有割合は、配当基準日以前6カ月以上継続していることが必要です（法令22の2～22の3の2）。

法人株主が有する上場株式を市場で売却すると譲渡益課税のみとなり、譲渡価額と帳簿価額との差額についてすべて課税されてしまいます。一方、公開買付け（TOB）に応じれば、譲渡価額と帳簿価額との差額が、みなし配当部分と譲渡損益部分に区分され、かつ、みなし配当部分につき受取配当等の益金不算入の規定を適用できます。法人株主にとっては、市場での売却よりも公開買付けに応じたほうが税務上有利となります。

次の例で考えてみましょう。

【設例】
発行会社の1株当たりの資本金等の額（取得資本金額）　500円
1株当たりの株式の取得価額（帳簿価額）　800円
1株当たりの買付価格　900円

株式数（保有割合）　　　　　　　　１百万株（１％）

負債利子はない

みなし配当　（900円－500円）×１百万株＝400百万円

譲渡損益　　（500円－800円）×１百万株＝▲300百万円

課税所得　　400千円×80％＋▲300百万円＝▲20百万円

よって、損失が生じる結果となります。

　なお、法人株主について自己株式として取得されることを予定して取得した株式については、みなし配当の益金不算入制度はできません。TOB公告があったのち、市場で株式を購入してTOBに応募するような場合には、設例のようなタックスメリットはとれません。

ロ．個人株主

　個人株主が公開買付けによる自己株式の取得に応じた場合には、みなし配当課税となります。

④　法人株主と個人株主（まとめ）

	法人株主	個人株主
市場買付け	譲渡損益（通常の法人税課税）	譲渡所得（所得税15.315％、住民税５％の申告分離課税）
公開買付け	譲渡損益（通常の法人税課税） みなし配当課税→みなし配当の源泉徴収要（所得税15.315％） 受取配当等の益金不算入	譲渡所得（所得税15.315％、住民税５％の申告分離課税） みなし配当課税→みなし配当の源泉徴収要（所得税15.315％、住民税５％（大口株主は20.42％））

2-5 減資及び上場株式の現物配当

事例

上場会社Ｊ社のオーナー甲は資産保全会社Ａ社を有しています。Ａ社が保有するＪ社株式20％のうち10％の株式を甲自らの名を冠した財団法人へ移動したいと考えています。Ａ社からＪ社株式を直接財団法人へ贈与（寄附）することも検討しましたが、本来、甲個人が財団法人に贈与（寄附）すべきであるとして、甲に役員給与の認定がなされる税務リスクがあるとの指摘があり、断念しています。

解決策

Ａ社が無償減資をして分配可能額を確保し、その他資本剰余金を原資としてＪ社株式の現物配当を行い、いったん甲がＪ社株式を取得します。その後、甲個人から財団法人へＪ社株式を寄附します。なお、Ｊ社株式の現物配当を受ける際には、甲にみなし配当が生じる可能性があることに留意が必要です。なお、現物配当の代替案として、自己株式の取得対価としてＪ社株式を交付する方法も考えられます。自己株式の取得については本章**2-2**をご参照ください。

1　Ａ社の財団への寄附における役員給与認定の検討

法人が支出した寄附金は、国等に対するものなどは全額、その他の寄附金は一定限度額を損金に算入することができます。

しかし、その寄附金が法人の役員等が個人として負担すべきものと認められる場合には、その負担すべきものに対する給与として取り扱うとの通達があります（法基通９－４－２の２）。

83

個人として負担すべきものと認められるか否かが、法人において税務上損金として認められるのか、それとも役員給与として認定されるかの分岐点になります。

本事例では、甲の自らの名を冠した財団法人への贈与（寄附）であるため、J社株式を、A社から直接財団法人へ贈与（寄附）した場合には、それは本来甲が負担すべきものであったとして、甲への役員賞与認定がなされる可能性があるため、慎重な検討が望まれます。

2　J社株式現物配当に関する法律上の留意事項

(1)　分配可能額

株主に対する金銭等の分配や一定の自己株式の取得などの際、財源規制をかけることとされており、分配可能額の範囲でのみ剰余金の配当が可能です（会法461①）。分配可能額を超過しているか否かは、交付する金銭等の帳簿価額の総額をもとに判断します。分配可能額は次の計算式で求められます（会法461②、計規149）。

> 分配可能額＝剰余金の額（その他資本剰余金の額＋その他利益剰余金の額）
> 　　　　　　－自己株式の帳簿価額

その他臨時株主総会を開催し、臨時計算書類について承認を受けた場合には、臨時決算日までの損益や自己株式処分した場合の自己株式の対価を調整します。さらに、マイナスの有価証券評価差額や土地再評価差額金があれば分配可能額から控除します。また、のれん等調整額（資産ののれんの額÷2＋繰延資産）がある場合には、別途調整が必要になります（計規158）。

上場有価証券を現物出資等で資産管理会社に移動した場合には、資本金や資本準備金が多額であるものの剰余金が少なく、分配可能額が少額である傾

向があります。その場合、資本金や資本準備金を減資しその他の資本剰余金に振り替えて、分配可能額に組み入れることが必要になります。

⑵　減資手続

①　株主総会の承認手続

資本金の額の減少を行うには、次の事項について、原則として株主総会の特別決議による承認が必要です（会法447、309②九）。なお、減少する資本金の額は、その効力発生日における資本金の額を超えることはできません。

イ　減少する資本金の額

ロ　減少する資本金の額の全部又は一部を準備金とするときは、その旨及び準備金とする額

ハ　資本金の額の減少がその効力を生ずる日

---

②　債権者保護手続

会社は、次の事項を官報に公告し、かつ、原則として、知れたる債権者に各別にこれを催告する必要があります（会法449②）。

イ　資本金等の額の減少の内容

ロ　会社の計算書類等（計規152）

ハ　債権者が一定の期間内（1カ月以上）に異議を述べることができる旨

債権者が一定の期間内に異議を述べなかったときは、資本金等の額の減少を承認したものとみなします（会法449④）。債権者が異議を述べたときは、会社は、債権者に対し弁済するか、相当の担保を提供するか、債権者に弁済を受けさせることを目的として信託会社等に相当の財産を信託する必要があ

ります（会法449⑤）。ただし、資本金等の額の減少をしたとしても、その債権者を害するおそれがないときは、これらをしなくてもかまわないこととされています。

(3) その他資本剰余金を原資とする配当

　会社が剰余金の配当を行う場合には、原則として、株主総会の特別決議によって、次の事項を決定しなければなりません（会法454①）。

　イ　配当財産の種類及び帳簿価額の総額

　ロ　株主に対する配当財産の割当てに関する事項

　ハ　剰余金の配当がその効力を生ずる日

第○号議案　剰余金の配当の件

　剰余金を以下のとおり処分いたしたいと存じます。

　(1) 配当財産の種類及び帳簿価額の総額

　　　○○○　帳簿価額の総額○○円

　(2) 株主に対する配当財産の割当てに関する事項及びその総額

　　　平成○○年○○月○○日現在の株主名簿に記載された株主に対して当社普通株式１株につき○○円　総額○○円

　(3) 剰余金の配当が効力を生じる日

　　　平成○○年○○月○○日

　現物配当（金銭以外の財産を配当）は、これらに加えて、次の事項を株主総会で決議することができます（会法454④）。

> イ　株主に対して金銭分配請求権を与えるときは、その旨及び金銭分配
> 　請求権を行使することができる期間
> ロ　一定の数未満の数の株式を有する株主に対して配当財産の割当てを
> 　しないこととするときは、その旨及びその数

　この決議は、株主に対して金銭分配請求権（その配当財産に代えて金銭を交付することを会社に請求できる権利）を与えるのであれば、普通決議で足ります。金銭分配請求権を与えないのであれば、特別決議が必要です（会法309②十）。

　なお、現物配当時に金銭分配請求権を株主に与える場合には、その行使期間の末日の20日前までに、株主に対し、金銭分配請求権を与える旨及びその行使期間を通知しなければなりません（会法455①）。金銭分配請求権を行使した株主には、その株主が割当てを受ける配当財産に代えて、その配当財産の価額に相当する金銭を支払わなければなりません（会法455②）。

3　Ｊ社株式現物配当に関する会計・税務上の留意事項

⑴　剰余金の配当を行った法人の会計・税務

①　剰余金の配当に係る会計・税務

　剰余金の配当には、その他資本剰余金を原資とした配当と、その他利益剰余金（繰越利益剰余金）を原資とした配当とがあります。

　本事例は、その他資本剰余金を原資とした配当です。金銭配当を行った場合の会計処理は、次のとおりです。

| （その他資本剰余金） | 1,000 | （現預金） | 1,000 |

なお、資本剰余金の配当を行う場合には、原則として、配当総額の10分の1を資本準備金に積み立てなければなりません（会法445④）。その限度は、資本準備金の額と利益準備金の額とを合わせて資本金の額の4分の1に達するまでです（計規22）。

　次に、税務上の処理です。税務上は、剰余金の配当や自己株式の取得等で金銭以外の資産を交付することを現物分配と定義しています。

　法人税法第24条第1項第3号では、剰余金の配当（資本剰余金の額の減少に伴うものに限る）のうち、分割型分割によるもの以外のものを資本の払戻しと定めています。

　資本の払戻しを行った場合には、資本の払戻しの直前の資本金等の額のうち、原則として、税務上の前期期末時の簿価純資産額に占める減少した資本剰余金の額の割合に対応する部分の金額（減資資本金額）を資本金等の額から減額します（法令8①十九）。交付金銭等の額が減資資本金額を超える場合には、その超える部分の金額（みなし配当）を利益積立金から減額します（法令9①七）。

減資資本金額＝直前の資本金等の額 $\times \dfrac{\text{減少した資本剰余金の額}}{\text{直前期末時の簿価純資産額}}$

利益積立金減少額＝交付金銭等の額－減資資本金額

　その他資本剰余金を原資とした配当であっても、税務上はそのすべてを資本金等の額から払い戻したとは考えません。その他資本剰余金を原資とした配当は、純資産額によるプロラタ（按分）計算により、資本の払戻し部分（資本金等の額からの払戻し）と利益の配当部分（利益積立金額からの払戻し）からなると考えます。もちろん、減資資本金額より交付金銭等の額が少ないのであれば、利益積立金額からの払戻しはないものとされ、全額が資本金等の額からの払戻しとなります。

仮に、減資資本金額が600であったとします。その税務処理を仕訳によって示せば、次のとおりです。

（資本金等の額）	600	（現預金）	1,000
（利益積立金額）	400		

このように税務と会計ではその処理が異なるため、申告調整が必要となります。申告調整を仕訳によって示すと、次のとおりです。

（利益積立金）	400	（資本金等の額）	400

なお、その他資本剰余金を原資とする配当を行った場合には、発行法人は、株主へのみなし配当に対する源泉徴収を間違えないようにするのはいうまでもありません。資本剰余金を原資とする配当は、みなし配当部分の金額以外は配当として取り扱われず（法法24①三）、そのため、みなし配当部分以外の金額については源泉徴収が不要です。

また、発行法人に対して、個人株主に対し所得税法施行令第114条第5項に基づく通知、法人株主に対し法人税法施行令第23条第4項及び同第119条の9第2項に基づく通知を義務づけていることにも留意すべきです。

　　　　所得税法施行令並びに法人税法施行令に基づくご通知事項
　弊社第××期定時株主総会におきまして、その他資本剰余金を原資とする剰余金の配当を決議いたしました。これに伴い、所得税法施行令第114条第5項に基づき個人株主様に通知すべき事項並びに法人税法施行令第23条第4項及び法人税法施行令第119条の9第2項に基づき法人株主様に通知すべき事項を、以下のとおりご通知申し上げます。

1．所得税法施行令第114条第5項に基づく個人株主様に対する通知事項

　純資産減少割合＝×．××

2．法人税法施行令第23条第4項に基づく法人株主様に対する通知事項

法人税法施行令第23条第4項に規定する事項	ご通知事項
金銭その他の資産の交付の起因となった法人税法第24条第1項各号に掲げる事由	資本の払戻し
その事由の生じた日	平成×年×月×日
みなし配当額に相当する金額の1株当たりの金額	1株当たり×円

3．法人税法施行令第119条の9第2項に基づく法人株主様に対する通知事項

法人税法施行令第119条の9第2項に規定する事項	ご通知事項
資本の払戻しに係る法人税法施行令第23条第1項第3号に規定する割合（純資産減少割合）	×．××
資本の払戻しにより減少した資本剰余金の額	×××円

② 現物配当に係る会計・税務

　配当財産が金銭以外の財産である場合には、配当の効力発生日における配当財産の時価と適正な帳簿価額との差額は、配当の効力発生日の属する期の損益として、配当財産の種類等に応じた表示区分に計上します。

　配当財産の時価をもって、その他資本剰余金又はその他利益剰余金（繰越利益剰余金）を減額します。減額するその他資本剰余金又はその他利益剰余金（繰越利益剰余金）は、取締役会等の会社の意思決定機関で定められた結果に従います（企業会計基準適用指針第2号「自己株式及び準備金の額の減少等に関する会計基準の適用指針」10項）。

　たとえば、その他資本剰余金を原資としてJ社株式（時価500、帳簿価額

400）を現物配当したとすれば、次のようになります。

（その他資本剰余金）	500	（Ｊ社株式）	400
		（有価証券譲渡益）	100

　税務上も、配当を現物資産で行う場合には、現物資産の帳簿価額と時価相当額の差額について、譲渡損益が認識されます。配当の原資をその他資本剰余金とするかその他利益剰余金（繰越利益剰余金）とするかによって、資本金等の額の減少額及び利益剰余金額からの減少額の計算が異なるのは、前述した金銭配当と同様です。

⑵　剰余金の配当を受け取った株主の会計・税務（法人株主）

　その他資本剰余金を原資とした配当を受けた株主は、企業会計基準適用指針第３号「その他資本剰余金の処分による配当を受けた株主の会計処理」によって会計処理を行います。その処理は、配当の対象となる有価証券が、売買目的有価証券か売買目的以外の有価証券かで異なります。

　売買目的有価証券以外の有価証券であれば、受け取った配当額を有価証券の帳簿価額から減額します（同３項）。これは、受け取った配当金が投資の払戻しなのか、投資した成果の分配なのかを明確に区分するとの考え方によるものであり、その他資本剰余金を原資とした配当は投資の払戻しと考え、有価証券の帳簿価額を減額します（同10、11項）。

（現預金）	1,000	（投資有価証券）	1,000

　一方、売買目的有価証券であれば、受け取った配当額を受取配当金（売買目的有価証券運用損益）として計上します。売買目的有価証券は、期末において時価評価され、評価差額が損益計算書に計上されます。配当に伴う価値

の低下はすでに帳簿価額に反映されているため、有価証券の帳簿価額を減額することなく、受け取った配当額を受取配当金として計上します（同12項）。

税法では、受け取った配当には利益の配当からなる部分と、株式の一部を譲渡し、払戻しを受けたとしてその株式の譲渡対価からなる部分があるという考え方をとります。その他資本剰余金を原資とした配当であっても、税務上はそのすべてを株式の譲渡対価からなる部分とは考えません。その他資本剰余金を原資とした配当は、純資産プロラタ計算により、利益の配当からなる部分（みなし配当）と株式の譲渡対価からなる部分があると考えます。

受け取った分配額が、資本の払戻しに係る株式又は出資に対応する部分の金額を超えるときは、その超える部分がみなし配当としています（法法24①三、法令23①三）。分配額から株式の譲渡対価の額を控除した金額がみなし配当額となり、譲渡対価の額と帳簿価額との差額は譲渡損益となります。

みなし配当額＝分配額－株式譲渡対価

有価証券の譲渡対価は、原則として次の計算によります（法法61の2①一、24①三、法令23①三、8①十九）。

$$有価証券の譲渡対価 = 払戻等対応資本金額 \times \frac{払戻し株数}{払戻し前の発行済株式総数}$$

$$払戻等対応資本金額 = 直前の資本金等の額 \times \frac{減少した資本剰余金の額}{前期期末時の簿価純資産額}$$

一方、有価証券の譲渡原価の額は、次の計算によります（法法61の2①二・⑰、法令119の9①、23①三）。

$$有価証券の譲渡原価 = \frac{直前の所有株}{式の帳簿価額} \times \frac{減少した資本剰余金の額}{前期期末時の簿価純資産額}$$

$$有価証券の譲渡損益 = 有価証券の譲渡対価 - 有価証券の譲渡原価$$

　考え方は上記のとおりですが、実務上は、剰余金の配当をする発行法人か
らは1株当たりみなし配当金額及び減少する純資産割合の通知があります。

　たとえば、その他資本剰余金を原資とした配当により交付を受けた金銭等
の額は1,000、そのうちみなし配当金額は400、有価証券の直前の帳簿価額の
総額は4,000、資本の払戻しに係る法人税法施行令第23条第1項第3号に規
定する割合（純資産減少割合）は0.2であるとします。源泉徴収を無視すれば、
この場合の税務仕訳は、次のようになります。

（現預金）	1,000	（投資有価証券）	800[※1]
（投資有価証券譲渡損）	200[※2]	（受取配当金）	400

※1　有価証券の譲渡原価＝直前の帳簿価額4,000×純資産減少割合0.2
※2　譲渡損益＝譲渡対価（交付金額1,000−みなし配当金額400）−有価証
　　券の譲渡原価800

　このように会計処理と税務処理で差が生じ、申告調整が必要になります。
たとえば、売買目的以外の有価証券の申告調整を仕訳で示すと次のとおりです。

（投資有価証券）	200	（受取配当金）	400
（投資有価証券譲渡損）	200		

なお、みなし配当であっても、受取配当等の益金不算入の対象となるため、これを失念しないよう注意する必要があります（法法23、24）。

(3) 剰余金の配当を受け取った株主の税務（個人株主）

税法の規定により、個人株主にみなし譲渡が生じます（措法37の10）。次の収入金額とみなされる金額から取得価額を控除した金額が譲渡所得等に該当します。

株式等の譲渡所得等＝収入金額とみなされる金額－取得価額

収入金額とみなされる金額＝
　　　　払戻し等により取得した金銭等の価額の合計額－みなし配当額
取得価額＝従前の取得価額の合計額×純資産減少割合

また、株式の取得価額も調整されます（所令114①）。調整式は、次のとおりです。

$$\text{1株当たりの新しい取得価額} = \text{1株当たりの従前の取得価額} - \left(\text{1株当たりの従前の取得価額} \times \text{純資産減少割合} \right)$$

94　第2章　資産保全会社を利用した事業承継対策

2-6 資産保全会社の相続税評価額の引下げ

事 例

上場会社オーナー甲は、A社を設立し、JASDAQから、東証二部、東証一部指定まで一代で育て上げました。甲が有する財産の概要は、次のとおりです。

財産等	内 容
A社株式	・A社の発行済株式総数の30% ・時価60億円
MRF口座 （証券総合口座）	・上場時の売出しによって得た資金 ・20億円
B社株式 （資産保全会社）	・持株割合100% 貸借対照表 ※ A社株式は同社の発行済株式総数の20% ・財産評価基本通達における会社の規模は中会社 ・消費税の課税売上高は毎年1,000万円以下 ・消費税課税事業者選択届出書は未提出

貸借対照表

A社株式 10億円	負債 0円
（時価 40億円）	純資産額 10億円

B社の財産のほとんどを株式が占めており、B社は株式保有特定会社に該当します。株式保有特定会社に該当してしまうと、株式の評価は純資産価額方式又は「S1＋S2」方式しか採用できません。純資産価額方式によった場合には、上場株式を間接保有することによるメリットの一つであるA社株式の評価差額に対する法人税等控除額（38％控除）のみの評価減効果しか享受できず、間接保有のメリットを十分に享受しているとはいえません。

また、甲の法定相続人には、配偶者のほかに3人の娘がいます。娘は

95

3人とも嫁いでおり、親族にA社の後継者候補はいません。

　B社は価格変動の激しいA社株式を有しているため、B社株式の相続税評価額は安定していません。そのため、価格変動が安定的な資産に変えて娘たちに承継させたいと甲は考えています。B社にはA社から受け取る配当以外にキャッシュ・フローを生み出す財産を有していないことも甲は危惧しています。

　甲は、上場株式と比較して、価格変動がやや安定的な資産として不動産保有に大きな関心があります。

解決策

　本事例では、B社が賃貸オフィスビルを敷地ごと取得しました。不動産の取得価額は、土地40億円、建物30億円の合計70億円です。B社が賃貸オフィスビルを取得することにより、B社の資産構成が変わります。これにより、株式保有特定会社から外れ、株式の相続税評価に当たり、類似業種比準価額方式と純資産価額方式との併用方式を適用することが可能となり、B社株式の相続税評価額の安定を図ることができます。

　不動産の購入は、取得価額70億円のうち、20億円は甲がMRFを解約しB社がこれを借り入れるとともに、残り50億円はB社が銀行から融資を受けることにしました。

1 資産保全会社の株式の相続税評価額

(1) 株式保有特定会社

　会社の資産構成が著しく株式に偏っている会社を株式保有特定会社といいます。具体的には、会社の有する各資産価額（相続税評価額）の合計額に占める株式の価額（相続税評価額）の合計額の割合（株式等の保有割合）が、50%以上となる会社をいいます（評基通189(2)）。なお、自己株式の価額は、

分子からも分母からも除いて計算します。

　株式保有特定会社の株式の評価は、その有する株式の価値に依存する割合が高いものと考えられるため、原則として、純資産価額方式により評価します（評基通189－3）。

　ただし、納税者の選択により、「Ｓ１＋Ｓ２」方式により評価することもできます（評基通189－3ただし書）。

　Ｓ１、Ｓ２は、次の基準により計算した価額をいいます。

　Ｓ１…株式保有特定会社が所有する株式等に係る受取配当収入がなかったとした場合の当該株式保有特定会社の株式を、会社の規模に応じた原則的評価方式に準じて評価した価額

　Ｓ２…株式保有特定会社が所有する株式等のみを評価会社の資産ととらえて、純資産価額方式に準じて評価した価額

　本事例においてＢ社は、株式等の保有割合が50％以上であることから、株式保有特定会社に該当します。Ｂ社が保有している資産は上場株式40億円であることから、相続税評価額が40億円超となる不動産を取得すれば、Ｂ社の株式等の保有割合は50％未満になり、株式保有特定会社に該当しなくなります。

　土地40億円（時価）、建物30億円（時価）を取得し、その建物を第三者に賃貸する場合、土地及び建物の相続税評価額は、おおよそ次のとおりです。土地は貸家建付地評価、建物は貸家評価になります。

	時　価	自　用[※1]	賃貸による評価減[※2]	相続税評価額
土　地	40億円	32億円	0.8×0.3	24億円
建　物	30億円	24億円	0.3	17億円
合　計	70億円	56億円		41億円

97

※1　自用の相続税評価額である土地の路線価、建物の固定資産税評価額は時価の80％とする
※2　借地権割合80％、借家権割合30％とする

　不動産取得後のＢ社の資産構成（相続税評価額）は、不動産41億円、株式40億円です。株式等の保有割合は50％未満になり、Ｂ社は株式保有特定会社に該当せず、その評価に当たっては、中会社の株式の評価である類似業種比準方式と純資産価額方式との併用方式を採用できます。

類似業種比準価額×Ｌ＋純資産価額×（１−Ｌ）

　資産保全会社の従業員数は、少人数であるのが一般的であり、不動産賃貸業の１年間の取引金額が７億円以上となる見込みであれば、Ｌの割合（折衷割合）は0.75になります。卸売業、小売・サービス業以外のＬの割合は、次の表のいずれか大きいほうの割合によります（評基通179(2)）。

〈卸売業、小売・サービス業以外〉

総資産価額（帳簿価額） 従業員数	直前期末以前１年間 における取引金額	割　合
７億円以上 （50人以下の会社を除く）	14億円以上 20億円未満	0.90
４億円以上 （30人以下の会社を除く）	７億円以上 14億円未満	0.75
5,000万円以上 （５人以下の会社を除く）	8,000万円以上 ７億円未満	0.60

　純資産価額方式、「Ｓ１＋Ｓ２」方式による評価よりも、類似業種比準方式と純資産価額方式との併用方式による評価が低いのであれば、Ｂ社が不動産を購入することにより、Ｂ社株式の相続税評価額の評価引下げが見込めます。

(2) 不動産取得後の将来の上場株式の価格変動に対する対応

　不動産取得後のＢ社の資産のポートフォリオは、上場株式の相続税評価額と不動産の相続税評価額がほぼ同額です。上場会社の株式の価格変動に対する資産保全会社の株式の相続税評価額の変動リスクを検討しておく必要があります。

　Ａ社株式の時価が高くなればＢ社の株式等の保有割合が高くなるため、純資産価額方式又は「Ｓ１＋Ｓ２」方式が適用され、Ａ社株式の時価が低くなればＢ社の株式等の保有割合が低くなるため、類似業種比準方式と純資産価額方式との併用方式が適用されます。不動産取得後は、Ａ社株式の価格変動に対応したＡ社株式の評価引下げ対策を講じることになります。

Ａ社株価	株式等の保有割合	評価方法
上　昇	50％超	純資産価額方式又は「S1＋S2」方式
下　落	50％以下	類似業種比準方式と純資産価額方式との併用方式

　将来的に、Ａ社株式の時価が上昇し、Ｂ社の株式等の保有割合が高くなった場合には、純資産価額方式又は「Ｓ１＋Ｓ２」方式の適用となります。どちらの方式を採用するかは、ケースバイケースです。

　たとえば、次の事例で、検討してみます。ここでは、資産保全会社が小会社に該当するものとし、Ｓ１の算定に当たって修正純資産価額（80％評価不可）を選択したものとします。

《ケース１》純資産価額方式＞「Ｓ１＋Ｓ２」方式

	帳簿価額	相続税評価額		帳簿価額	相続税評価額
不動産	100	80	借入金	50	50

上場株式	100	200	純資産	150	230
合　計	200	280	合　計	200	280

①　純資産価額方式

評価差額に対する法人税等相当額

=（純資産価額（相続税評価額）－純資産価額（帳簿価額））×38%

=（230－150）×38%＝30.4

純資産価額（相続税評価額）－評価差額に対する法人税等相当額

＝230－30.4＝199.6

②　「S1＋S2」方式

イ．S1（修正純資産価額（80%評価不可）を選択）

	帳簿価額	相続税評価額		相続税帳簿価額	評価額
不動産	100	80	借入金	50	50
			純資産	50	30
合　計	100	80	合　計	100	80

S1＝30

ロ．S2

	帳簿価額	相続税評価額		相続税帳簿価額	評価額
上場株式	100	200	純資産	100	200
合　計	100	200	合　計	100	200

100　第2章　資産保全会社を利用した事業承継対策

評価差額に対する法人税等相当額

＝（純資産価額（相続税評価額）－純資産価額（帳簿価額））×38％

＝（200－100）×38％＝38

純資産価額（相続税評価額）－評価差額に対する法人税等相当額

＝200－38＝162

ハ．「Ｓ１＋Ｓ２」

Ｓ１＋Ｓ２＝30＋162＝192

《ケース２》純資産価額方式＜「Ｓ１＋Ｓ２」方式

	帳簿価額	相続税評価額		相続税帳簿価額	評価額
不動産	100	50	借入金	100	100
上場株式	100	150	純資産	100	100
合　計	200	200	合　計	200	200

① 純資産価額方式

評価差額に対する法人税等相当額

＝（純資産価額（相続税評価額）－純資産価額（帳簿価額））×38％

＝（100－100）×38％＝0

純資産価額（相続税評価額）－評価差額に対する法人税等相当額

＝100－0＝100

② 「S1＋S2」方式

イ．S1（修正純資産価額（80％評価不可）を選択）

	帳簿価額	相続税評価額		帳簿価額	相続税評価額
不動産	100	50	借入金	100	100
			純資産	0	▲50
合　計	100	50	合　計	100	50

　　S1＝0

ロ．S2

	帳簿価額	相続税評価額		帳簿価額	相続税評価額
上場株式	100	150	純資産	100	150
合　計	100	150	合　計	100	150

評価差額に対する法人税等相当額

＝（純資産価額（相続税評価額）－純資産価額（帳簿価額））×38％

＝（150－100）×38％＝19

純資産価額（相続税評価額）－評価差額に対する法人税等相当額

＝150－19＝131

ハ．「S1＋S2」

　　S1＋S2＝0＋131＝131

(3)　純資産価額方式における評価

将来的にA社株式の時価が上昇し、B社の株式等の保有割合が高くなって

しまい、純資産価額方式を適用しなければならない場合であっても、不動産を取得することによってＢ社株式の評価を引き下げることができるかどうかを確認しておきます。

① 不動産の取得前

	帳簿価額	相続税評価額		帳簿価額	相続税評価額
Ａ社株式	10	40	借入金	0	0
			純資産	10	40
合　計	10	40	合　計	10	40

評価差額に対する法人税等相当額

＝（純資産価額（相続税評価額）－純資産価額（帳簿価額））×38％

＝（40－10）×38％＝11.4

純資産価額（相続税評価額）－評価差額に対する法人税等相当額

＝40－11.4＝28.6

② 不動産の取得後

	帳簿価額	相続税評価額		相続税帳簿価額	評価額
Ａ社株式	10	40	借入金	70	70
不動産	70	41	純資産	10	11
合　計	80	81	合　計	80	81

103

> 評価差額に対する法人税等相当額
>
> ＝（純資産価額（相続税評価額）－純資産価額（帳簿価額））×38％
>
> ＝（11－10）×38％＝0.38
>
> 純資産価額（相続税評価額）－評価差額に対する法人税等相当額
>
> ＝11－0.38＝10.62

　B社株式の純資産価額方式による不動産取得前の評価額は28.6億円、不動産取得後の評価額は10.62億円ですので、不動産の取得により、相続税評価額の評価減が生じます。

　なお、B社株式を純資産価額方式により評価する際、B社が課税時期前3年以内に取得又は新築した土地・土地の上に存する権利、家屋・附属設備・構築物がある場合には、その価額は、課税時期における通常の取引価額によって評価します（評基通185）。これらの土地等、家屋等に係る帳簿価額が課税時期における通常の取引価額に相当すると認められるのであれば、帳簿価額によって評価することが認められています。

　本事例とは関係ありませんが、資産保全会社がいわゆる休眠会社であって事業活動を行っておらず、新たに不動産を取得して不動産賃貸事業を行うというのであれば、開業後3年未満の会社に該当するため、当該会社の株式は純資産価額方式によって評価されてしまいます。注意すべきは、設立後ではなく開業後であることです。開業とは、評価会社がその目的とする事業活動を開始することにより収益（収入）が生じることをいいます。

　また、不動産の取得によって資産構成が変動したとしても、株式保有特定会社の判定を免れる以外に合理的な理由がないと認められる場合は、その資産構成の変動はなかったものとされる可能性があるため注意が必要です（評基通189なお書き）。

104　第2章　資産保全会社を利用した事業承継対策

2 不動産の収益性分析

不動産の取得に当たっては、①不動産の収益性、②不動産の取得に関するコスト、③不動産の維持に関するコストの観点からの検討が必要です。

① 不動産の収益性

賃料の設定は、不動産鑑定士などの専門家に依頼すべきでしょう。理論値と類似物件事例を入手して賃料を設定します。

② 不動産の取得に関するコスト

不動産を取得するためにかかるコストには、購入価格はもちろん、仲介手数料、不動産取得税、登録免許税などがあります。

イ．不動産取得税

不動産取得税は、土地や家屋を購入あるいは家屋を建築して不動産を取得したときにかかる税金です。贈与により土地や家屋を取得した場合にも課されます。不動産取得税は、不動産の価格（課税標準額）に税率を乗じて算出されます。不動産の価格とは、固定資産評価基準によって評価し決定された価格（評価額）をいい、原則として固定資産課税台帳に登録されている価格です（ただし、新・増築家屋等は除く）。なお、宅地等の課税標準の特例が設けられており、宅地を取得した場合には、不動産の価格の2分の1が課税標準となります（地法附則11の5）。

不動産取得税の税率は、次のとおりです（地法73の15、附則11の2）。

	課税標準の特例	税　率	
		（～H30.3.31）	本則
土地（宅地評価）	1/2	3％	4％
土地（宅地評価以外）	－	3％	
建物（住宅）	－	3％	
建物（非住宅）	－	4％	

105

ロ．登録免許税

　売買による所有権の移転登記の登録免許税は、2％（平成29年3月31日までの間に登記を受ける場合には1.5％）です（措法72①一）。

③　不動産の維持に関するコスト

　不動産を維持するためにかかるコストには、管理費、修繕費、損害保険料、固定資産税、支払利息、空室リスク相当額、賃貸収入に対する法人税などがあります。シミュレーションには、たとえば次のような数値を利用します。

項　目	想定される数値
管理費	賃料の2％
修繕費	賃料の1％
損害保険料	建物の取得価額の0.1％
固定資産税	実費相当額
支払利息	調達方法、金融機関により異なる
空室リスク相当額	賃料の5％
賃貸収入に対する法人税等	年間賃貸収入（空室リスク相当額を考慮） －　必要経費 －　減価償却費※ －　支払利息 　　課税所得 　　法人税等＝課税所得×32％ ※　減価償却費…建物取得価額を8：2で主体部分と設備部分に区分。主体部分を50年の定額法、設備部分を15年の定率法で計算。なお、平成28年度税制改正で平成28年4月1日以後、建物と一体的に整備される設備については、償却方法が「定額法」に一本化される予定

106　第2章　資産保全会社を利用した事業承継対策

3 不動産取得のための資金調達

上場会社オーナーといえども、大型不動産の取得資金の全額を自己資金でまかなうことはまれでしょう。不動産取得のための資金調達をどのように行うかを検討する必要があります。

① 手持資金

上場会社オーナー自身が有する手持資金です。これまでの役員報酬、配当収入、上場時の株式の売出し、立会外分売などの売却代金の蓄積により、手持資金が潤沢にある上場会社オーナーもいます。

② 銀行借入れ

不動産取得のために銀行借入れを行うのであれば、借入金の返済方法も検討しておく必要があるでしょう。

また、融資対象物件のほか、添え担保に何を差し入れるかも検討する必要があります。上場株式を担保に差し入れるのであれば、株券等に関する重要な契約に該当する株券等に関する担保契約の締結であるため、変更報告書（大量保有報告書）の提出が必要です（株券等の大量保有の状況の開示に関する内閣府令第三号様式（記載上の注意）(1)ｂ）。

③ 上場株式の売却

手持現金、銀行借入れによっても資金の調達がままならない場合には、自己の有する上場株式の売出し、ToSTNeTなどを利用した立会外取引、立会外分売、ブロックトレードによる売却、処分信託による処分などを検討します。なお、売却時期については、インサイダー取引規制に留意することが必要です。

107

4 資産保全会社における手続

(1) 事業目的

　会社の事業目的は定款の絶対的記載事項であり、かつ、登記事項です（会法27一、911③一）。資産保全会社は、不動産賃貸事業を新規に始めることになるため、現在の定款の事業目的に不動産賃貸事業を定めていないのであれば、事業目的の追加が必要です。事業目的の変更は、定款変更に該当するため、株主総会の特別決議が必要です（会法309②十一）。その場合には、取締役会で事業目的変更の内容を決議し、株主総会招集通知を株主に送付します（会法299）。事業目的の変更登記申請では、株主総会議事録を添付します。

株主総会議事録

第××号議案　定款一部変更の件

　議長は、当社の定款第××条（目的）を下記のとおり変更したい理由を詳細に説明した後、その賛否を議場に諮ったところ、出席株主の議決権の３分の２以上の賛成をもって、原案どおり承認可決した。

記

（目的）

第××条　当会社は、次の事業を営むことを目的とする。

      1．××××

      2．××××

      3．不動産の売買、賃貸借及び管理

      4．前各号に付帯するいっさいの事業

---

(2) 重要な財産の譲受け及び多額の借財

不動産の取得及び取得資金の借入れは、重要な財産の譲受け及び多額の借

財に該当するため、取締役会の決議が必要です（会法362④一・二）。

取締役会議事録

第××号議案　不動産の取得に関する件

　議長は、下記の要領により不動産を買い受けて、所有権を取得したい旨を詳細に説明し、これを議場に諮ったところ、出席取締役は、全員一致をもって承認可決した。

記

(1)　物件の所有者　　　　住　所　××××

　　　　　　　　　　　　氏　名　××××

(2)　買い受ける物件の表示　所在地

　　　　　　　　　　　　種　類

　　　　　　　　　　　　面　積

(3)　買受代金　　　　　　金××億円

第××号議案　不動産取得資金の借入れの件

　議長は、本議案について、第××号議案に係る不動産取得資金として、約××億円が必要であり、××銀行より借入れをする旨の説明を行った。

　次いで議長は、借入れ条件、返済方法等の細目については、代表取締役に一任のこととしたい旨を議場に諮ったところ、出席取締役は全員一致をもってこれを承認可決した。

---

(3)　消費税

①　概要

建物の取得には、消費税がかかります。

消費税の納付税額は、課税期間における課税売上に係る消費税額から課税

仕入れ等に係る消費税額を差し引いて計算します。課税期間における預かった消費税より支払った消費税が多ければ、消費税の還付を受けることができます。

消費税の還付を受けるには、取得する日の属する課税期間に課税事業者、かつ、原則課税適用者でなければなりません。

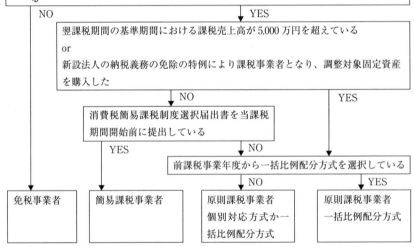

② 消費税の課税事業者に該当するか

まず、会社が消費税の課税事業者に該当するかを確認します。課税事業者に該当しなければ、そもそも消費税計算をしませんので、消費税の還付を受けることはできません。その課税期間に係る基準期間（その事業年度の前々事業年度）や特定期間（原則としてその事業年度の前事業年度開始の日以後6カ月の期間）の課税売上高が1,000万円を超えているか、あるいは、消費

税課税事業者選択届出書の提出の有無を確認します。なお、特定期間の1,000万円の判定は課税売上高に代えて、給与等支払額で判定することも可能です。

合併や分割があった場合には、被合併法人・分割法人の基準期間の課税売上高等で判定されるなど、特例があるため留意が必要です。

また、課税事業者選択届出書を提出して課税事業者を選択した場合や、資本金1,000万円以上の法人を設立して消費税の課税事業者となっている2年間の課税期間中、大規模な設備投資や不動産等の調整対象固定資産を取得した場合には、資産を取得した期間を含む3年間は原則課税事業者しか選択することはできません（新設法人の納税義務の免除の特例）。

③　原則課税適用者か

次に、会社が原則課税適用者かどうかを確認します。消費税の納税額は、課税期間における課税売上に係る消費税額から課税仕入れ等に係る消費税額（仕入控除税額）を差し引いて計算するのが原則です。ただし、その課税期間に係る基準期間（その事業年度の前々事業年度）の課税売上高が5,000万円以下で、かつ、消費税簡易課税制度選択届出書を事前に提出している事業者は、簡易課税が適用されます。簡易課税制度とは、実際の課税仕入等に係る消費税額を計算することなく、課税売上高にみなし仕入率を乗じて仕入控除税額を計算します。課税売上に係る消費税額より実際の課税仕入れ等に係る消費税額が多かったとしても、簡易課税制度を採用している場合には課税売上高にみなし仕入率を乗じて仕入控除税額を計算するため、消費税の還付を受けることができません。会社が原則課税適用者かどうかは、消費税簡易課税制度選択届出書の提出の有無で確認します。

④　仕入控除税額の計算は一括比例配分方式か

原則課税における課税売上に係る消費税額から控除する課税仕入れ等に係る消費税額の計算は、その課税期間中の課税売上割合によって異なります。課税売上が5億円以下で課税売上割合が95％以上の場合には、原則として課税仕入れ等に係る消費税額の全額を控除できます。課税売上割合が95％未満

111

の場合や課税売上が5億円を超える場合には、課税売上に対応する部分のみを控除しますが、その計算方法には個別対応方式と一括比例配分方式があります。

個別対応方式とは、課税仕入れ等に係る消費税額を、(イ)課税売上にのみ要する課税仕入れ等に係るもの、(ロ)非課税売上にのみ要する課税仕入れ等に係るもの、(ハ)課税売上と非課税売上に共通して要する課税仕入れ等に係るものに区分したうえで、次の算式によって計算した額を仕入控除税額とする方法です。

仕入控除税額＝(イ)＋(ハ)×課税売上割合

一方、一括比例配分方式とは、次の算式により計算した額を仕入控除税額とする方法です。

仕入控除税額＝課税仕入れ等に係る消費税額×課税売上割合

一括比例配分方式をいったん適用すると、2年間は継続適用が強制されるため注意が必要です。

仕入控除税額の計算に当たり、個別対応方式を適用するか、一括比例配分方式を適用するかで、還付される消費税額が異なりますので注意が必要です。

⑤ 各種の届出書の提出

免税事業者又は簡易課税制度を選択している事業者は、建物等を取得する日の属する事業年度の開始の前日までに各種の届出書の提出が必要です。

免税事業者は、消費税課税事業者選択届出書を提出し、課税事業者を選択します。簡易課税制度を選択している事業者は、消費税簡易課税制度選択不適用届出書を提出し、簡易課税制度を取り止め、原則課税適用事業者に戻します。これらの届出書は、不動産を取得する日の属する事業年度の開始の前

112　第2章　資産保全会社を利用した事業承継対策

日までに提出することが必要です。

⑥　本事例への当てはめ

　本事例では、B社の課税売上高は継続して1,000万円以下であり、消費税課税事業者選択届出書を提出していなかったため、同社は免税事業者となります。また、過去の資料及び所轄税務署に確認したところ、B社は消費税簡易課税制度選択届出書を提出していました。そこで、不動産を取得する日の属する事業年度の開始の前日までに、消費税課税事業者選択届出書、消費税簡易課税制度選択不適用届出書を提出しました。これにより、不動産の取得日の属する事業年度に、1億円以上の消費税の還付を受けることができました。

コラム

資産保全会社のメンテナンスをしないで失敗

　ある上場会社オーナー社長は、相続コンサルタントに依頼して資産保全会社を設立して上場株式や不動産を移動し、類似業種比準方式による評価方法により、相続評価の大幅な評価引下げが可能なはずでした。コンサルタントは、一過性プロジェクトの付き合いのみでその後は、関与していませんでした。

　実際に相続が発生して相続評価してみると、株式価格は上昇し、不動産価額は下落し、類似業種比準方式の採用は制限され、相続評価の引下げ効果はわずかな金額でした。

　資産保全会社への資産移動後においても、その後の税制改正の影響を試算し、また毎年資産構成の最適化を検証するなどのメンテナンスを怠ったために生じた失敗でした。

2-7 資産保全会社から受ける役員退職慰労金の事前対策

事　例

　上場会社オーナー甲は、上場会社A社の代表取締役社長です。また、甲は、資産保全会社B社の全株式を保有しており、代表取締役社長に就任しています。B社は、A社の株式を保有しており、A社からの配当収入の累積により、多額の現預金を有しています。

　甲の財産は自社株式と不動産がほとんどであり、相続税の納税資金に多少の不安を感じています。

　A社には役員退職慰労金規程が整備されており、上場会社オーナーの退職時には、退職金が支給されます。

　一方、B社には役員退職慰労金規程が整備されていません。

　甲は、B社の現預金を相続税の納税資金として有効に利用したいと考えています。相続人がB社株式を相続した後、多額の配当をすることもシミュレーションしましたが、B社株式を相続した際の相続税と、配当を受けた際の所得税とが二重に課税されてしまい、相続税の納税資金としてはほとんど残らなくなってしまいます。

解決策

　死亡退職金には所得税・住民税が課されず、相続税法上も一定額を非課税とするとの優遇措置が講じられているため、死亡退職金を相続税の納税資金として活用することができます。死亡退職金は、相続税法上、みなし相続財産として取り扱われますが、一定額までは相続税の非課税財産とされます。

　まずは、A社の役員退職慰労金規程を入手し、役員退職慰労金額がどのくらい支給されるのかを把握します。B社では、甲の相続発生時にB

社から子へ死亡退職金が支給されるよう、役員退職慰労金規程を作成、整備します。

1 上場会社から支給される役員退職慰労金額の把握

上場会社Ａ社から支給される役員退職慰労金額を把握するために、役員退職慰労金規程を入手し、現時点で想定しうる支給額を計算します。

上場会社には役員退職慰労金規程が整備されている会社もあり、上場会社オーナーの退職時には多額の役員退職慰労金が支給されます。創業社長の役員退職慰労金は、功労加算金を加えて3～10億円の範囲で支払われているケースが多いようです。

ただし、年功的要素の強い退職慰労金を支給するのではなく、会社の業績との対応関係が明確であり、かつ、成果主義に基づく役員報酬に統一すべく、役員退職慰労金制度を廃止する上場会社も昨今増加しています。

2 資産保全会社の役員退職慰労金規程の整備

(1) 役員退職慰労金規程の作成

相続人が資産保全会社から死亡退職金の支給を受けることができるようにするには、役員退職慰労金規程を制定・整備しておいたほうが、実務上、税務上ともに望ましいでしょう。

① 死亡退職金としての遺族への支給額の定め

資産保全会社Ｂ社の役員退職慰労金規程を作成するに当たっては、税務上否認を受けない範囲の支給額となるよう役員退職慰労金の算定基準を定めるべきです。

役員退職慰労金の支給額は、役員退職慰労金規程に従って計算するのが原則ですが、役員退職慰労金のうち不相当に高額な部分の金額は、法人の所得

116　第2章　資産保全会社を利用した事業承継対策

の計算上、損金の額に算入されません（法法34②）。最終月額報酬、役員在任期間年数等の要因から考えて不相当に高額な役員退職慰労金であれば、法人の所得の計算上、不相当に高額な部分の金額の損金算入が否認されてしまうことに留意すべきです。

　支給した役員退職慰労金が不相当に高額か否かは、次の点に照らし判定します（法令70二）。

---

①　役員の法人の業務に従事した期間

②　退職の事情

③　法人と同種の事業を営む法人で、その事業規模が類似するものの役員に対する退職給与の支給の状況

具体的には、次の観点から判断します。

---

①　退任時の役員月額報酬が過大でないか

②　役員としての業務内容と在任期間が適正か

③　役員としての功績倍率が社会通念上相当なものか

④　功労加算金として加算した額が過大でないか

　これらの点を考慮し、Ｂ社の役員退職慰労金規程を作成します。規程どおりに、退職慰労金額を計算しているとの根拠にもなるため、必ず文書として作成しておくことが肝要です。

　資産保全会社に資金が豊富にあるのであれば、規程に定める役員退職慰労金の額は多いに越したことはありません。しかし、あまりにも高額な役員退職慰労金は、税務上否認される可能性も否定できません。相続税の納税資金不足が解消するのに必要な額を基準として、役員退職慰労金規程に定める支給額を考えるべきでしょう。

役員退職慰労金の計算方法は会社により異なりますが、一般的に次のような計算式によることが多いようです。

退職慰労金＝最終月額報酬×役員在任期間年数×最終代位係数（功績倍率）
　　　　　　＋功労加算金

---

②　支給を受ける者の定め

死亡退職金は、いわゆるみなし相続財産になります。相続税法上、被相続人の死亡により、相続人等が、被相続人に支給されるべきであった退職手当金等で被相続人の死亡後３年以内に支給が確定したものの支給を受けた場合には、その退職手当金等の支給を受けた者がその退職手当金等を相続又は遺贈により取得したものとみなされます（相法３①二）。

退職手当金等とは、退職手当金、功労金その他これらに準ずる給与をいいます。

なお、死亡退職金のうち一定の額までは相続税の非課税財産とされます（相法12①六）。

役員退職慰労金規程では、通常、退職であれば本人に、死亡退職であればその遺族に支給する旨を定めているのが一般的です。さらに、役員退職慰労金規程に、役員が死亡した場合に、その退職金を誰が受け取るのかという受給者の順位を具体的に定めていることもあります。

役員退職慰労金規程に支給を受ける者が具体的に定められていない場合には、相続税の計算上、誰が退職手当金等を受けた者とみればいいのかがわかりません。そこで、相続税法基本通達では、退職給与規程等にその支給を受ける者が定められているか否かに応じ、被相続人に支給されるべきであった退職手当金等の支給を受けた者を定めています（相基通３－25）。

この点も踏まえ、役員退職慰労金規程等に、支給を受ける者、遺族における受給者の順位などを定めるか否かを決定します。

ケース		支給を受けた者	
退職給与規程等の定めによりその支給を受ける者が	具体的に定められている場合	当該退職給与規程等により支給を受けることとなる者	
	具体的に定められていない場合	イ．相続税の申告書を提出する時までに当該被相続人に係る退職手当金等を現実に取得した者があるとき	その取得した者
当該被相続人が退職給与規程等の適用を受けない者である場合		ロ．相続人全員の協議により当該被相続人に係る退職手当金等の支給を受ける者を定めたとき	その定められた者
		ハ．イ及びロ以外のとき	その被相続人に係る相続人の全員

役員退職慰労金規程

（慰労金の支給）

第×条　退任（死亡）した役員に支給すべき退職慰労金は、本規程を勘案の上、株主総会の決議に従い、取締役は取締役会が決定し、監査役は監査役会が協議した額とする。

（慰労金の額の算出）

第×条　退職慰労金は、当該役員が在任した期間の年数（以下、「役員在任期間年数」という）に応じて次の算式によって得た額とする。

退職慰労金＝最終月額報酬×役員在任期間年数×最終代位係数（功績倍率）＋功労加算金

2　役員在任期間年数に端数があるときは月割で計算し、1カ月未満の端数は1カ月に切り上げる。

3　功績倍率は、次の最終代位係数のとおりとする。

会　　　長	3.0
社　　　長	3.0
専務取締役	2.5
常務取締役	2.0
取　締　役	1.5
常勤監査役	1.5

4　特に功績顕著と認められる役員に対しては、功労加算金を支給することができる。功労加算金は、加算率により計算し、加算率は30％以内とする。

（退職慰労金の支給）

第×条　退職慰労金は、当該役員本人に支給する。ただし、死亡により退職したときはその遺族に支給する。

2　退職慰労金は、法令に基づきその者の退職慰労金から控除すべき金額を控除し、その残額を支給する。

（遺族の範囲）

第×条　前条の遺族の範囲は、次の各号に掲げるものとし、受給順位は、次の各号の順序によるものとする。

(1)　配偶者

(2)　子、父母、孫及び祖父母

(3)　兄弟姉妹

(2)　役員退職慰労金と生命保険金

　上場会社ならいざ知らず、非上場会社では、長年の事業活動により相当の剰余金を蓄積していたとしても、その剰余金は会社の事業用資産に転化され、流動性の高い現預金を有していないという会社も多く見受けられます。このような会社では、役員の死亡に際して退職慰労金を支払おうにも、その原資

となる資金がありません。

　自社株の承継という観点からいえば、生命保険金を上手に活用することも有効な検討項目の一つです。

　事前に役員を被保険者とし、保険金受取人を会社とする生命保険契約を締結しておき、役員の死亡時に受取保険金として会社が現金を得ることで、役員の遺族に退職金を支払うことが可能になります。特に、損金効果の高い生命保険契約を締結することにより、毎期の法人の所得を圧縮して課税を繰り延べることもできます。さらに、会社が保険金を受け取った事業年度に、役員に対して退職慰労金を支払うことにより、法人の所得に対する影響額を平準化することもできます。

　上場会社オーナーの相続では、上場株式の相続税評価額が高額となり、多額の相続税が生じますが、相続人が資産保全会社から受け取った死亡退職金をそのまま相続の納税に充当することにより、自社株式の物納や売却による納税資金の捻出は必要なくなり、一族からの自社株式の流出を防止することが可能になります。

(3)　実際の支給

　役員の退職慰労金は、その在職中における職務執行の対価として支給される後払いの報酬であると解されており、定款の定めがない限り、株主総会での決議事項です（会法361、387）。

　株主総会で役員退職慰労金の具体的金額を決議することは慣習になじまないことから、通常は、株主総会では「役員退職慰労金を支給することとし、その金額は内規や規程に基づき計算することとし、具体的な金額、支給の時期、支給方法等については取締役会に一任する」と決議します（会規82①四・②、84①四・②）。

株主総会議事録

議案　死亡退任した××氏の弔慰金及び死亡退職金等の支給に関する件

　　議長から、平成××年××月××日死亡により退任した××氏の遺族
に対し、弔慰金、死亡退職金等を支給することとし、その金額は内規に
基づき算定された基準の範囲内とし、具体的な金額、支給の時期、支給
方法等については、取締役会に一任する、と提案して議場に賛否を問う
たところ、全員異議なく議長提案どおり承認可決された。

取締役会議事録

議案　死亡退任した××氏の弔慰金及び死亡退職金等の支給に関する件

　　平成××年××月××日死亡により退任した××氏の遺族に対する弔
慰金、死亡退職金等について、平成××年××月××日株主総会決議を
もって金額の決定、支給の時期、支給方法について取締役会に一任され
たので、当社内規に基づき次のように原案を提示して議場に賛否を問う
たところ、全員異議なく原案どおり決定した。

記

弔　慰　金　　××万円

死亡退職金　　××万円

支給期日　　　平成××年××月××日

支給方法　　　遺族代表へ現金にて支払う

(4)　過大役員退職慰労金の課税上の取扱い

　税務上否認されるとしても、生前の資産保全会社の株式の評価引下げのた
めに、あるいは、納税資金の確保のために、あえて役員退職慰労金規程の定

めを超えた多額の退職慰労金を支給するケースもあります。

　法人が支給した退職慰労金が不相当に高額な退職給与と認定され、法人の申告において、不相当に高額な部分につき損金不算入との税務上処理した場合には、役員退職慰労金の支給を受けた者の所得区分はどうなるのかとの疑問が生じます。

　所得税法上、「退職所得とは、退職手当、一時恩給その他の退職により一時に受ける給与及びこれらの性質を有する給与に係る所得をいう」とされています（所法30）。通常の退任であれば、法人の申告において退職給与を損金不算入としたか否かにかかわらず、役員退職慰労金の支給を受けた者の所得区分が変わることはなく、退職所得として取り扱われます。

　なお、死亡退職金は、被相続人の死亡後３年以内に支給が確定し相続人に支給されたものはみなし相続財産として取り扱うこととされており（相法３①二）、死亡退職金は所得税法の対象とならないことから、退職金の支給を受けた者の所得区分が給与所得か、退職所得かという議論は生じません。もちろん、死亡退職金を支給する法人に源泉徴収義務はありません（所法９①十六）。

コラム

政治家の相続

　政治家の世界は、世襲制であるとよく批判されています。代議士であった父の死去や引退などで跡目を引き継いだいわゆる世襲議員たちは、議席だけでなく、資産や政治資金も政治資金団体を通じて引き継いでいます。地盤とともに資金、いわゆる「カバン」を受け継いだ議員は、かなり優遇された立場にあるといえます。

　相続税法基本通達21の3－8では、個人からの贈与によって取得した金銭、物品その他の財産上の利益については、その政党、政治資金団体その他の政治団体が相続税法で規定する公益を目的とする事業を行う者に該当し、かつ、その取得した財産を政治資金に供することが確実であるときは、政党及び政治資金団体に贈与された財産は、贈与税の課税価格にしないこととされています。この通達を利用した相続税対策は、政治家の世界ではよく行われています。

　報道によると、某大物議員の場合、相続手続は未済ですが、政治資金の引継ぎはすでに行われているといいます。その大物議員の政治資金団体には残務整理を終えたときに、預貯金・その他財産など1億円以上が残されていました。最終的には、その財産すべてがその大物議員の跡を継ぐ後継者の政治資金団体に寄附されるようです。これは、政治団体間の寄附に当たるので、課税は生じません。つまり、後継者にとっては、相続税が課されずに財産を相続したことになります。

　このように、政治家と政治資金管理団体における贈与は、非課税要件を満たす限り贈与税は課されず、また、政治家と政治資金団体は別人格であるため、相続税の課税も生じません。地盤もそうですが、税務上においても、政治界の世襲制を助長させる風土が日本にあることは間違いありません。

124　第2章　資産保全会社を利用した事業承継対策

2-8 資産保全会社と種類株式の活用

事 例

　上場会社オーナー甲は、相続税の軽減を図り、自身が設立し育て上げた上場会社A社の株式をできるだけ多く長男乙に残したいと考えています。そこで、資産保全会社B社を設立し、A社株式をB社に保有させることを検討しています。甲はB社の発行済株式のすべてを持たせようと思っていますが、乙はまだ年齢が若く、A社に対する思い入れもそれほどないため、甲が有するA社株式をB社へ移動したとたん、B社が有するA社株式を売却してしまわないか心配です。

解決策

　B社の設立に当たり、普通株式と議決権制限株式の2種類を発行します。300株の株式を発行し、うち普通株式を1株、議決権制限株式を299株とします。普通株式1株は甲が、議決権制限株式299株は乙が引き受けます。

　議決権制限株式の内容は、①定款の変更、②重要な財産の処分及び譲受け、③多額の借財の三つの事項について株主総会での議決権を有しないとの議決権制限です。それ以外の内容は普通株式と同一とします。A社株式の譲渡は重要な財産の処分に該当することから、議決権制限株式を有する乙には、A社株式の売却の決定権はありません。

　これにより、B社の持分のほぼすべてを乙に帰属させながら、A社株式の売却の決定権を甲が持つことができます。

125

1 株式会社と種類株式

(1) 種類株式の概要

株式会社は、次の事項について権利内容の異なる複数の種類の株式を発行することができます（会法108①）。

---

① 剰余金の配当（配当優先株式）

② 残余財産の分配（残余財産分配優先株式）

③ 株主総会において議決権を行使できる事項（議決権制限株式。まったく議決権がない株式は無議決権株式）

④ 譲渡につき会社の承認の要否（譲渡制限株式）

⑤ 株主から会社への取得請求権（取得請求権付株式）

⑥ 一定の事由が生じたことを条件とする会社による強制取得（取得条項付株式）

⑦ 株主総会決議に基づく全部強制取得（全部取得条項付株式）

⑧ 定款に基づく種類株主総会の承認（拒否権付株式／黄金株）

⑨ 種類株主総会での取締役・監査役の選任（役員選解任権付株式）

委員会設置会社及び会社法上の公開会社（譲渡制限が付されている株式を発行していない会社）は、⑨の種類株式を発行することはできません（会法108①）。

種類株式は、①〜⑨の権利内容について組み合わせて設計することも可能です。たとえば、剰余金の配当について優先的な配当を受ける権利を持つ代わりに株主総会における議決権を持たない「無議決権配当優先株式」があります。

(2) 種類株式の発行手続

権利内容の異なる複数の種類の株式を発行するには、株主総会で議決権を行使することができる株主の議決権の過半数を有する株主が出席し、出席した株主の議決権の3分の2以上の多数の賛成が必要な特別決議で、各種類の株式についてその内容と発行可能種類株式総数を定款で定める必要があります（会法108②）。

ただし、種類株式の内容（一定の事項を除く）の全部又は一部につき、その種類株式を初めて発行する時までに株主総会（取締役会がある会社は取締役会）の決議によって定めることもできます（会法108③、会規20）。この場合には、その旨及び種類株式の内容の要綱を定款で定めます。

なお、発行可能種類株式総数及び発行する各種類株式の内容は、登記事項です（会法911③七）。

なお、変更する内容によっては、株主へ与える影響が大きいため、次のとおり特別決議よりも要件が厳しい決議が求められます。

	要 件
譲渡制限株式にする場合	特殊決議※（会法309③一、324③一、111②）
取得条項付株式にする場合	株主全員の同意（会法110、111①）

※ 特殊決議：株主総会において議決権を行使することができる株主の半数以上、かつ、当該株主の議決権の3分の2以上の多数の賛成を得る決議

〈種類株式発行会社の定款例〉

（発行可能株式総数）

第×条 当会社の発行可能株式総数は1,200株とする。

（発行可能種類株式総数及び発行する各種類の株式の内容）

第×条 当会社の発行可能種類株式総数は、次のとおりとする。

一 普通株式 　　　　　4株

二　議決権制限株式　1,196株

　2　当会社の発行する各種類の株式の内容については、次のとおり
　　とする。

　　一　議決権制限株式の株主は、株主総会において、次の事項を内
　　　容とする決議においては、議決権を有しない。

　　　(1)　定款の変更

　　　(2)　重要な財産の処分及び譲受け

　　　(3)　多額の借財

(3)　資産保全会社における種類株式の活用

　資産保全会社における種類株式の活用の一つに、資産保全会社の株式の経済的利益はそのほとんどを後継者候補に持たせつつも、資産保全会社の経営に関する決定権のうちすべて又は一部の事項は上場会社オーナー自身が持ちたいとのニーズへの対応があります。

①　無議決権株式の活用

　上場会社オーナー自身は、資産保全会社の発行済株式総数の一部しか持たなくてよいが、会社の経営に関するすべての事項に対する決定権は上場会社オーナー自身で持ちたいというニーズに対しては、普通株式と無議決権株式を発行し、普通株式は上場会社オーナー自身に、無議決権株式は後継者候補に割り当てるという方法を採用します。

②　議決権制限株式の活用

　会社の経営に関する決定権のうち、一部の事項につき上場会社オーナー自身で持ちたいというニーズに対しては、普通株式と議決権制限株式を発行し、普通株式は上場会社オーナー自身に、議決権制限株式は後継者候補に割り当てるという方法を採用します。議決権制限株式の内容は、上場会社オーナー自身が決定権を持ちたい事項について議決権が制限されるよう定款で定めま

す。

③ 拒否権付株式の活用

資産保全会社の経営は基本的に後継者候補に行ってもらいたいが、経営に関する一部の事項の承認権は上場会社オーナー自身が持ちたいとのニーズに対しては、拒否権付株式を活用します。拒否権付株式とは、いわゆる黄金株のことです。定款で定めた一定の事項は株主総会で承認決議されたとしても、拒否権付株式の株主のみで構成される種類株主総会で承認決議されなければ、議案が成立しません。普通株式と拒否権付株式を発行し、普通株式は後継者候補に、拒否権付株式は上場会社オーナー自身に割り当てます。拒否権を持つ一定の事項は、定款で定めます。

2 株式会社と属人的株式

(1) 株主ごとに異なる取扱いの定め

株式のすべてに譲渡制限が付されている会社は、株主ごとに異なる取扱いをすることができます（会法109②）。これを属人的株式と呼びます。

種類株式を甲が保有しても乙が保有しても権利内容は同じです。一方、属人的株式は、甲が保有すれば特定の権利内容を持つが、乙が保有すれば別の権利内容を持つというもので、株式の保有者によって権利内容が変容します。

属人的株式は、次の権利について異なる権利内容とすることが認められています。複数の事項について異なる定めを設けることも可能です。ただし、①と②の両方を与えないと定めることはできません（会法109②、105②）。

---

① 剰余金の配当を受ける権利

② 残余財産の分配を受ける権利

③ 株主総会における議決権

129

属人的株式は特定の者が有する株式もしくは特定の役職が有する株式に複数の議決権を持たせることが可能であるなど、種類株式よりも柔軟な設計が可能です。

また、属人的株式は登記事項ではないため（会法109③、911③七）、登記を見ただけでは第三者はその内容がわからず、また登記の手間と費用を気にせずに属人的株式の内容を定めることができるといった利点があります。さらに、特定の者が保有している場合に効果が発現する属人的株式については、その者の死亡に伴い手続を踏むことなく、属人的株式は普通株式に戻ります。

(2) 属人的株式の発行手続

属人的株式の導入に当たって、属人的株式という種類の株式を発行するわけではなく、定款に株式の保有者によって異なる株式の権利内容とすると定めれば足ります。

〈属人的株式の定款例〉

第×条　本定款の他の規定にかかわらず、会社法第109条第2項の規定により、次に掲げる者は、株主総会において、その有する株式1株につき3個の議決権を有する。
（住所）○○県○○市○○区○○○○
（氏名）　甲

会社が発行する株式のうち甲が保有していれば1株につき複数の議決権が付与され、甲以外が保有していれば1株につき1個の議決権となります。

なお、属人的な定めの内容を検討するに当たって、「属人的定めが、具体的な強行法規もしくは株式会社の本質に反し、または公序に反するものであってはならず、かつ、株主の基本的な権利を奪うものであってはならない」（江頭憲治郎「株式会社法」（有斐閣、3版、2009年）130頁（10））ことに留

意すべきです。

⑶　資産保全会社における属人的株式の活用

　資産保全会社における属人的株式の活用方法は、種類株式の活用方法とほ
ぼ同様です。属人的株式の活用によっても、種類株式を活用したときと同様
の効果を得ることができます。

　たとえば、上場会社オーナー自身は資産管理会社の発行済株式総数の一部
しか持たなくてよいが、会社の経営に関する決定権のうちすべての事項につ
いて上場会社オーナー自身で持ちたいというニーズに対しても、属人的株式
を活用できます。会社が発行する株式についてオーナーが保有すれば複数議
決権が付与され、上場会社オーナー以外が保有すれば普通議決権になると
いった定めを定款にします。上場会社オーナーが保有する株式が少なくとも、
株主総会の特殊決議要件を満たす複数議決権の数を有するよう定款に定めて
おけば、原則として、上場会社オーナー自身が会社の経営に関するすべての
事項の決定権を持つことができます。

　上場会社オーナーが保有する株式を拒否権付株式にするとの定款の定めも
可能です。

3　種類株式と相続税評価

　種類株式の相続税評価の方法として、国税庁より、①配当優先の無議決権
株式、②社債類似株式、③拒否権付株式の3類型の評価方法が示されていま
す（資産評価企画官情報第1号「種類株式の評価について（情報）」（平成19
年3月9日））。

①　配当優先の無議決権株式を発行している場合の評価

　イ．配当優先株式を発行している場合の評価

　　配当に優先・劣後のある株式を発行している会社の優先・劣後株式を、

131

類似業種比準方式により評価する場合には配当金の多寡を考慮し、純資産価額方式により評価する場合には配当金の多寡を考慮せず評価します。すなわち、優先・劣後株式を類似業種比準方式により評価する場合には、株式の種類ごとにその株式に係る配当金（資本金等の額の減少によるものは除く）によって評価します。優先・劣後株式を純資産価額方式により評価する場合には、配当優先の有無にかかわらず、従来どおりの方法で評価します。

ロ．無議決権株式を発行している場合の評価

　無議決権株式を発行している会社の無議決権株式及び議決権株式については、原則として議決権の有無を考慮せずに評価します。

　ただし、同族株主が無議決権株式を相続又は遺贈により取得した場合には、納税者の選択により、議決権の有無を考慮した調整計算により無議決権株式と議決権株式の価額を評価することができます。具体的には、無議決権株式は、上記イ、又は原則的評価方式により評価した価額から、その価額の5％を乗じて計算した金額を控除した金額により評価します。一方、相続又は遺贈により同族株主が取得した議決権株式の価額は、この控除した金額を加算して評価します。

　この調整計算を選択適用するには、次のすべての条件を満たす必要があります。

---

a　会社の株式について、相続税の法定申告期限までに、遺産分割協議が確定していること

b　無議決権株式の価額について、調整計算前の評価額からその価額の5％を控除するとともに、その額を議決権のある株式の価額に加算して申告することを選択する旨の届出書（「無議決権株式の評価の取扱いに係る選択届出書」）を、所轄税務署長に提出していること

c　相続税の申告の際に、調整計算の算式に基づく無議決権株式及び議

決権のある株式の評価額の算定根拠を適宜の様式に記載し、評価明細
書を添付していること

② 社債類似株式を発行している場合の評価

種類株式には、その経済的実質が社債に類似している株式もあります。経
済的実質が社債に類似している社債類似株式は、利付公社債の評価に準じて
発行価額により評価します。

具体的には、次の条件を満たす株式が対象です。

a　配当金については優先して分配する

　　また、ある事業年度の配当金が優先配当金に達しないときは、その
不足額は翌事業年度以降に累積することとするが、優先配当金を超え
て配当しない

b　残余財産の分配については、発行価額を超えて分配は行わない

c　一定期日において、発行会社は本件株式の全部を発行価額で償還す
る

d　議決権を有しない

e　他の株式を対価とする取得請求権を有しない

一方、社債類似株式を発行している会社の社債類似株式以外の株式の評価
に当たっては、社債類似株式を社債であるものとして、類似業種比準方式、
純資産価額方式あるいは配当還元方式により計算します。

③ 拒否権付株式を発行している場合の評価

拒否権付株式を発行していたとしても、拒否権の有無は考慮せず拒否権付
株式は普通株式と同様に評価します。無議決権株式のように、拒否権の価値
相当額の調整計算をするとの評価方法は特に定められていません。

133

コラム

種類株式の活用について

　会社法の改正により、事業承継の分野でも種類株式が活用されるようになってきました。万能に感じる名前の響きのせいでしょうか、「黄金株」を発行するケースをよく見かけます。しかし、この黄金株は、特定の人の権利を守るためには不適なのです。黄金株は、株主総会の議案に拒否できる権利であり、決議することはできない、つまり、何かを決める権利はないのです。

　また、1株のみを議決権株式として、その他を無議決権株式とする方法がありますが、遺言書がないと、この1株をめぐって壮絶な争いが始まる場合があります。この1株を引き継げば、絶対的な支配者になれるからです。

　理想的なのは、財産権としての株式は事前に子ども達に移動を完了して、定款の定めにより創業者が所有している場合は大きな議決権数がある「属人株式」を発行し、所有者の死亡と同時に普通株に転換するようにしておけば、経営権の移譲は財産権と比例して実質生前に完了し、争いを避けることができます。

134　第2章　資産保全会社を利用した事業承継対策

第3章

企業組織再編を利用した事業承継対策

3-1 上場会社のMBO

事例

　上場会社Ａ社のオーナー甲は、Ａ社の代表取締役から退き後継者に経営権を移譲することを検討しています。甲は、Ａ社の安定株主である資産保全会社Ｂ社を保有しています。また、Ａ社は、十分な内部留保があり安定した利益が出ているものの、成長性に乏しく市場の評価が低いことから株価も低迷しています。

　Ａ社は、実質無借金であり、上場の意義が薄れていると感じています。

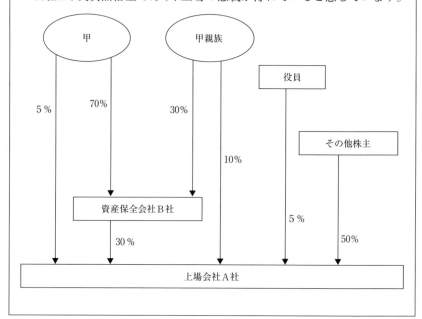

解決策

　Ｂ社を受け皿会社として株式公開買付け（TOB＝Take-over Bid）によるMBOを実施します。

　TOB実施後の少数株主を排除するための手法として、少数株式の有

する株式が端数の株式となる株式交換比率とする株式交換を行い、端数の株式を金銭で買い取る手法があります。また、全部取得条項付種類株式を利用する手法もあります。

　上場会社A社は、非上場化により、上場コストが削減できます。また、MBOを機に、A社の利益を担保にダイナミックな甲親族への支配権の移動も考えられます。

1　MBO

(1)　MBOとは

MBOが経常化するに伴い、上場会社オーナーのダイナミックな経営改革の選択肢の幅がより増えたといえます。MBOとは、Management Buyout（マネジメント・バイアウト）の略で、経営陣が会社の株式・事業などを買収することをいいます。

(2)　MBOのメリット

上場審査をクリアするのに大変苦労したであろう経営者が、MBOによる非上場化を決断するのは、次のような大きなメリットがあるためです。

①　意思決定の独立性

現事業のリストラクチャリングを大胆に断行でき、株主の短期的な目を気にすることから解放されます。また、オーナー経営者は、実質的な経営と支配を一致させることが可能となり、経営に対するモチベーションが高まります。

②　上場していることに対するコストやリスクの回避

外部株主ののっとりを防衛でき、情報開示手続や株主管理コストが軽減できます。

137

③ 利潤の確保

後継者が、会社の利益を担保にしてMBOを実行するのは、後継者に会社を承継する絶好のタイミングです。後継者に現時点で資金がなければストック・オプションを付与することによって潜在的に株式持分を確保させることもできます。後継者は、将来、再度上場することにより創業者利潤を確保できます。

(3) MBOのデメリット

市場からの資金調達、優秀な人材の確保が難しくなること、知名度の低下等のMBOのデメリットも考えなければなりません。

TOBによる株式の買取価額は、公正に慎重に評価しなければなりません。

多くの場合、買収資金は、経営陣のみの手元資金だけでは不足するため、借入れやほかのファンドからの株式出資、メザニンの活用によって資金調達をします。協力的な資金提供者を探すことが大きな成功の鍵を握っているともいえます。

メザニンとは、返済が通常の借入れ（シニアローン）よりは劣後し普通株式には優先する資金調達の方法です。シニアローンより高い利率で設定された劣後ローンや、劣後債、配当や残余財産で優先権のついた優先株式など、様々な商品プロダクトがあります。

資金提供者が投資目的のファンドである場合、一定期間内での収益向上、企業価値向上が求められます。

2　少数株主のスクイーズ・アウト

スクイーズ・アウト（Squeeze Out）とは、多数派株主が少数株主を会社から追い出すことをいいます。TOB実施後の少数株主を排除するための手法として、少数株主の有する株式が端数の株式となる株式交換比率とする株

138　第3章　企業組織再編を利用した事業承継対策

式交換を行い、端数の株式を金銭で買い取る手法や、全部取得条項付種類株式を利用する手法が実行されています。なお、株式併合をスクイーズ・アウトに用いることを想定した、議決権の90％以上を有する株主による株式等売渡請求制度について会社法が改正され、平成27年5月より施行されています（会法179〜179の10）。

3　TOB実施後の株式交換

(1)　会社法の検討事項
①　簡易株式交換と略式株式交換

株式交換は、上場会社Ａ社の株主に対して、株式交換完全親法人となるＢ社の株式を交付します。非上場化により少数株主の排除を行うとの目的を達成するために、株式交換の対価を株式交換完全親法人となるＢ社の株式ではなく金銭とする方法や、少数株主に対して交付する株式交換完全親法人となるＢ社の株式を端数の株式となるような交換比率を設定し、Ｂ社がその端数の株式を買い取る方法によって、少数株主を排除します。

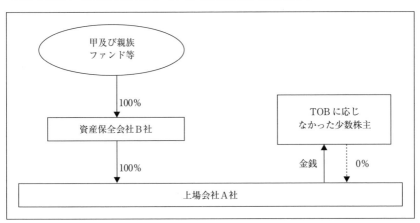

株式交換を行うには、完全親会社及び完全子会社の取締役会決議による株式交換契約の承認、株式交換契約の締結、株主総会の特別決議による株式交換契約の承認を得るのが原則です（会法767、362④、783①、795①）。

ただし、株式交換当事会社において、株主への影響が少ないものとして一定の要件を満たしていれば、株主総会の株式交換契約承認手続を省略することができます。これには、簡易株式交換（簡易組織再編）と略式株式交換（略式組織再編）があります。

②　簡易株式交換

簡易株式交換とは、完全子会社となる会社が完全親会社となる会社に比べ規模が小さく、株式交換がもたらす完全親会社となる会社の株主への影響が小さいと認められる一定の場合に、完全親会社となる会社の株主総会の承認手続を省略することを認めるというものです（会法796③）。

なお、完全親会社となる会社がこの簡易株式交換によった場合には、株主総会の決議事項である定款の変更を行うには、あらためて株主総会を開催する必要がありますので、留意が必要です。

完全親会社となる会社が簡易株式交換によることができるか否かは、次の基準によります（会法796③、会規196、197、198）。

③　略式株式交換

略式株式交換とは、完全親会社となる会社が完全子会社となる会社の特別支配会社である場合に、完全子会社となる会社の株主総会を開催しても承認されることが明らかであるため、完全子会社となる会社の株主総会の承認手続を省略することを認めるというものです（会法784）。特別支配会社とは、他の会社の総株主の議決権の90％以上（定款でそれ以上とすることも可能）を有する会社をいいます（会法468①）。

完全子会社となる会社の株式交換契約の株主総会承認決議を省略するには、略式株式交換の要件を充足する必要があります。

親会社が100％子会社でない子会社を株式交換により完全子会社化すると

きに、略式株式交換を採用できるかどうかは、原則として次の基準によります（会法784①、796①）。

〈簡易株式交換の要件〉

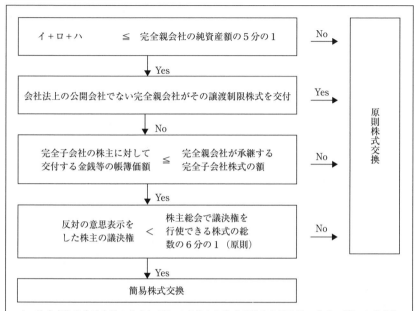

イ．株式交換完全子会社の株主に対して交付する株式交換完全親会社の株式の数に1株当たり純資産額を乗じて得た額
ロ．株式交換完全子会社の株主に対して交付する株式交換完全親会社の社債、新株予約権又は新株予約権付社債の帳簿価額の合計額
ハ．株式交換完全子会社の株主に対して交付する株式交換完全親会社の株式等以外の財産の帳簿価額の合計額

〈略式株式交換の要件〉

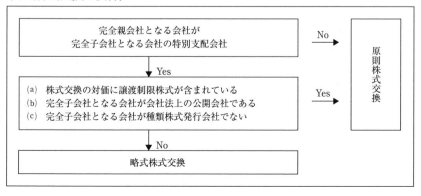

141

④　株式交換比率の検討

　株式交換比率とは、完全子会社となる会社の株式1株に対する完全親会社となる会社の株式の割当比率を指します。株式交換比率に基づき、完全子会社となる会社の株主に完全親会社となる会社の株式を交付します。

　完全親会社の発行済株式総数が増えるため、完全親会社となる会社の既存株主は相対的に持株比率が減少します。発行済株式総数の増加に見合う会社財産の増加がなければ、株式交換により、完全親会社となる会社の既存株主は損をしてしまいます。完全子会社となる会社の株主からいえば、完全子会社となる会社の株式の価値（価額）に相当する完全親会社の株式が交付されなければ、株式交換により損をしてしまいます。完全親会社となる会社の株主及び完全子会社となる会社の株主の双方を納得させるためには、当事会社の株式の適正な評価額に基づき、株式交換比率を算定する必要があります。

　上場会社の株式であれば、市場株価は公正な時価といえ、評価の安定性を考慮し、1カ月平均、3カ月平均又は6カ月平均をとって価格を算定します（市場株価法）。また、ディスカウンテッド・キャッシュ・フロー法（DCF法）や、類似会社比準法など、複数の評価方法による評価を総合的に勘案して算定します。

　一方、非上場会社の株式の評価は、やや複雑です。非上場会社でも資産保全会社のように上場株式しか保有していない会社であれば、会社が有する資産及び負債を時価に洗い替えた時価純資産価額法が適当な評価額といえるでしょう。ただし、非上場会社は、実際の流動性に欠けるため、時価純資産価額方式による評価額につき一定のディスカウントを考慮するのが一般的です。非上場会社でも将来の収益獲得能力が期待される会社であれば、会社の事業で将来生み出されるフリー・キャッシュ・フローが事業価値として評価に反映されるDCF法が最適であると判断される場合もあるでしょう。しかし、DCF法は、予測に基づく数値を使用するものであり、恣意性が介入しやすいという短所があります。当事者により時価は様々であるため、時価純

資産価額法、類似業種比準法、DCF法などの評価方法を総合的に勘案して評価額を決定します。

株式交換比率が適正性を欠く場合には、完全子会社となる会社の株主及び完全親会社となる会社の株主に経済的利益の移転があったものとして、課税関係が生ずる場合もあります。

⑤ 債務超過会社を完全子会社とする株式交換の可否

債務超過会社を完全子会社とする株式交換は可能と解されています。会社法では、完全親会社となる会社において変動する株主資本等の総額は、完全親会社となる会社が完全子会社となる会社の株主に対して交付する財産の時価、又は、完全親会社となる会社が取得する完全子会社の株式の時価を基礎として算定するものとしています（会法768①二イ、計規2③三十六ハ、三十七、39①一）。

債務超過会社を完全子会社とする株式交換を行うのは、通常は債務超過会社の株式に価値を見出すからです。株式交換が支配取得に該当する場合、債務超過会社の株式の価値はプラスとなるため、完全親会社となる会社において変動する株主資本等の総額はマイナスとなりません。ただし、完全子会社となる会社が実質的にも債務超過であるような場合、債務超過額に相当する適正な額の特別勘定を負債として計上できます（計規12）。

(2) 税務上の検討事項

① 適格株式交換か否かの検討

株式交換の税制適格要件は、①100％の持株関係を有する企業グループ内株式交換、②50％超の持株関係を有する企業グループ内株式交換、③共同事業を営むための株式交換の大きく3グループに分けて、それぞれ定められています。

MBOは、株式の買取りの受け皿会社となるSPCを組成し、SPCがTOBにより上場会社の3分の2以上の株式を買い集め、その後SPCを完全親会社、

上場会社を完全子会社とする株式交換を実行するのが、一般的です。

したがって、SPCと上場会社は3分の2以上の持株関係を有する企業グループに該当するため、その株式交換は「②50％超の持株関係を有する企業グループ内株式交換」に該当します。

適格株式交換における当事者間で直接又は間接に50％超の持株関係を有する企業グループ内株式交換とは、株式交換完全子法人の株主に株式交換完全親法人の株式又は株式交換完全支配親法人株式のいずれか一方の株式以外の資産が交付されない株式交換のうち、次の要件を満たす株式交換をいいます（法法2十二の十六、法令4の3⑯五）。

イ　完全親子関係の継続要件

　株式交換後に株式交換完全親法人が株式交換完全子法人の発行済株式等の全部を直接又は間接に保有する関係が継続することが見込まれていること

ロ　従業者継続従事要件

　株式交換完全子法人の株式交換直前の従業者のうち、その総数のおおむね80％以上に相当する数の者が株式交換完全子法人の業務に引き続き従事することが見込まれていること

ハ　事業継続要件

　株式交換完全子法人の株式交換直前に営む主要な事業が株式交換完全子法人において引き続き営まれることが見込まれていること

株式交換の対価を、株式交換完全親法人B社の株式とせず、金銭にすると、株式交付要件を満たせず、常に非適格株式交換となります。

株式交換完全子法人の少数株主が端数の株式となるような株式交換比率を定め、端数の株式を金銭により買い取る方法によれば、形式上は金銭交付がないため、イ～ハの要件を満たせば適格株式交換になります。税法上、株式

交換完全子法人の株主に株式交換完全親法人の株式をいったん交付し、交付した端数の株式を現金で買い取ったと考えます。ただし、端数の株式の買取りが株式交換の対価としての金銭等の交付と認められる場合には、非適格株式交換になります。すなわち、株式交換完全子法人の株主に端数の株式の買取代金として金銭が交付されたときは、株式を交付したこととされます。ただし、その交付された金銭が、交付の状況等を総合的に勘案して実質的に株主に対して支払う株式交換の対価であると認められるときは、金銭等の交付として取り扱うものとし、結局は個別の判断によることになります（法基通1－4－2）。

② 株式交換完全親法人の税務上の取扱い

株式交換完全親法人Ｂ社にとって、株式交換は、株式交換完全子法人が1社増えるとともに資本金等の額が増加する資本取引に該当するため、特段の課税関係は生じません。

株式交換完全親法人における株式交換完全子法人株式の税務上の取得価額は、その株式交換が適格か非適格かで異なります。

イ．適格株式交換

適格株式交換の場合には、株式交換完全親法人が取得した株式交換完全子法人株式の取得価額は、株式交換完全子法人の株主が有していた株式交換完全子法人の株式の税務上の帳簿価額の合計額です（法令119①九イ）。

ただし、その株式交換完全子法人の株主数が50人以上である場合は、株式交換完全子法人の簿価純資産価額をもって、その取得価額とします（法令119①九ロ）。

ロ．非適格株式交換

非適格株式交換の場合には、株式交換完全親法人が取得した株式交換完全子法人の取得価額は、その取得のために通常要する価額です（法令119①二十五）。つまり、その株式交換時における完全子会社法人の株式の時価が、株式交換完全子法人の取得価額となります。

145

③ 株式交換完全子法人の税務上の取扱い

株式交換完全子法人Ａ社の税務上の取扱いは、株式交換が税制適格に該当するか否かで大きく異なります。

イ．適格株式交換

適格株式交換の場合には、株式交換完全子法人であるＡ社には特段の課税関係は生じません。

ロ．非適格株式交換

非適格株式交換の場合には、株式交換の直前の時において有する時価評価資産について、その評価益又は評価損を、株式交換の日の属する事業年度の所得の金額の計算上、益金の額又は損金の額に算入しなければなりません（法法62の9）。

時価評価の対象となる時価評価資産とは、原則として次のものをいいます（法法62の9）。

・固定資産

・土地（土地の上に存する権利を含み、固定資産に該当するものを除く）

・有価証券

・金銭債権

・繰延資産

ただし、上記の資産のうち、次のものは時価評価の対象から除外されています（法令123の11）。

・非適格株式交換の日の属する事業年度開始の日前5年以内に開始した各事業年度において、圧縮記帳の適用を受けた減価償却資産

・売買目的有価証券

・償還有価証券

146　第3章　企業組織再編を利用した事業承継対策

・資産の価額とその帳簿価額との差額が資本金等の額の2分の1に相当
する金額又は1,000万円のいずれか少ない金額に満たない場合の資産

　A社の有する資産に多額の含み益があるのであれば、株式交換による税
負担が非常に大きくなります。

④　株式交換完全子法人の株主の税務上の取扱い

株式交換完全子法人の株主から見れば、株式交換は、株式交換完全子法人
株式を譲渡し、代わりに株式交換完全親法人株式を取得する行為です。

　イ．金銭等の交付がある場合

　株式交換完全子法人の株主等に金銭等の交付がある場合には、株式交換
完全子法人の株主は、株式交換時点で、株式交換完全子法人株式の譲渡を
したものとみなされ、株式交換完全子法人株式に含み損益があれば、株式
の譲渡損益が生じます。つまり、株式交換完全子法人の株主は、株式交換
により交付を受けた対価（株式交換完全親法人株式等）の金額を譲渡収入
とし、株式交換前の株式交換完全子法人株式の帳簿価額を譲渡原価として
所得の金額が計算されます（法法61の2①）。

　また、株式交換完全子法人の株主が対価として受け取った株式交換親法
人株式等の取得価額は、取得のために通常要する価額（時価）となります
（法令119①二十五、所令109①五）。

　少数株主が端数の株式となるような株式交換比率を定め、B社にこの1
株に満たない株式を買い取られた株式交換完全子法人の株主は、株式の譲
渡として課税されます（法令23③九、所令61①九）。

　ロ．金銭等の交付がない場合

　株式交換完全子法人の株主等に金銭等の交付がなされないのであれば、
株式交換完全子法人の株主には、株式交換完全子法人株式の譲渡損益は発
生せず、株式交換完全子法人株式の帳簿価額を株式交換完全親法人株式の
帳簿価額に付け替えるとの株式交換等に係る譲渡所得等の特例があります。

法人株主の株式交換による株式譲渡による収入金額は、株式交換直前の帳簿価額に相当する金額とされているため、課税所得には影響ありません（法法61の2⑨）。株式交換完全親法人株式の取得価額は、交換前に有していた株式交換完全子法人株式の帳簿価額となります（法令119①八）。

個人株主は、株式交換において株式の譲渡がなかったものとみなし、新しく交付された株式交換完全親法人の株式の取得価額は株式交換完全子法人（旧株）の取得価額を基準とするとされています（所法57の4①、所令167の7③）。

法人株主と個人株主とで条文の表現がやや異なりますが、株式交換の対価として金銭等の交付がなされないのであれば、株式交換完全子法人の株主の株式の譲渡損益に対する課税は繰り延べられます。

なお、消費税法上、株式交換は有価証券等の譲渡として非課税取引に位置づけられているため、課税売上割合への影響があることに留意が必要です（消法6①、同法別表第一）。

4　TOB実施後の全部取得条項付種類株式の発行

(1)　全部取得条項付種類株式の発行

A社は、株主総会の特別決議で普通株式を全部取得条項付種類株式に変更する旨の定款の一部変更をします。

A社は、株主総会の特別決議によって、全部取得条項付種類株式の全部を取得し、その取得の対価としてほかの種類の株式を交付します（会法171）。その際、B社以外の少数株主に取得対価として割り当てられる他の種類の株式の数が1株未満の端数となるような割当比率とします。1株に満たない端数があるときは、その端数の合計数に相当する数の株式を競売し、かつ、その端数に応じてその競売により得られた代金を1株に満たない端数の株主に交付しなければなりません（会法234①）。ただし、裁判所の許可を得て、競

売以外の方法により、これを売却することができます。Ｂ社が買い取る、あるいは自己株式の取得としてＡ社が買い取ることもできますが、Ａ社の既存株主に不公平が生じないよう会社法に定められている手続を遵守します（会法234①二、②④）。

(2) 税務上の検討事項

① 全部取得条項付種類株式を発行する法人の税務上の取扱い

全部取得条項付種類株式を発行するのみでは、課税関係は生じません。ただし、全部取得条項付種類株式を金銭で買い取り、全部取得条項付種類株式を取得された株主にみなし配当が生じる場合には、源泉徴収義務者になります。

② 株主の税務上の取扱い

全部取得条項付種類株式の取得の対価として、Ｂ社の他の種類株式のみが交付され、交付を受けた株式の価額が譲渡した全部取得条項付種類株式の価額とおおむね同額である場合には、全部取得条項付種類株式を取得された株主には、みなし配当や株式譲渡損益は認識されません（法法24①四、61の2⑬三、法令119①十七、所法25①、57の4③三、所令167の7⑥四）。

1株に満たない端数に応じて金銭が交付された場合には、1株に満たない端数の株主は、株式の譲渡をしたものとして、譲渡損益が認識されます（法基通2-3-25、所基通57の4-2）。Ａ社が全部取得条項付種類株式を買い取るのは自己株式の取得に該当しますが、みなし配当は生じません（法令23③十、所令61①十）。

一方、全部取得条項付種類株式の取得の対価として金銭が交付されるのであれば、その取得は自己株式の取得に該当するため、株主にみなし配当及び株式譲渡損益が生じます（法法24①四、61の2①、法令23①四、所法25①、所令61②）。種類株式発行会社においては、それぞれの種類株式ごとに種類資本金額を計算し、種類株式の取得の対価として交付を受けた現金等が交付

149

の基因となった種類資本金額を超える額について、みなし配当として取り扱うので留意が必要です（法令 8 ②、23①五、所令61②五）。

150　第 3 章　企業組織再編を利用した事業承継対策

コラム

MBOを決断しなかった上場会社オーナー
～従業員とその家族～

真剣に非上場化を検討したものの、断念した上場会社オーナーを何人も見てきました。

非上場化の目的である、経営の自由度やスピードを高めることに対し、MBO時の資金の出し手であるファンドの力が強くて達成できないケースであったり、MBO時の買取価格が裁判になっているケースなどを見て躊躇したケースもありました。さらには、従業員とその家族のことを気にされてしまい、決断に至らなかったケースも少なくありません。

たとえば、次のような情報を、オーナーは真剣に受け止めていました。

・社員が、非上場化すると、社会人としてのステータスが下がったと感じる
・社員の配偶者が、勤務先が非上場会社となって悲観する
・社員が、非上場化によって結婚で不利となる
・上場会社の社員でなくなるとクレジットカードが作れるのか、との質問が出た

オーナーは、本当に様々な悩みを抱え、決断しています。

151

3-2 資産保全会社の合併と会社分割

> 事例
>
> 　上場会社オーナー甲には、長男乙と二男丙がいます。
>
> 　甲は、資産保全会社A社を100％保有しています。A社の有する資産は、上場会社C社の株式、資産保全会社B社の株式及び賃貸用不動産です。
>
> 　資産保全会社B社は賃貸用不動産を有しており、不動産賃貸業を営んでいます。B社の株主構成及び持株比率は、A社80％、甲10％、乙及び丙がそれぞれ5％です。このような持株関係になってから15年が経過しています。
>
> 　乙はすでにC社の社長に就任しており、C社における人的承継はすでに完了しています。甲は、A社が有するC社の株式を乙に相続させ、A社及びB社が有する賃貸用不動産を丙に相続させたいと考えています。
>
> 　現状のままでは、丙に相続させたいと考えている賃貸用不動産がA社とB社の二つの会社にまたがっているため、甲のニーズを実現することができません。
>
> 　A社株式100％を乙に、B社株式10％を丙に相続させた場合には、C社の支配権はすべて乙に相続される反面、B社に乙の支配権が残ることになり、のちのちの兄弟間の争いの原因となる可能性があります。

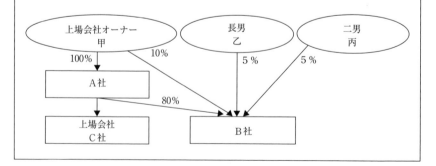

[解決策]

　甲、乙、丙がそれぞれ保有しているB社株式をA社に譲渡し、B社をA社の100％子会社にします。次に、A社を存続会社としてB社を吸収合併します。

　最後に、A社が分割型新設分割を行い、不動産賃貸事業を新設会社D社に分割承継させます。この状態のもとで、A社株式を乙へ、D社株式を丙へ相続させることにより、甲の希望どおりの事業承継が実現します。

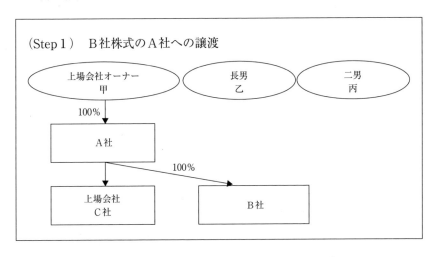

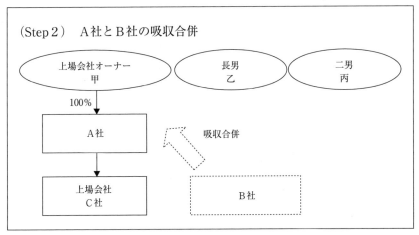

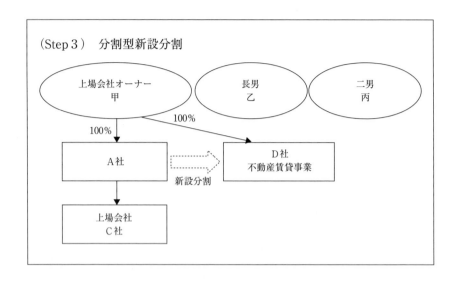

1 相続させる事業単位・会社単位の整理

　上場会社オーナーの多くは、上場会社の株式を直接保有する以外にも、資産保全会社を介して上場会社の株式を間接保有しています。また、不動産運用を目的とした不動産賃貸事業を営む資産保全会社を有していることもあります。

　兄弟といえども、相続後の株主間の争いが発生しないとはいいきれず、複数の資産保全会社の株式を、誰にどのように相続させるかに頭を悩ませている上場会社オーナーは多くみられます。これを未然に防ぐには、相続人にどの会社を相続させるのかをあらかじめ明確にしておく必要があります。

　資産保全会社の株式所有形態や事業形態が入り組んでいるなど複雑になっているのであれば、相続させる事業単位・会社単位を整理しておくことが肝要です。この事業単位・会社単位の整理に、企業組織再編を利用することができます。

2　スキームの検討

(1)　B社株式の売却先

本事例では、甲・乙・丙の有するB社株式をA社に譲渡することとしました。

乙・丙の有するB社株式をA社ではなく、甲に直接譲渡する方法も考えられます。しかし、この方法によると、甲の手元資金がB社株式の取得の対価として乙・丙に流出してしまうため、将来の相続税の納税資金を念頭に置いた甲の保有財産の流動性確保の観点からは望ましくありません。

(2)　合併における存続会社の決定

本事例では、A社を存続会社、B社を消滅会社とする吸収合併を採用しました。

A社を消滅会社、B社を存続会社とする逆さ合併の方法も考えられます。A社を消滅会社とし、B社を存続会社とすると、C社株式をもともと所有しているのはA社のため、A社の合併による解散は、上場会社C社の株式の所有者の変更に該当してしまいます。このため、①A社の合併による解散に伴いA社は「変更報告書（大量保有報告書）」を、②存続会社であるB社は新たに大量保有者になることに伴う「大量保有報告書」を、③上場会社であるC社は主要株主の異動等に伴う「臨時報告書」の提出及び取引所規則に基づく適時開示をしなければならず、手続が煩雑になります。また、A社を消滅会社とし、B社を存続会社とするのは、IR（インベスター・リレーションズ）の観点からも、事務作業の軽減の観点からも、あまり良策とはいえません。

(3)　100％子会社化の可否

本事例では、甲・乙・丙の有するB社株式のA社への譲渡によりB社をA社の100％子会社化した後、A社とB社を合併し、甲の100％所有の会社とす

155

ることとしました。

　A社とB社を合併した後、合併後のA社株式を甲に集約させるとの方法も考えられます。B社をA社の100％子会社化する前にA社とB社を合併させてしまうと、合併後に甲が株式を集約するためには、甲と乙、甲と丙との間でA社株式の異動をする必要があります。甲の手元資金がA社株式の取得の対価として、乙・丙に流出してしまい、甲の保有財産の流動性確保の観点から望ましくありません。さらに、100％保有関係にあれば不要な合併比率の算定を行う必要が生じません。A社とB社を合併した後、合併した会社の株式を甲に集約させるのは、あまり良策とはいえません。

(4)　事業譲渡と吸収分割の可否

　本事例では、A社とB社を吸収合併させ、合併後のA社が分割型新設分割を行い、すべての不動産賃貸事業を新設会社D社に分割承継させることとしました。

　A社とB社を吸収合併させることなく、A社が事業譲渡又は吸収分割によりA社の不動産賃貸事業をB社に移転する方法も考えられます。

　事業譲渡によれば、事業に関する資産及び負債の移転の際に、これらの資産及び負債の含み益に対して譲渡益課税が生じてしまいます。

　吸収分割によれば、税制適格要件を満たすことにより、これらの資産及び負債の含み益に対して譲渡益課税が生ずることなく、事業に関する資産及び負債を移転することができます。また、不動産の不動産取得税、登録免許税などの流通税が軽減されます。しかし、甲にB社株式を集約するためには、吸収分割後、乙・丙の有するB社株式の甲への異動をしなければなりません。甲がB社の株式を乙・丙から譲り受ける際に、甲がB社株式の取得の対価を乙・丙に支払う必要があり、甲の保有財産の流動性確保の観点からは望ましくありません。

3 100％子会社化のための株式の譲渡

(1) 株式の譲渡価額の算定

　B社をA社の100％子会社にするために、B社株式をA社に譲渡する際に一番問題となるのは、B社株式の譲渡価額です。譲渡価額が時価と比較して高額又は低額の場合の課税関係が生じる可能性があります。

		売り手	
		個人	法人
買い手	個人	買い手（個人） 　著しく低い：みなし贈与 　　　　　　　（贈与税課税） 売り手（個人） 　著しく低い：損失はなかっ 　　　　　　　たものとみな 　　　　　　　す	買い手（個人） 　低い：一時所得又は給与所 　　　　得 売り手（法人） 　低い：寄附金課税 　　　　役員給与・給与課税
	法人	買い手（法人） 　高い：寄附金課税 　　　　役員給与・給与課税 　低い：受贈益課税 売り手（個人） 　著しく低い：みなし譲渡 　　　　　　　（所得税課税）	買い手（法人） 　高い：寄附金課税 　低い：受贈益課税 売り手（法人） 　低い：寄附金課税

　本事例は、個人から法人への譲渡です。

　個人が、時価より著しく低い価額（時価の2分の1未満）で法人へ譲渡すると、低廉譲渡として所得税法上のみなし譲渡認定が行われてしまう可能性があります。一方、法人が、時価より高い価額で個人から取得すると、売り手が役員・従業員であれば役員給与・給与、役員・従業員以外であれば寄附

157

金認定がなされてしまう可能性があります。

　非上場会社の株式の時価は、やや難しい問題を抱えています。

　法人税法では、資産の評価損の損金算入の規定を適用する場合の株式の価額につき、原則として、1株当たりの純資産価額等を参酌して通常取引されると認められる価額によるものとし（法基通9－1－13）、課税上弊害がない限り、一定の条件のもと財産評価基本通達の例により算定した価額によることを認めるとしています（法基通9－1－14）。

　一定の条件とは、①評価しようとする法人が評価対象会社の中心的な同族株主に該当するときは評価対象会社は小会社に該当するものとして評価すること、②純資産価額方式の計算に当たり、評価対象会社が有する土地（土地の上に存する権利を含む）及び上場有価証券は時価によること、③純資産価額方式の計算に当たり、評価差額に対する法人税等相当額は控除しないことの三つです。

　一方、所得税法では、みなし譲渡判定における株式等の価額につき、一定の条件のもと、財産評価基本通達の例により算定した価額と定めています(所基通59－6）。

　一定の条件とは、上記の三つに加え、同族株主の判定に当たり、株式を譲渡又は贈与した個人の当該譲渡又は贈与直前の保有株式数によることが挙げられています。

(2)　譲渡した事実の証拠書類の作成

　親族間の非上場株式の譲渡は、その後の税務調査における名義株式や時点の認定などの観点から、譲渡した事実の証拠を残しておくことが望ましいでしょう。特に個人間での売買は、いっさいの証拠書類が残らない可能性があります。株式の評価を行うに当たり、評価対象会社が土地や上場有価証券を有している場合に、これらの資産を譲渡時の時価で評価することを考えても、譲渡の日付を明確にしておくことが肝要です。

非上場株式を譲渡した事実を証明するポイントには、「譲渡代金の移転事実」と「株式の所有権の移転事実」があります。

　譲渡代金の移転事実は、入出金を記録した預金通帳等により容易に証明することが可能です。株式の所有権の移転事実は、譲渡契約書における引渡日で証明することが可能です。

　譲渡代金を後払いもしくは分割払いすることもありますが、この場合の株式の所有権の移転事実には譲渡契約書に定められた引渡日が最も重要な事実となります。ただし、譲渡人と譲受人の二者間で取り交わされただけの譲渡契約書では、引渡日の日付の変更を容易に行うことができると推測されてしまうため、株式の所有権の移転事実を証明する資料としては証拠力が強いとはいえません。譲渡契約書における引渡日の証拠力を高めるためには、公正証書により譲渡契約書を作成することや、公証人による確定日付を取得することも一法です。

4　吸収合併

(1)　法人税法上の適格合併か否か

　本事例では、A社がB社を100％保有しており、A社とB社の合併は100％の持株関係を有する企業グループ内合併に該当します。

　100％の持株関係を有する企業グループ内合併の適格要件は、被合併法人の株主に合併法人の株式又は合併親会社株式のいずれか一方の株式以外の資産が交付されないことのみです。

　本事例は、親会社と100％子会社との合併であり、合併法人は被合併法人の株主に対し合併に伴う対価は交付しないものとするため、この適格要件を満たすことから、適格合併に該当します。

⑵　繰越欠損金の利用制限等

本事例は、A社とB社との間に支配関係が成立後、15年の年月が経っていました。したがって、被合併法人の繰越欠損金の引継ぎ制限、合併法人の繰越欠損金の適用制限、特定資産の譲渡等損失の損金算入制限もありません。

5　新設分割のスケジュール

会社法上の新設分割のスケジュールを示すと、次のとおりです。

手　続	法定期限等	Ref.
①　新設分割計画の作成		⑴
②　分割計画承認の取締役会決議		⑵
③　株主総会招集のための取締役会決議		⑵
④　株主総会招集通知の発出	株主総会の日の1週間（公開会社は2週間）前	⑶
⑤　分割関係書類の備置	備置開始日から分割効力発生日後6カ月を過ぎる日まで	⑷
⑥　債権者異議申述の公告・催告	異議申述期間は、最低限1カ月以上の期間が必要	⑹
⑦　株主総会の承認決議		⑺
⑧　反対株主買取請求のための通知・公告	株主総会の日から2週間以内	⑸
⑨　債権者異議申述期限	異議申述期間は、最低限1カ月以上の期間が必要	⑹
⑩　反対株主の株式買取請求期限	上記⑧の通知又は公告をした日から20日以内	⑸
⑪　分割効力発生日		
⑫　分割登記		

また、会社分割も合併と同様、簡易会社分割が設けられています（会法805）。

6 新設分割の会社法上の具体的な手続

(1) 新設分割計画の作成

会社が新設分割を行うには、新設分割計画を作成し、株主総会の承認を受ける必要があります（会法762、804①、322①十）。ただし、新設会社に承継される資産の帳簿価額の合計額が、分割会社の総資産額の20％を超えなければ、簡易新設分割として、株主総会の承認を要しません（会法805）。

新設分割計画に記載する事項には、記載しなければならない法定記載事項と、記載しなくても分割自体の効力に影響しない任意記載事項があります。株主に重要な影響を与える事項は法定記載事項として記載が強制され、記載がなければ分割無効の原因となります。

① 法定記載事項

新設分割計画の法定記載事項は、次のとおりです（会法763）。

イ　分割により新設する会社の目的、商号、本店の所在地及び発行可能株式総数（同一）

ロ　定款で定める事項（同二）

ハ　新設会社の設立時取締役の氏名（同三）

ニ　新設会社が会計参与設置会社、監査役設置会社、会計監査人設置会社である場合には、設立時会計参与、設立時監査役、設立時会計監査人の氏名又は名称（同四）

ホ　新設会社が新設分割により分割会社から承継する権利義務に関する事項（同五）

ヘ　新設会社が新設分割に際して分割会社に対して交付するその事業に

161

関する権利義務の全部又は一部に代わる新設会社の株式の数又はその数の算定方法並びに新設会社の資本金及び準備金の額に関する事項（同六）

ト　共同新設分割をするときは、分割会社に対する株式の割当てに関する事項（同七）

チ　新設会社が新設分割に際して分割会社に対してその事業に関する権利義務の全部又は一部に代わる新設会社の社債等を交付するときは、社債に関する事項（同八）及び共同新設分割をするときは、分割会社に対する社債等の割当てに関する事項（同九）

リ　新設会社が新設分割に際して分割会社の新株予約権の新株予約権者に対して新株予約権に代わる新設会社の新株予約権を交付するときは、新株予約権に関する事項（同十）及び新株予約権の新株予約権者に対する新設会社の新株予約権の割当てに関する事項（同十一）

ヌ　分割会社が新設会社の株式の成立の日に次に掲げる行為をするとき（同十二）

　　a）全部取得条項付種類株式（新設会社の株式をいったん分割会社に交付するとともに、分割会社の株主が有する「全部取得条項付種類株式」を会社が取得しその対価として新設会社の株式を交付）

　　b）剰余金の配当（新設会社の株式をいったん分割会社に交付し、剰余金の配当として新設会社の株式を分割会社の株主に交付）

ロの定款は、会社の根本原則です。新設会社の定款を新設分割計画に記載する必要があります。記載がなければ、分割無効の原因となります。

ホには、新設会社が分割会社から承継する権利義務を記載します。承継会社が債務を承継する場合には、その債務につき分割会社が債務を免れるか（免責的債務引受け）、引き続き債務を負うのか（重畳的債務引受け）を記載する必要があります。

② 任意記載事項

会社法上、記載が求められていない事項であっても、分割会社及び新設会社にとって必要と思われる事項があれば、新設分割計画に記載することができます。想定される事項としては、善管注意義務、従業員の引継ぎ、事情変更による分割条件の変更、及び分割中止などが挙げられます。

③ 分割型新設分割の新設分割計画のサンプル

分割計画書

　株式会社○○（以下、「甲」という）は、甲の事業の一部を新設会社である株式会社××（以下、「乙」という）に承継させるために、会社法に定める新設分割の方法により会社分割（以下、「本分割」という）を行うこととし、次のとおり分割計画書（以下、「本計画書」という）を作成する。

（分割の方法）

第1条　甲はその事業の一部である不動産賃貸事業を乙に承継させるため、本分割を行うものとする。

（乙の定款）

第2条　乙の目的、商号、本店の所在地及び発行可能株式総数その他定款で定める事項は別紙1「定款」に記載のとおりとする。なお、乙の詳細な本店所在地は次のとおりとする。

　　　本店所在地　東京都○○区○○一丁目○番○号

（乙設立時の取締役及び監査役）

第3条　乙設立時の取締役及び監査役は次のとおりとする。

　　　設立時取締役　　○○○○

　　　設立時監査役　　○○○○

（乙が承継する権利義務）

第4条　乙は、設立の日において、別紙2「承継権利義務明細表」に掲

げる権利義務を承継するものとする。

（本分割の対価）

第5条　乙は、本分割に際して普通株式1,000株を発行し、甲に対し、本分割により承継する権利義務の対価として、そのすべてを交付する。

（乙の株主資本等）

第6条　乙の設立時の資本金及び資本剰余金の額は次のとおりとする。

（1）資本金の額　　　10,000,000円

（2）資本剰余金の額　会社計算規則第49条第1項の株主資本等変動額から前号の金額を控除した額

（乙の設立の日）

第7条　乙は、平成○年○月○日（以下、「分割期日」という）に成立する。ただし、本分割の手続進行上の必要その他の事由により、変更することができる。

（剰余金の配当）

第8条　甲は、分割期日に、剰余金の配当として、当社普通株式1株に対して、乙の発行する普通株式○株を配当財産として配当する。なお、当社が保有する当社普通株式に対しては剰余金の配当は行わない。

（事情変更）

第9条　甲は、第7条に定める分割期日に至るまで、天災地変その他の事由により甲又は乙の財政状態又は経営状態に重大な変更が生じた場合その他本分割の実行に重大な支障となる事態が生じた場合、本計画書の条項を変更し、又は本分割を中止することができる。

平成○年○月○日

　　　　　　　東京都○○区△△一丁目○番○号

　　　　　　　　　○○○株式会社

　　　　　　　　　代表取締役社長　　○　○　○　○

　　　　　　　　　　　　　　　　　　　　　　　以　　上

別紙1　　　　　　　　　　定　　款

　　　　　　　　　　　　（省　　略）

別紙2　　　　　　　　承継権利義務明細表

1．承継する資産等

　　乙が甲から承継する資産及び負債（平成○年○月末日現在）

　　　　　　　　　流動資産　　　　　××百万円

　　　　　　　　　　××　　　　　　××百万円

　　　　　　　　　固定資産　　　　　××百万円

　　　　　　　　　　××　　　　　　××百万円

　　　　　　　　　資産合計　　　　　××百万円

　　　　　　　　　流動負債　　　　　××百万円

　　　　　　　　　固定負債　　　　　××百万円

　　　　　　　　　負債合計　　　　　××百万円

2．承継する契約上の地位

　　乙が甲から契約上の地位を承継する契約は、次に掲げる契約とする。

　（1）対象不動産に関する賃貸借契約、建物保守契約、建物保安契約、

　　　　建物清掃契約、産業廃棄物委託契約

　（2）対象事業に関するその他の契約

　（3）上記（1）、（2）に記載の契約に関連する付帯契約（変更契約

　　　　を含む）

　　　　　　　　　　　　　　　　　　　　　　　以　　上

165

なお、簡易新設分割に該当するケースの分割計画書における株主総会に関する条項は、次のような例が想定されます。

> （分割承認総会の省略）
> 第×条　甲は、会社法第805条の規定により、株主総会において本計画書の承認を得ることなく、本分割を行う。

(2) 分割計画書承認・株主総会招集のための取締役会決議

新設分割計画は株主総会の承認が必要です（会法804①）。株主総会の承認決議に先立ち、取締役の承認決議が必要です。

(3) 株主総会招集通知の発出

取締役会で株主総会招集の決議がなされたら、株主総会開催日の日から1週間（公開会社は2週間）前までに、各株主に対して開催日時、開催場所、新設分割契約の承認に関する議案などを記載した株主総会招集通知を発出しなければなりません（会法299）。株主総会参考書類には、①新設分割を行う理由、②新設分割計画の内容の概要、③株主総会の招集を決定した日において事前開示事項があるときは、その事項の内容の概要を記載します（会法301、803①、会規90、205）。

株主全員の同意があれば、招集手続を経ずに株主総会を開催することも可能です（会法300）。

(4) 分割関係書類の備置

分割会社は、株主及び債権者保護のため、備置開始日から分割効力発生日後6カ月を過ぎる日までの間、分割に関する書類を本店に備え置かなければなりません（会法803①、会規205）。備置開始日とは、次のいずれか早い日

をいいます（会法803②）。

イ　新設分割計画承認の株主総会の日の２週間前の日

ロ　反対株主の株式買取請求の通知の日又は公告の日のいずれか早い日

ハ　新株予約権の買取請求の通知の日又は公告の日のいずれか早い日

ニ　債権者異議申述の公告の日又は催告の日のいずれか早い日

ホ　上記以外の場合、新設分割計画作成の日から２週間を経過した日

　株主と債権者は、営業時間内であればいつでもその書類の閲覧、又は謄本（抄本）の交付を求めることができます（会法803③）。

　本店に備え置かなければならない書類は、次の事項を記載した書面です（会法803①、会規205）。

イ　新設分割計画の内容

ロ　（分割会社）会社法施行規則第205条に定める事項

　なお、新設分割計画等備置開始日後、これらの事項に変更が生じたときは、変更後のこれらの事項を記載する必要があります。

(5)　反対株主の株式買取請求

①　株主への通知又は公告

　新設分割に反対の意思を有する株主を保護するために、反対株主の株式買取請求手続が設けられています（会法806）。

　会社は、株主総会の決議の日から２週間以内に、株主に対し、新設分割等をする旨、新設分割会社及び設立会社の商号及び住所などを通知しなければなりません（会法806③）。ただし、この通知は、公告をもってこれに代えることができます（会法806④）。

167

② 株主の株式買取請求

新設分割に反対の意思を有する株主は、会社に対し、自己の有する株式を公正な価格で買い取ることを請求することができます。買取請求を行うには、株主総会に先立って分割に反対する旨を会社に通知し、かつ、株主総会において分割に反対しなければなりません（会法806②）。

株式買取請求は、前述の通知又は公告をした日から20日以内に、その買取請求に係る株式の数を明らかにしてしなければなりません（会法806⑤）。

株式買取請求があった場合には、株式の価格の決定について株主と会社との間で協議がなされますが、協議が調ったときは、会社は設立会社の成立の日から60日以内にその支払をしなければなりません（会法807①）。

上場会社オーナーの資産保全会社の分割であれば、反対株主は存在しないと考えられるため、反対株主の株式買取請求が生じるのはほとんどないでしょう。

(6) 債権者保護手続

① 公告及び各別の催告

新設分割は、株主だけでなく債権者にも多大な影響を与えるため、債権者保護の手続が設けられています。簡易会社分割であっても、この手続は省略することはできません。

分割会社は、次に掲げる事項を官報に公告し、かつ、知れている債権者には各別にこれを催告しなければなりません（会法810②）。

イ　新設分割をする旨

ロ　設立会社の商号及び住所

ハ　新設分割会社の計算書類等（会規208）

ニ　債権者が一定期間内に異議を述べることができる旨

168　第3章　企業組織再編を利用した事業承継対策

ニの異議申述期間は、最短で1カ月以上の期間が必要です。公告の始期は特に規定はありませんが、新設分割の効力発生までには手続が終了していなければなりません。

ただし、分割会社が重畳的債務引受けを行った場合には、債権者は新設分割後も分割会社にその債権を請求できることから、新設分割による影響がないと考えられるため、債権者保護の手続は不要とされています（会法810①二）。

なお、公告、催告をしたことを証する書面は、分割登記申請の添付書類になります（商登法86八）。

官報への公告は、あらかじめ余裕を持って枠取りの申込みをしておく必要があります。2週間程度は見込んでおくべきでしょう。

② 債権者の異議申述

債権者からの異議の申述があれば、会社は、新設分割により債権者を害するおそれがないと認められる場合を除き、債務の弁済をするか、相当の担保を提供するか、債権者に弁済を受けさせることを目的として信託会社等に相当の財産を信託しなければなりません（会法810⑤）。さらに、新設分割を承認しなかった債権者は、分割無効の訴えを提起することができます（会法828②十）。異議申述期間を経過すると、債権者は分割を承認したものとみなされます（会法810④）。

(7) 株主総会の承認決議

新設分割計画の承認は、株主総会の特別決議が必要です（会法309②十二、804①）。株主総会において議決権を行使することができる株主の議決権の過半数を有する株主が出席し、出席した株主の議決権の3分の2以上に当たる多数の賛成が必要です。

7 会社分割の税法上の検討事項

(1) 適格分割か非適格分割か

会社分割時には、分割法人から分割承継法人へ資産及び負債の移転が行われます。法人税法上の考え方として、会社分割による資産及び負債の移転の際には、原則として、会社分割時における時価により分割法人から分割承継法人に資産の譲渡が行われたとされ、分割法人に譲渡益が生じた場合には、この譲渡益に対して課税がなされるのが原則です（法法62）。

ただし、一定の適格要件を満たせば、分割法人から分割承継法人への資産及び負債の移転は帳簿価額によって行われたものとして、分割法人が有する資産及び負債の含み損益の課税の繰延べを行うことができます（法法62の2）。

本事例は、上場会社オーナーの財産のポートフォリオを変更することを目的としていますので、会社分割に際しての分割法人が有する資産及び負債の含み損益への課税は避ける必要があります。

一定の適格要件を満たした分割を、適格分割といいます。

適格分割は、分割会社の株主等に分割承継法人の株式又は分割承継親法人株式のいずれか一方の株式以外の資産が交付されない分割のうち、①100％の持株関係を有する企業グループ内分割、②50％超の持株関係を有する企業グループ内分割、③共同事業を営むための分割ごとの定められた一定の適格要件を満たしている分割をいいます（法法2十二の十一）。

本事例は、同一の者による100％の持株関係を有する企業グループ内分割（法法2十二の十一イ、法令4の3⑥二）に該当します。分割後も分割法人と分割承継法人との間に同一の者（その個人及びその個人と特殊の関係がある個人）による完全支配関係が継続することが求められます。特殊の関係がある個人とは、親族、内縁の配偶者、使用人等をいいます。親族だけで分割承継法人の株式を継続して保有し続ければ、この要件を満たします。

なお、法人税法上会社分割を分割型分割と分社型分割の二つに整理してい

ます。分割型分割とは、分割により分割法人が交付を受ける分割承継法人の株式その他の資産（分割対価資産）のすべてがその分割の日において分割法人の株主等に交付される場合の分割をいいます（法法２十二の九）。

　一方、分社型分割とは、分割により分割法人が交付を受ける分割対価資産がその分割の日において分割法人の株主等に交付されない場合の分割をいいます（法法２十二の十）。

8　分割法人及び分割承継法人の税法上の取扱い

(1)　資産及び負債の受入処理

イ．適格分割

　適格分割は、分割法人から分割承継法人に、分割法人における税務上の帳簿価額により資産及び負債の譲渡があったものとされ、移転資産が第三者へ譲渡されるまで課税の繰延べが行われます。

　分割承継法人は移転を受けた資産及び負債について分割法人における税務上の帳簿価額により引継ぎを受けたものとされます（法法62の２、62の３、法令123の３、123の４）。

　各資産の引継ぎは、適格合併における取扱いと同様です。分割承継法人が受け入れる減価償却資産の帳簿価額は、分割直前の分割会社の税務上の帳簿価額です。また、償却超過額の引継ぎも可能です（法令54①五）。引当金・準備金の引継ぎも、適格合併における取扱いと同様です（法法52⑦⑨、53⑥⑧等）。

ロ．非適格分割

　非適格分割の場合には、分割法人から分割承継法人に、分割時の時価で資産及び負債の譲渡があったものとされます（法法62）。

(2) 純資産の部の検討

① 資本金等の額

イ．税務上の分割型分割法人の資本金等の額の減少額

　会社法上、分割法人の資本金の額の増減に関する規定はありません。新設分割時に分割法人の資本金の額を減少させる必要はありません。

　税法上、分割法人において減少させる資本金等の額は、適格分割型分割においては、移転した資産及び負債の会社分割の日の前日の属する事業年度終了の時（期末時）の簿価純資産価額から、分割承継法人に引き継ぐ利益積立金額を控除した金額（法法２十六、法令８①十七）、非適格分割型分割においては、期末時の資本金等の額に分割移転割合を乗じた金額になります（法法２十六、法令８①十六）。

適格分割型分割　　：移転資産・負債の期末時の簿価純資産価額

　　　　　　　　　　　－分割承継法人に引き継ぐ利益積立金

非適格分割型分割：期末時の資本金等の額×分割移転割合※

※　　分割移転割合＝$\dfrac{\text{分割法人の期末時の移転資産・負債の簿価純資産価額}}{\text{分割法人の期末時の簿価純資産価額}}$

ロ．税務上の分割型分割承継法人の資本金等の額の増加額

　分割承継法人の資本金等の額の増加額は、適格、非適格により異なります。

（a）適格分割型分割

　適格分割型分割における分割承継法人の資本金等の額の増加額は、原則として、分割法人から移転を受けた資産及び負債の簿価純資産価額から分割法人より引き継いだ利益積立金額を減算した額になります（法法２十六、法令８①六、９①四）。

（b）非適格分割型分割

一方、非適格分割型分割における分割承継法人の資本金等の額の増加額
は、新設分割が、法人税法第62条の8第1項に規定する非適格分割型分割
に該当するか否かで異なります。法人税法第62条の8第1項に該当する場
合とは、非適格分割型分割のうち、分割法人で営んでいた事業や資産及び
負債のほとんどすべてを分割承継法人に移転する場合をいいます（法法62
の8①、法令123の10①）。

　新設分割が、法人税法第62条の8第1項に規定する非適格分割型会社分
割に該当するのであれば、原則として、分割法人に交付した分割承継法人
の株式の分割時の価額の合計額から、交付金銭等の額（分割法人に交付し
た金銭並びに当該金銭及び分割承継法人の株式以外の資産の価額の合計
額）を減算した額になります（法法2十六、法令8①六）。

　新設分割が、法人税法第62条の8第1項に規定する非適格分割型分割に
該当しない分割型分割であれば、分割法人から移転を受けた資産及び負債
の分割時の時価純資産価額から、交付金銭等の額を減算した額になります。

適格分割型分割　　　　　：移転資産・負債の期末時の簿価純資産価額
　　　　　　　　　　　　　　－分割法人から引き継いだ利益積立金額
非適格分割型分割
　法法62の8①に該当　　：分割承継法人の株式の分割時の価額
　法法62の8①に非該当：移転資産・負債の分割時の時価純資産額
　　　　　　　　　　　　　　－交付金銭等の額

---

②　利益積立金額

イ．適格分割型分割

　適格分割型分割は、分割法人の利益積立金のうち移転した資産及び負債
に対応する額は、強制的に分割承継法人に引き継がれます。分割承継法人
が引き継いだ利益積立金額は、分割会社が減少させる利益積立金額と同額

です。適格分割型分割における分割法人の利益積立金額の減少額と分割承継法人の利益積立金額の増加額は、次の算式により計算した額です（法法2十八、法令9①四、十一）。

$$\text{分割法人の期末時の利益積立金額} \times \frac{\text{移転資産・負債の期末時の簿価純資産価額}}{\text{分割法人の期末時の簿価純資産価額}}$$

ロ．非適格分割型分割

　一方、非適格分割型分割における分割法人の利益積立金額の減少額は、分割法人の株主等に交付した金銭の額及び金銭以外の資産の価額の合計額から、期末時の資本金等の額に分割移転割合を乗じた額を減算した額です（法令9①八、8①十六）。

　分割承継法人は、分割法人の利益積立金額を引き継ぐことはありません。

(3)　繰越欠損金の使用制限と特定資産譲渡等損失

① 繰越欠損金の引継ぎ

原則として分割法人の繰越欠損金を分割承継法人に引き継ぐことはできません。

② 繰越欠損金の使用制限

同様の趣旨から、分割承継法人の繰越欠損金の使用制限が定められています（法法57④）。

③ 特定資産譲渡等損失の損金不算入

　適格分割のうち共同で事業を営むための適格分割に該当しないもので、支配関係が組織再編成の日を含む事業年度の開始の日の5年前の日以後に生じているときは、分割事業年度開始以後3年を経過する日もしくは支配関係発生日以後5年を経過する日が到来するまで、特定資産の譲渡等によって生じた損失の額は損金の額に算入されません（法法62の7）。

⑷　分割承継法人の消費税

①　分割時の資産の移転

　会社分割の資産の移転は、消費税法でいうところの資産の譲渡等には該当せず、いわゆる不課税取引となります（消令2①四）。

②　分割後の課税売上高

　消費税の課税・免税事業者の判定は、基準期間における課税売上高によるのが原則です。

　新設分割が行われた分割承継法人の基準期間における課税売上高は、分割があった日の属する事業年度の基準期間に対応する期間における分割法人の課税売上高も加味して計算する必要があります（消法12、消令23、24）。分割承継法人と分割法人の課税期間が同一と仮定すれば、分割があった日の属する事業年度の分割承継法人の基準期間の課税売上高は、分割法人の基準期間における課税売上高になります。

　つまり、分割法人が課税事業者であった場合には、分割承継法人の資本金が1,000万円未満であったとしても、分割があった日の属する事業年度から課税事業者になります。

9　分割法人の株主の税法上の取扱い

　適格分割型分割であり、分割法人の株主が分割承継法人の株式のみの交付を受けた場合には、みなし配当、旧株式の譲渡損益が生じる余地はありません（法法24①、法令119①六）。適格分割型分割であれば、分割法人の利益積立金額のうち移転した資産及び負債に対応する額は、強制的に分割承継法人に引き継がれるからです（法法2十八、法令9①四・十一）。

　分割承継法人株式の帳簿価額は、分割法人株式の帳簿価額の一部を振り替えた額となります。具体的には、次の算式によって計算します。

175

$$\text{分割直前の分割法人} \atop \text{株式の帳簿価額} \times \frac{\text{移転資産・負債の期末時の簿価純資産価額}}{\text{分割法人の期末時の簿価純資産価額}}$$

　一方、非適格分割型分割における分割法人の株主には、金銭等の交付がなければみなし配当のみが生じ、金銭等の交付があればみなし配当と旧株式の譲渡損益が生じます。

コラム

財産明細にない会社の相続
～専門家も聞き逃す遺言～

「Ａ社は長男に、Ｂ社は二男に継がせる」。複数のファミリー会社を持つオーナーの言葉です。しかし、Ｂ社がＡ社の子会社であるケースが少なからずあります。その場合、この遺志は実行できませんが、専門家でもそのまま疑問に思わず聞き流してしまうことがあります。換言すれば、「親会社は長男に、子会社は二男に継がせる」と言っているのです。

一般の人はこれでも疑問に思いませんが、相続の専門家はここで、オーナー個人の財産明細にＡ社の子会社であるＢ社の株式は存在しないことに気づきます。

このような場合、事例のように合併、分割を実行することによって、二男はＢ社を承継できます。

コラム

上場会社オーナーと保険
～保険加入に気乗りしない上場会社オーナーの心～

　資産規模数百億円の上場会社オーナーへの生命保険の販売に何度か立ち会ったことがあります。商品内容はいいのに、上場会社オーナーの心に響かないことも多く、その理由を考えてみました。

　どうやら上場会社オーナーは、保険の基本理念である「相互扶助」を必要としない人のようです。不測事態のリスク負担を自己完結できるわけですから、保険加入に気乗りしなかったのでしょう。日本での営業許可を受けていない海外保険会社との大型の海外保険についても、風評リスク（Reputation Risk）をとれない公人の立場では、加入を躊躇する上場会社オーナーが多いのもうなずけます。ただし、有効な保険商品を購入している上場会社オーナーが多々いることも事実です。

　似たような話で、損害保険の分野で、こんな話もありました。200店舗を超える流通店舗を有する上場会社で、火災等損害保険の契約及び夜間の盗難に対応するための警備保障会社との契約をするかの検討が行われました。その結果、保険も警備保障会社との契約もいずれも見送られました。

　過去の火災、風水害、盗難等の発生損失を集計したところ、1年間に会社が支払わなければならない保険料及び警備費用の合計額が、過去の1年間の損害発生額よりはるかに大きいという集計結果が出てきたのです。きわめて多い数の店舗を有している会社にあっては、不測の事態に備えるリスクマネジメントの観点からは、十分に自己完結できることが立証されてしまうこともあります。もちろん、中・小規模組織では、経営のリスクマネジメントの観点から保険加入が重要であることはいうまでもありません。

178　第3章　企業組織再編を利用した事業承継対策

第4章

資産保全会社のフロー面の検討

4-1 上場会社と資産保全会社の留保金課税

事 例

上場会社Ａ社の株主構成は、次のとおりです。

株　主	株主グループ	持株割合
上場会社オーナー甲	（第１位株主グループ）	25％
Ｂ社（甲100％所有）	（第１位株主グループ）	30％
乙	（第２位株主グループ）	5％
丙	（第３位株主グループ）	2％

甲、乙、丙は、それぞれ血縁関係・姻族関係にありません。甲、乙、丙の家族や親類等はＡ社株式を保有していません。

上場会社Ａ社の業績は良好であり、利益水準も高いポジションにとどまっています。

Ａ社株式を甲が25％、Ｂ社が30％保有しており、その合計が50％を超えていることから、Ａ社は特定同族会社と判定されてしまいます。したがって、通常の法人税に加えて特定同族会社の留保金課税が適用されてしまうため、毎年の納税額が多額となってしまっていることに頭を悩ませているところです。これを何とかできないものかと考えています。

また、資産保全会社Ｂ社の資本金は１億5,000万円であり、特定同族会社の留保金課税が適用されています。

解決策

Ａ社に対する甲とＢ社の持株割合の合計を50％以下にすることにより、Ａ社については特定同族会社から外れるようにすることが考えられます。

また、Ｂ社については資産保全会社Ｂ社の資本金を１億円以下に減少させることにより、特定同族会社から外れるようにすることも考えられます。

1　特定同族会社の留保金課税の概要

　特定同族会社の留保金課税とは、特定同族会社に対して追加的に課税される法人税をいいます（法法67）。

　特定同族会社に該当するかどうかを判定するには、まず被支配会社に該当するかどうかを検討します。被支配会社とは、次の算式で計算した割合が50％を超える会社をいいます（法法67②、法令139の７）。

$$\frac{会社の株主等の一人が有する株式の数}{その会社の発行済株式総数（自己株式を除く）}$$

　分子の計算には、株主等とこれらと特殊関係のある個人及び法人をグルーピングします（法令139の７①②③）。特殊関係のある個人とは、株主等の親族（民法725）等をいいます。特殊関係のある法人とは、株主等の一人が他の会社の発行済株式総数の50％超の数の株式を有する場合の他の会社等をいいます。

　本事例では、Ａ社は、甲とその特殊関係のある法人Ｂ社の持株割合の合計が55％となることから、被支配会社に該当します。また、Ｂ社は、上場会社オーナー甲が100％保有していることから、被支配会社に該当します。

　被支配会社のうち、被支配会社であることについての判定の基礎となった株主のうちに被支配会社でない法人がある場合には、その法人をその判定の基礎となる株主から除外して判定するとした場合においても被支配会社となる会社を特定同族会社といいます（法法67①）。

　本事例では、Ａ社の被支配会社であることについての判定の基礎となった

株主のうちに被支配会社でない法人がないことから、A社は特定同族会社に該当します。B社も同様に、特定同族会社に該当します。

　資本金の額又は出資の額が1億円以下である被支配会社は、中小企業の税負担を軽減し、財務体質を強化させるため、留保金課税の対象とされていません（法法67①）。

2　同族会社と特定同族会社

　法人税法には、同族会社、特定同族会社の二つが定められています。それぞれの内容をまとめると、次のとおりです。

概　念	法人税法	
	同族会社	特定同族会社
適用される局面	・行為計算否認 ・みなし役員 ・業績連動給与	留保金課税
意　義	3以下の株主グループが、発行済株式総数又は議決権等の過半数を有する会社	・被支配会社のうち、判定の基礎となる株主から被支配会社に該当しない法人を除いても被支配会社となる会社 ・被支配会社とは、1つの株主グループが発行済株式総数又は議決権等の過半数を有する会社
条　文	法法2十 法令4②③	法法67 法令139の7
備　考	議決権割合も考慮する必要あり	過度な内部留保による課税逃れを防止するため

3 持株割合

　上場会社Ａ社が特定同族会社から外れるには、上記「1」で示した算式を50％以下にすればよいわけです。そのためには、①分子を減少させる方法、②分母を増加させる方法、③この①と②とを同時に実施する方法があります。

①　分子を減少させる方法

　甲、あるいはＢ社が有する株式を、同族関係者以外の第三者に売却することで、算式の分子を減少させることができます。売却の方法には、市場での売却、売出し、ブロックトレードなどがあります。

　法人税の実効税率は、平成27年度の場合約32％（資本金1億円超の場合）ですが、平成26年1月1日以降の間の個人株主の上場株式等の譲渡所得等については20.315％（所得税15.315％、住民税5％）が適用されています。

　双方に同額の含み益が生じているのであれば、Ｂ社（法人）が有する株式を売却するよりも、甲（個人）が有する株式を売却するほうが、ファミリー全体の税金面での負担が少なくて済むといえます。

　一方、甲の株式をＢ社や同族関係者に売却したとしても留保金課税の特定同族会社の判定は株主グループで行うため、特定同族会社は外れませんので、注意が必要です。

　なお、大口株主等が受け取る配当は総合課税の対象とされますが、甲の株式をＢ社や同族関係者に売却し、持株割合を3％未満とすれば、甲は大口株主に該当しないことになります。

②　分母を増加させる方法

　Ａ社が公募増資を実施することによって、算式の分母である発行済株式総数を増加させることができます。

③　上記①と②とを同時に実施する方法

　Ａ社の公募増資と甲の売出しを同時に実施する方法があります。ジャスダック証券取引所から東京証券取引所への鞍替え上場や、東証2部から東証

1部へ一部指定があったときにタイミングを合わせて公募増資及び売出しを実施することが望ましいといえます。なお、一部指定とは市場第二部から市場第一部に変更になることをいい、指定替えとは市場第一部から市場第二部に変更になることをいいます。

4 資本金の額の減少

特定同族会社の留保金課税の適用には、資本金の額又は出資の額が1億円以下である被支配会社は除かれることから、資産保全会社B社が特定同族会社から外れるために、資本金の額を1億円以下に減少させることを検討します。

4-2 資産保全会社の法人事業税の外形標準課税

事　例

　上場会社オーナー甲は、資産保全会社Ｂ社を有しており、Ｂ社は上場会社Ａ社株式を有しています。Ｂ社の資本金は２億円、資本準備金は38億円であり、法人税法上の資本金等の額は40億円です。

　Ｂ社の収入と支出は、次のとおりです。Ａ社株式はＢ社にとって関連法人株式等（発行済株式総数の３分の１超を６カ月超保有）に該当するため、Ｂ社がＡ社から受ける受取配当等は全額益金不算入となります。課税標準となる所得は▲20,000千円です。

		金　額
収　入	配当収入	50,000千円
	不動産収入	10,000千円
	小計	60,000千円
費　用	人件費	30,000千円
当期利益		30,000千円
受取配当等の益金不算入		50,000千円
課税所得		▲20,000千円

　配当収入は毎期ほぼ一定額で、人件費も同様に毎期安定しており、法人税の課税所得はほとんど発生していません。

　資本金が１億円を超えているため、法人事業税の外形標準課税が課されています。この税負担を軽減したいと考えています。

解決策

　資本金の額が過大となっている資産保全会社ほど、法人事業税の外形標準課税の適用により多額の税負担を強いられています。外形標準課税の課税対象から外れればその負担を除くことができます。

　B社の資本金の額は２億円です。資本金の額の減少を実施して、資本金の額２億円のうち１億円以上の額をその他資本剰余金に振り替えます。事業年度末までに減資後の資本金の額を１億円以下にすれば、その事業年度から法人事業税の外形標準課税の適用対象から外れることができます。

1　法人事業税の外形標準課税と地方法人特別税

(1)　法人事業税の外形標準課税と地方法人特別税

①　法人事業税の外形標準課税の概要

　法人事業税の外形標準課税とは、所得基準である所得割と、外形基準である付加価値割、資本割との合計を税額とする課税制度です。

　法人事業税の外形標準課税の対象となる法人は、資本金の額又は出資金額が１億円を超える法人です（地法72の２①）。法人事業税の外形標準課税の課税対象となる法人かどうかの判定は、各事業年度の終了の日の現況によることとされています（地法72の２②）。

　外形標準課税の対象とならなければ、法人事業税額は所得割により算出します。外形標準課税の対象となるのであれば、所得割に付加価値割、資本割を加えたものが法人事業税額となります（地法72の12）。

　所得割、付加価値割、資本割の標準税率は、次のとおりです。

		所得割課税税率	外形標準課税税率	
			平成27年4月1日から平成28年3月31日までに開始する事業年度	平成28年4月1日以降開始する事業年度[2]
所得割	年400万円以下	3.4%	1.6%	0.3%
	年400万円超800万円以下	5.1%	2.3%	0.5%
	年800万円超又は軽減税率不適用法人[1]	6.7%	3.1%	0.7%
付加価値割			0.72%	1.20%
資本割			0.30%	0.50%

※1 軽減税率不適用法人とは、3以上の都道府県に事務所・事業所等を設けて事業を行っている法人で、資本金の額が1,000万円以上の法人
※2 平成28年度税制改正後の値

② 地方法人特別税の概要

法人事業税の申告納付義務のある法人には、地方法人特別税が課税されます。基準法人所得割額（標準税率により計算した法人事業税の所得割額）が課税標準です。適用される税率は、外形標準課税法人か否かにより異なります。

なお、平成28年度税制改正により、地方法人特別税は平成29年度以降廃止され、法人事業税に復元されます。

課税標準	法人の種類	税　率	
		平成27年度	平成28年度 以降※
基準法人所得割額	外形標準課税法人以外の法人	43.2%	
	外形標準課税法人	93.5%	414.2%

※　平成28年度税制改正後の値

(2)　外形標準課税適用による影響

　B社の資本金の額を確認し、どれだけの資本金の額を減少させたらよいのかを把握します。また、資本金の額の減少により法人事業税の外形標準課税の対象から外れることによる税務上のメリットをシミュレーションします。

①　法人事業税の外形標準課税の適用あり

イ．所得割

　　所得割は、所得がマイナス（＝欠損）の状態にあるため、「0」です。

ロ．付加価値割

　　付加価値割は、付加価値額に0.72％（平成28年度税制改正による場合、平成28年4月1日以後に開始する事業年度は1.20％）を乗じて算出します。付加価値額は、収益配分額（報酬給与額＋純支払利子＋純支払賃借料）に単年度損益を加減算します。単年度損益に欠損金が生じた場合には収益配分額から控除します。本事例では、雇用安定控除を割愛すると「人件費30,000千円－欠損額20,000千円＝10,000千円」が付加価値額（1,000円未満切捨て）となり、これに0.72％を乗じた72千円が付加価値割（100円未満切捨て）です。

ハ．資本割

　　資本割は、資本金等の額に0.30％（平成28年度税制改正による場合、平成28年4月1日以後に開始する事業年度は0.50％）を乗じて算出します。資本割は、資本金の額ではなく、資本金等の額に基づいて算定されるため

注意が必要です（地法72の12一ロ）。

　資本金の額は、会社法上の資本金をいいます。一方、資本金等の額とは、法人税法第2条第16号に規定する資本金等の額であり、法人が株主等から出資を受けた額をいいます。資本金等の額は税法上の概念であり、会社法上の資本金の額と資本剰余金の額との合計額とは異なります。具体的な算定方法は、法人税法施行令第8条に定められており、たとえば、株式の払込金額のうち資本に組み入れなかった株式払込剰余金等が挙げられます。

　B社の資本金等の額は4,000,000千円ですので、これに0.30％を乗じた12,000千円が資本割で、これらを合計した法人事業税額は12,072千円です。

		課税標準	税率	税額
法人事業税	所得割	▲20,000千円	－	－
	付加価値割	10,000千円	0.72％	72千円
	資本割	4,000,000千円	0.30％	12,000千円
	小　計	－	－	12,072千円
地方法人特別税		－	93.5％	－
合　計		－	－	12,072千円

②　法人事業税の外形標準課税の適用なし

　外形標準課税の適用がなければ、法人事業税額は、所得割だけになります。所得割は、所得がマイナス（欠損）の状態にあるため、ゼロであり、法人事業税は発生しません。

	課税標準	税率	税額
法人事業税	▲20,000千円	－	－
地方法人特別税	－	43.2％	－
合　計	－	－	－

2　資本金の額の減少における留意点

　資本金の額の減少を行うに当たっては、節税効果だけでなく、株主、取引先及び金融機関の評価や企業イメージへの影響を検討しておく必要があります。

　過去の事例では、経営再建中の日本法人が資本金を1,200億円から1億円に引き下げることを計画したものの、各方面から批判が殺到したため、結局、減資後の資本金は5億円とし、中小企業にすることを断念しました。

4-3 資産保全会社の受取配当等に対する課税

事　例

　上場会社Ａ社のオーナー甲は、持株割合100％である資産保全会社Ｂ社及びＣ社を有しています。Ａ社の発行済株式総数は10,000株ですが、Ｂ社は24％、Ｃ社は10％、甲自身も20％を直接保有しています。

　Ａ社の１株当たり配当額は10,000円であり、Ａ社の現在の１株当たり株価は200,000円です。

　資産保全会社の受取配当等に対する課税の軽減を図りたいと思っています。また、直接保有、間接保有合わせた現状の持株割合を低下させたくないとの希望があります。

解決策

　甲の有するＡ社株式をＢ社に売却し、資産保全会社Ｂ社のＡ社に対する持株割合を３分の１超とし、Ａ社株式を関連法人株式等とすることによって、Ｂ社におけるＡ社からの受取配当等の益金不算入割合を100％とします。

1　受取配当等の益金不算入の概要

　受取配当等の益金不算入とは、次の株式等の区分に応じて、法人が他の法人から受ける配当等の額の一部又は全部を益金に算入しないというものです（法法23）。

①　完全子法人株式等

　連結法人内の他の法人の株式等のうち、計算対象期間の開始日から末日まで継続して連結完全支配関係があった場合における他の法人の株式等をいい

191

ます（法令22の２）。連結法人等株式に係る配当等の額の全額が益金不算入
になります。

②　関連法人株式等

関連法人株式等とは、他の法人の発行済株式総数の３分の１超を、配当等
の額の支払に係る効力が生ずる日以前６カ月以上引き続き有している場合に
おけるその株式をいいます（法令22の３②一）。関連法人株式等に係る配当
等の額からその株式等に係る負債利子額を控除した額の全額が益金不算入に
なります（法法23④）。

③　その他の株式等（①、②及び④以外）

その他の株式等に係る配当等の額の50%が益金不算入になります（法法23①）。

④　非支配目的株式等

非支配目的株式とは、他の法人の発行済株式総数の５％以下を配当等の額
の支払に係る効力を生ずる日に有している場合におけるその株式をいいます
（法令22の３の２①）。非支配目的株式等に係る配当等の額の20%が益金不算
入になります（法法23①）。

2　検討事項

(1)　株式買増し数、株式買増しに必要な資金の把握

B社あるいはC社のA社に対する持株割合を３分の１超にして、A社株式
を関連法人株式等に該当させ、A社からの受取配当等の100%を益金不算入
とすべきかどうか検討します。B社あるいはC社のA社に対する持株割合を
３分の１超にするために必要な株式数、買増しに必要な資金の額を把握しま
す。現状の持株割合が３分の１からあまりにも大きく乖離しているのであれ
ば、買増しに必要な資金の額も多額になり、資金調達の方法も検討しなけれ
ばなりません。

留意すべきは、発行会社に潜在株式が存在するのであれば、潜在株式の行

使が想定されるタイミング等を考慮しなければならないということです。

　潜在株式とは、（転換社債型）新株予約権付社債、新株予約権、旧商法の新株引受権などであり、将来の権利行使による株式の交付により発行会社の発行済株式総数の増加をもたらします。せっかくＢ社あるいはＣ社のＡ社に対する持株割合を３分の１超にしたとしても、その後に新株予約権等の行使がなされた結果、発行済株式総数が増加し、資産保全会社の上場会社に対する持株割合が３分の１以下になってしまうこともあり得ます。

　潜在株式が存在するのであれば、これらの潜在株式が行使されたとしても、資産保全会社の上場会社に対する持株割合が３分の１超になるような買増し数を決定すべきです。

(2) 税負担の軽減額のシミュレーション

　Ｂ社あるいはＣ社のＡ社に対する持株割合を３分の１にしたところで、節税メリットが享受できなければまったく意味がありません。どの程度の節税額となるか、持株割合を３分の１超にするために株式を買い増す資金はどの程度必要なのか、シミュレーションを行います。

＜ケース１＞　　　　　　　　　　　　　　　　　　　　（単位：千円）

	現　状	株式買増し後
配当収入	96,000	100,000
費　用	48,000	48,000
当期純利益	48,000	52,000
受取配当等の益金不算入	48,000※	100,000
課税所得	0	▲48,000
税　額（32％（平成27年度））	－	－
株式買増しに必要な資金	－	▲200,000
税負担の軽減額	－	－

※　その他の株式の益金不算入割合を50％と想定

このケースでは、もともと税金が発生していませんし、受取配当等の益金不算入割合が100％となったとしても、なんら変わりません。たとえ株式を買い増して持株割合を３分の１超にしても、タックスメリットは生じず、株式を買い増した分だけ現金が流出しただけです。資産保全会社による株式の買増しは受取配当等の益金不算入のタックスメリットの観点からは意味がないケースといってよいでしょう。

＜ケース２＞ (単位：千円)

	現　状	株式買増し後
配当収入	96,000	100,000
費　用	5,000	5,000
当期純利益	91,000	95,000
受取配当等の益金不算入	48,000※	100,000
課税所得	43,000	▲5,000
税　額（32％（平成27年度））	13,760	－
株式買増しに必要な資金	－	▲200,000
税負担の軽減額	－	13,760

※　その他の株式等の益金不算入割合を50％と想定

株式がその他の株式等に該当し受取配当等の益金不算入割合が50％であると、税負担が13,760千円生じています。株式買増しにより関係法人株式等とすることによって、受取配当等の益金不算入割合が100％になれば、13,760千円の税負担は生じません。

ただし、このケースでは、株式買増しに必要な資金が200,000千円と多額であり、毎年の税負担の軽減額13,760千円と比べると非常に大きな金額といえます。税負担軽減のメリットと、株式買増しに必要な資金とのバランスを考えて、株式の買増しを行うかどうかを検討すべきでしょう。

3 株式移動方法の検討

　上場会社オーナーが保有する株式を資産保全会社に移動する方法には、市場外での相対取引又は売委託、及び市場内での時間外取引があります。

　相対取引とは、市場を介さず売買当事者間で売買方法、取引価格、取引量を決定して売買する取引のことをいいます。

　一方、売委託とは、次の行為等をいいます（措通37の12の2－1）。

イ　金融商品取引法第2条第8項第2号及び第10号に掲げる行為のうち売買の媒介、取次ぎもしくは代理について委託すること

ロ　金融商品取引法第2条第8項第3号に掲げる行為のうち売買の委託の媒介、取次ぎもしくは代理について委託すること

ハ　金融商品取引法第2条第8項第9号に掲げる行為のうち売出しの取扱いについて委託すること

　ここでの、売買の媒介、取次ぎ、代理、売出しの取扱いとは、次の行為等をいいます。

用　語	行　為
売買の媒介	金融商品取引業者が第三者間の売買の成立のために仲介すること
売買の取次ぎ	金融商品取引業者が顧客から受けた注文を自己の名義でもって執行し、その損益が顧客に帰属すること
売買の代理	金融商品取引業者が顧客の代理人として顧客名義で売買する行為で、その損益が顧客に帰属すること
売出しの取扱い	金融商品取引業者が有価証券の売出しを行う者の委託を受けて、顧客その他投資家に対してその有価証券の均一の条件での取得を勧誘すること

出典：与良秀雄「株式譲渡益課税のすべて（平成22年度版）」大蔵財務協会、88頁

時間外取引とは、市場におけるオークション方式による売買が行われる立会取引時間を避けて行われる取引をいいます。時間外取引が行われる市場としては、東京証券取引所が提供するToSTNeTなどがあります。

上場株式等の譲渡所得等の譲渡益に対しては20.315％（所得税15.315％、住民税5％）の税率が適用されます。

また、譲渡損失については、当年度以降3年間の繰越しが可能とされていますが、上記のうち相対取引により生じた譲渡損失は、繰越控除の対象にはならないため留意が必要です。

4 公開買付規制

本事例では、B社あるいはC社のA社に対する持株割合を引き上げることを検討しています。本事例の解決策としては、甲が有するA社株式をB社が取得する方法、C社が有するA社株式をB社が取得する方法があります。

たとえば、C社が有するA社株式を相対取引でB社が取得するケースを考えてみます。

買付け等の後のB社の株券等所有割合は3分の1超です。相対取引を利用しA社株式の買付けを行う場合で、その買付けの後の株券等所有割合が3分の1を超える場合には、A社株式の買付けは公開買付けによらなければなりません（金商法27の2①三）。

ただし、取得後の議決権等所有割合が3分の1を超える場合であっても、株券等の買付け等を行う者が、その者の特別関係者から行う株券等の買付け等は公開買付規制の適用除外とされています（金商法27の2①ただし書）。特別関係者とは、買付者が法人の場合には、①その法人の役員、②特別資本関係にある法人等及びその役員、③その者に対して特別資本関係を有する個人及び法人等並びに当該法人等の役員（金商法27の2⑦一、金商令9②）をいいます。ただし、株券等の買付け等を行う者と、株券等の買付け等を行う

196　第4章　資産保全会社のフロー面の検討

日以前1年間継続して形式的基準による特別関係者の関係にある者に限られます（金商法27の2①ただし書、他社株買付府令3①）。

　B社あるいはC社が設立後間もない法人である場合、つまり、C社あるいはB社が、買付け等を行う日以前1年以上継続して形式的基準による特別関係者の関係にない場合には、公開買付規制の対象となってしまうことに留意すべきです。

第5章

公益財団法人を利用した事業承継対策

5-1 公益財団法人への寄附等の課税関係

事 例

　上場会社オーナー甲の有する財産の大部分は、上場会社であるＡ社株式です。Ａ社株式の発行済株式総数の相当割合を保有しており、遺産総額は高く、相続時には多額の相続税が発生することが予想されます。

　一方、甲は社会貢献にも関心があり、そのために保有する財産を提供する意思があります。

解決策

　社会貢献を目的として一般財団法人を設立し、甲の保有する上場株式を一般財団法人へ寄附することにより、安定株主対策を図ることができます。

　また、一般財団法人が公益認定を受け、公益財団法人となった場合には、公益財団法人への寄附に関して税務上の特例を受けることが可能です。

1 公益法人制度と財団法人

(1) 公益法人制度

平成20年12月１日より、従来の公益法人制度が大きく改正され、事業の公益性に関わらず、準則主義により登記のみで設立が認められる一般社団法人及び一般財団法人の制度が創設されました。また、一般社団法人・一般財団法人からの申請により、民間有識者からなる公益認定等委員会の意見に基づき、行政庁が公益性の認定をする公益社団法人及び公益財団法人の制度が設けられています。

なお、従前の公益法人で純資産が残っている法人が一般社団法人又は一般財団法人に移行する際には、純資産額に相当する金額まで、公益を目的とする支出に充てる「公益目的支出計画」を定める必要があります。

　公益目的支出計画を策定する理由は、公益法人が一般法人に移行する際に、税制上の優遇などによって法人内部に保有した財産（公益目的財産額相当額）を、公益目的支出によって使い切るためです。

	公益社団・財団法人	一般社団・財団法人
事業等	・公益目的事業比率を50%以上にしなければならないなど公益認定基準を遵守し事業実施することが必要 ・なお、事業内容を変更するに当たっては、変更の認定が必要となる場合がある	・公益目的支出計画実施中は、公益目的支出計画に定めた実施事業等を着実に実施することが必要 ・それ以外については、法人の創意工夫により公益的な事業はもとより柔軟な事業の展開が可能
監督等	・公益認定等委員会・都道府県の合議制の機関による報告聴取、立入検査の実施、行政庁による勧告・命令、認定の取消しがある	・原則、法人の自主的な運営が可能。公益目的支出計画実施中は、毎事業年度行政庁に対して実施報告をする必要がある ・公益目的支出計画が終了すれば、報告も不要となる

(2) 財団法人及び社団法人

　一般財団法人は、一定の目的のもとに拠出され結合されている財産の集合体です。一方、一般社団法人は、一定の目的を遂行するために結合した人の集合体です。このうち、公益認定を受けた一般財団法人・一般社団法人を公益財団法人・公益社団法人と呼びます。

　一般財団法人・公益財団法人では、評議員、評議員会、理事、理事会、監事が設置され、定款に定められた事項に従い、理事（理事会）が忠実に業務

201

を執行します。

　上場会社オーナーの志をもとに、一般財団法人を設立し、公益認定を受け公益財団法人となり、公益財団法人に財産を移転することにより、後世への社会貢献に活かすのも、上場会社オーナーの事業承継対策の一つです。結果的に、相続税の軽減や上場会社の安定株主対策（会社支配権の維持）が実現します。

(3)　制度改革の状況

　平成25年11月末で移行期間が終了し、24,317社あった旧公益法人は、新制度への移行申請が完了しています。公益認定等委員会から公表された、平成25年12月時点での法人類型数は次のとおりです。

　なお、解散・合併等になった法人3,581社のうち、移行期間中に移行申請が行われなかったため、法律上解散したものとみなされた法人（いわゆる休眠法人）が426社ありました。

法人類型	申請法人数	比　率
公益法人	9,054	37.2%
一般法人	11,682	48.0%
解散・合併等	3,581	14.7%
合計	24,317	100.0%

2　公益財団法人の上場株式保有の検討

(1)　公益財団法人の上場株式保有のメリット

　公益財団法人に上場株式を保有させることによるメリットには、①蓄積した財産の社会貢献への活用、②上場会社の安定株主対策、③相続税・所得税の軽減の3つがあります。

① 蓄積した財産の社会貢献への活用

パブリックカンパニーである上場会社は、利益を追求するのみならず、社会的責任を問われるものでもあります。このことは上場会社だけでなく、上場会社オーナー自身についても、同じことが期待されていると考えられます。上場会社及び上場会社オーナーは、雇用している従業員に対してはもとより、消費者や株主、さらには地域社会に対して、大きな影響力を有しています。そのため、それに見合った貢献を社会に対して行うことが望まれます。貢献の内容は、企業が事業を通じて行う活動にとどまらず、様々な活動を通じて果たされます。公益財団法人が行う、教育や医療、科学の研究、文化・芸術活動等に対して資金面で支援・援助することは、その社会的責任を果たすことにつながります。

② 上場会社の安定株主対策

上場会社オーナーが、公益財団法人の公益目的事業財産として上場株式を寄附すると、公益財団法人は、公益目的事業以外には、その上場株式を使用、処分することはできません。公益財団法人は、長期にわたりその上場株式を保有することになり、結果として上場会社の安定株主として機能します。

ただし、公益財団法人の運営には持分による支配という概念がなく、理事会等の合議制で公益財団法人の意思決定がなされますので、上場会社オーナーの公益財団法人を通じた上場会社への支配は、弱まると考えたほうがよいでしょう。

財団法人が筆頭株主となり、その持株比率が15％以上である上場会社には、次のようなところがあります（順不同）。なお、データは会社四季報2014年三集（東洋経済新報社）によっています。

上場会社	財団名	持株比率
博報堂DYHD	公益財団法人博報児童教育振興会	18.1％
はごろもフーズ	公益財団法人はごろも教育研究振興会	42.5％

神戸物産	公益財団法人業務スーパージャパンドリーム財団	25.0%
ポーラオルビス	公益財団法人ポーラ美術振興財団	34.3%
伯東	公益財団法人高山国際教育財団	17.5%
南海プラウド	公益財団法人南海育英会	15.3%
リオン	一般財団法人小林理学研究所	25.7%
精養軒	一般財団法人福島育英会	18.6%
くろがねや	一般財団法人布能育英会	18.0%

③ 相続税・所得税の軽減

個人が、法人に寄附・遺贈した場合の原則的な課税関係は、次のとおりです。

時期	行　為	課税の種類	課税主体	法人に係る税金※
生前	生前に財産を寄附	みなし譲渡課税（所法59①）	寄附者	課税（相法66④）
没後	相続により取得した財産を寄附	相続税課税（相法2）みなし譲渡課税（所法59①）	相続人	
	遺　贈	みなし譲渡課税（所法59①）	被相続人	

※　相続税等の負担が不当に減少する場合

　通常、個人が法人に自己の財産を贈与（寄附）すると、みなし譲渡課税が生じてしまいます。贈与（寄附）・遺贈に際して、上場会社オーナーが多額の課税を受けてしまうのであれば元も子もありません。

　税法では、公益法人等に対する贈与（寄附）につき、税務上の特例を設けていて、個人が公益法人に贈与（寄附）した場合の税務上の特例には大きく

分けて3つあります。これらの特例を適用することにより、上場会社オーナーの所得税や相続税を軽減することができます。具体的には、公益性の高い一般財団法人を設立、もしくは公益認定を受け公益財団法人に移行した後に、上場会社オーナーが公益財団法人に財産を贈与（寄附）することや、上場会社オーナーの相続財産を相続人が公益財団法人に贈与（寄附）することが想定されます。

イ　譲渡所得の特例

　　公益社団・財団法人等に財産を贈与（寄附）した場合に、譲渡益相当分の所得税が非課税になるという所得税の特例（措法40）

ロ　寄附金の特例

　　公益社団・財団法人等に財産を贈与（寄附）した場合に、寄附金控除を受けることができるという所得税の特例（所法78、措法41の18の3）

ハ　相続税の特例

　　公益社団・財団法人等に相続財産を贈与（寄附）した場合に、その相続財産に対しての相続税が非課税になるという相続税の特例（措法70）

---

(2)　公益財団法人の株式保有の具体的検討事項

　公益認定基準では、公益社団・財団法人は、他の団体の意思決定に関与することができる株式や財産を保有することが禁止されています（認定法5十五本文）。ただし、株主総会その他の団体の財務及び営業又は事業の方針を決定する機関における議決権の過半数を有していない場合には、その財産の保有によって他の団体の事業活動を実質的に支配するおそれがないとして、その保有が認められています（認定法5十五ただし書、認定令7）。

　なお、ある株式会社の議決権の過半数の株式を保有している場合には、たとえば、無議決権株にするか議決権を含めて受託者に信託することにより、

205

公益認定基準を満たすことも可能です（公益認定等に関する運用について（平成20年10月改訂）（以下「公益認定等ガイドライン」）14）。

さらに、平成25年度税制改正において、譲渡所得の特例の承認の条件に、公益法人等が贈与を受ける株式等は、発行済株式の総数の2分の1を超えることとならないことが追加されました（措令25の17⑥五）。

3 譲渡所得の特例

(1) 個人の所得税の取扱い

個人が法人に対して譲渡所得等の起因となる資産の贈与等を行った場合には、原則としてその贈与等を行ったときにおける時価により、その資産の譲渡があったものとみなし、その譲渡所得等について所得税が課されます（所法59①一）。これを、みなし譲渡課税といいます。個人が法人に株式を贈与すると、原則として時価による株式の譲渡があったとみなされ、みなし譲渡課税がなされます。寄附した個人には実際の収入がないにもかかわらず、譲渡益課税がなされてしまいます。

ただし、贈与した相手方が国や地方公共団体であればこのような課税は不合理であるため、無条件でみなし譲渡課税は行わないとの特例があります（措法40①前段）。

贈与した相手方が公益社団法人・公益財団法人などの公益を目的とする事業を営む法人であっても、同様に考えることができます。そこで、公益法人等に対する財産の贈与等で、一定の要件を満たすものとして国税庁長官の承認を受けたときは、所得税法上、その贈与等はなかったものとみなされ、その譲渡所得等に係る所得税については非課税とするとの特例が設けられています（措法40①）。

なお、一定の要件は次のとおりです（措令25の17⑤）。

206　第5章　公益財団法人を利用した事業承継対策

イ　その贈与等が、教育又は科学の振興、文化の向上、社会福祉への貢
　　献その他公益の増進に著しく寄与すること

ロ　その贈与等に係る財産又は代替資産が、その贈与等があった日から、
　　原則として２年を経過するまでの期間内に、公益法人等の公益目的事
　　業の用に直接供され、又は供される見込みであること

ハ　公益法人等に対して財産の贈与等をすることにより、その贈与等を
　　した者の所得に係る所得税の負担を不当に減少させ、又はその贈与等を
　　した者の親族その他これらの者と特別の関係がある者の相続税もしく
　　は贈与税の負担を不当に減少させる結果とならないと認められること

　なお、贈与又は遺贈により財産を取得した公益法人等が、次の要件を満た
していれば、所得税又は贈与税もしくは相続税の負担を不当に減少させる結
果とはならないと認められます（措令25の17⑥）。

イ　組織の整備状況が適正である
　　運営組織が適正であるとともに、その寄附行為、定款又は規則にお
　いて、その理事、監事、評議員その他これらの者に準ずるもののうち
　親族関係を有する者及びこれらと特殊の関係がある者の数がそれぞれ
　の役員等の数のうちに占める割合は、いずれも３分の１以下とする旨
　の定めがあること

ロ　特定の者が利益を享受しない
　　その公益法人等に財産の贈与もしくは遺贈をする者、その公益法人
　等の役員等もしくは社員又はこれらの者の親族等に対し、施設の利用、
　金銭の貸付、資産の譲渡、給与の支給、役員等の選任その他財産の運
　用及び事業の運営に関して特別の利益を与えないこと

ハ　残余財産の帰属が明確になっている

> その寄附行為、定款又は規則において、その公益法人等が解散した場合にその残余財産が国もしくは地方公共団体又は他の公益法人等に帰属する旨の定めがあること
>
> ニ　その公益法人等につき公益に反する事実がない

　非課税申請の対象となる財産には、国外にある土地もしくは土地の上に存する権利又は建物及びその附属設備もしくは構築物は除かれています（措法40①後段、措令25の17②）。もちろん、上場株式は非課税申請の対象となる財産に該当します。

　対象となる公益法人等には、次の法人が該当します（措法40①）。

> イ　公益社団法人・公益財団法人
> ロ　特定一般法人（非営利型法人に該当する一般社団法人・一般財団法人のうち、非営利性が徹底された法人）
> ハ　その他公益を目的とする事業を営む法人（学校法人、社会福祉法人などで外国法人を除く）

　非営利型法人とは、その行う事業により利益を得ること又はその得た利益を分配することを目的としない法人であってその事業を運営するための組織が適正であるものをいいます。

　国税庁長官の承認を受けるには、贈与又は遺贈のあった日から4カ月以内（その期間の経過する日前に、その贈与があった日の属する年分の所得税の確定申告書の提出期限が到来する場合には、その提出期限まで）に、「租税特別措置法第40条の規定による承認申請書」を納税地の所轄税務署を経由して、国税庁長官に提出する必要があります。この承認申請書には、贈与等により財産を取得する公益法人等の事業の目的、その贈与等に係る財産の内容その他の一定の事項を記載し、公益法人等がその申請書に記載された事項を

確認したことを証する書類を添付します（措令25の17①）。

　国税庁長官の承認を受ければ、課税が生じることなく、上場会社オーナーの所有する上場株式を公益財団法人に移動することができます。

(2)　承認の取消しがあった場合の個人に対する課税

　譲渡所得等の非課税承認を受けた後に、一定の事実が生じたことにより、国税庁長官が承認を取り消した場合には、承認が取り消された時に、その贈与又は遺贈があった時における時価により財産の譲渡があったものとして、贈与又は遺贈に係る譲渡所得等の金額を計算し、贈与をした者の承認が取り消された日の属する年分の所得として、所得税が課されます（措法40②、措令25の17⑩⑫）。

　一定の事実とは、次のとおりです。

イ　公益法人等に対して贈与等をした財産が、贈与等があった日から2年を経過する期間内にその公益法人等の公益目的事業に直接供されなかったこと

ロ　公益法人等に対して贈与等をした財産が、公益目的事業の用に直接供される前に、その贈与等をした者の所得税に係る所得税の負担を不当に減少させ、又はその贈与等をした者の親族その他これらの者と特別の関係がある者の相続税もしくは贈与税の負担を不当に減少させる結果となると認められる事実が生じたこと

ハ　公益法人等の贈与等をした日の属する事業年度において、贈与又は遺贈を受けた財産がその公益法人等の財産基盤の強化を図るために一定の方法により管理されたことが確認できる書類をその事業年度終了の日から3カ月以内に税務署長を経由して国税庁長官に提出しなかったこと

なお、寄附を受けた公益法人等が寄附財産を公益目的事業の用に直接供した後に公益目的事業の用に直接供しなくなった場合等、一定の事実が生じたことにより国税庁長官の承認の取消しがあった場合は、従来は寄附をした個人に課税されましたが、平成20年12月１日以降は贈与又は遺贈を受けた公益法人等を贈与又は遺贈を行った個人とみなしてその財産に係る譲渡所得の金額に係る所得税が課されています。

4 寄附金の特例

　個人が、特定公益増進法人などに対し特定寄附金を支出した場合には寄附金控除を受けることができ、寄附金控除には、所得控除と税額控除の制度があります。公益財団法人及び公益社団法人は特定公益増進法人に該当し、寄附金額のうち一定金額を所得から控除することができます。さらに、寄附をした法人が、税額控除対象法人であることにつき所轄庁から証明を受けていた場合、税額控除の対象となり、所得控除と税額控除につき、いずれか有利なほうを選択することができます。

(1) 所得控除

　居住者である個人が各年において特定寄附金を支出した場合には、その年分に支出した特定寄附金の額の合計額（その年分の総所得金額等の40％相当額を限度とする）のうち2,000円を超える部分について、その者のその年分の総所得金額等から控除することができます（所法78①）。

　なお、寄附金控除の適用を受けるには、特定寄附金証明書、その他一定の書類を確定申告書に添付する必要があります（所令262①七、所規47の２③）。

　特定寄附金とは、次に掲げる寄附金などをいいます（所法78②③）。なお、公益社団法人、公益財団法人は、特定公益増進法人に該当します（所法78②三、所令217①三）。

210　第５章　公益財団法人を利用した事業承継対策

イ　国又は地方公共団体に対する寄附金

ロ　公益社団法人・財団法人その他公益を目的とする事業を行う法人又は団体に対する寄附金のうち、次に掲げる要件を満たすと認められるものとして財務大臣が指定したもの

　　a）広く一般に募集されること

　　b）教育又は科学の振興、文化の向上、社会福祉への貢献その他公益の増進に寄与するための支出で緊急を要するものに充てられることが確実であること

ハ　特定公益増進法人の主たる目的である業務に関連する寄附金

(2)　税額控除

　居住者である個人が各年において一定の公益財団法人等に対して特定寄附金を支出した場合、その年分に支出した寄附金の額の合計額（その年分の総所得金額の40％相当額を限度とする）のうち2,000円を超える部分の40％について、その者のその年分の所得税額から控除することができます（所法78①）。ただし、税額控除額は、所得税額の25％相当額を限度とされています。

　所得控除では、各種所得の金額の合計額から要件に該当する所得控除を行った後に税率を乗じることになるため、高所得者への減税効果が高いという特徴を有する一方、税額控除は、税率に関係なく税額から直接控除するため、小口の寄附金支出者への減税効果が高いという特徴を有しています。

　公益社団法人・公益財団法人のうち、一定の要件を満たす法人が自ら行政庁に税額控除制度の適用法人である旨の証明を受け、税額控除の対象法人となる必要があります。

　なお、寄附金控除の適用を受けるには、特定寄附金証明書、その他一定の書類を確定申告書に添付する必要があります（所令262①七、所規47の2③）。

(3) 現金以外の寄附時の課税

現金ではなく、不動産や有価証券等、現物で寄附をした場合の課税は次のとおりです。

〈寄附者の税務：個人の場合〉

	特定寄附金の額	譲渡益
原則及び 措法40条取消時	cの金額※	b＜cのときaの金額に所得税が課される（所法59二、措法40②）
措法40条承認時	bの金額※ （措法40⑲）	贈与等が、なかったものとみなされ、その譲渡所得に係る所得税は非課税となる（措法40①）

※ その年分に支出した特定寄附金の額の合計額（その年分の総所得金額、退職所得金額及び山林所得の合計額の40％相当額を限度とする）のうち2,000円を超える部分に限る。租税特別措置法40条に基づく譲渡所得等の非課税の特例の適用を受けている場合には、その財産の取得費に相当する部分bのみが特定寄附金の額となる

5 相続税の特例

相続又は遺贈により取得した資産を公益法人等に贈与（寄附）した場合に、一定の要件を満たすことにより、その財産の価額を、被相続人に係る相続又は遺贈に係る相続税の課税価格の計算から除外することができます（措法70①）。つまり、その財産には相続税が課されません。一定の要件は、次のとおりです。

イ　贈与をした財産は、相続又は遺贈により取得した財産であること

ロ　贈与の時期は、相続税の申告書の提出期限までであること

ハ　贈与の相手方は、次のものに該当すること

　a）国もしくは地方公共団体

　b）公益社団法人もしくは公益財団法人その他の公益を目的とする事業を行う法人のうち、教育もしくは科学の振興、文化の向上、社会福祉への貢献その他公益の増進に著しく寄与するものとして政令で定めるもの（独立行政法人、国立大学法人等）

ニ　贈与によりその贈与をした者又はその親族その他これらの者と特殊の関係がある者の相続税又は贈与税の負担が不当に減少する結果となると認められる場合でないこと

　この特例の適用を受けるには、これらの規定の適用を受けようとする者の相続税の申告書に、これらの規定の適用を受けようとする旨を記載し、かつ、贈与等をした財産の明細書その他一定の書類を添付します（措法70⑤）。

　相続により取得した上場株式を公益財団法人に贈与（寄附）するのは、相続発生後の事業承継対策の一つです。相続税の負担を軽減させることができるとともに、公益財団法人に上場株式を保有してもらうことにより、上場会社の安定株主対策にもなります。

213

6 公益法人等に係る税務上の特例

税務上の特例の種類と概要をまとめると、次のとおりです。

特　例	概　要		公益社団・公益財団	一般社団・一般財団	
				非営利	営　利
譲渡所得の特例	個人が法人に対して財産の贈与又は遺贈を行った場合にみなし譲渡所得が非課税とされる		非課税（措法40）		課　税
相続税の特例	相続人が相続等によって取得した財産を法人に対して贈与した場合に、贈与財産に相続税は課されない		非課税（措法70）	課　税	
寄附金の特例	個人	法人に対して寄附を行った場合に、寄附金控除の対象になる	寄附金控除の対象となる（所法78）	寄附金控除の対象外	
	法人	法人に対して寄附を行った場合に、寄附金の損金算入枠が拡大される	寄附金の損金算入枠が拡大される（法法37）	損金算入枠拡大の対象外	

5-2 公益財団法人の認定

1 公益認定基準の概要

　一般財団法人が公益財団法人になることにより、さまざまな税務上のメリットを受けることができます。

214　第5章　公益財団法人を利用した事業承継対策

一般財団法人が公益財団法人になるためには、行政庁の認定を受ける必要がありますが、そのためには、一般財団法人が公益目的事業を行うことを主たる目的とするなど公益認定の基準にも適合する必要があります（認定法4、5一）。

2 公益認定の基準

行政庁の公益認定を受けるには、一般財団法人が次の基準に適合する必要があります（認定法5）。

① 公益目的事業を行うことを主たる目的とするものであること（後述3参照）

② 公益目的事業を行うのに必要な経理的基礎及び技術的能力を有するものであること（後述4参照）

③ その事業を行うに当たり、社員、評議員、理事、監事、使用人その他の政令で定めるその法人の関係者に対し特別の利益を与えないものであること（後述5参照）

④ その行う公益目的事業について、その公益目的事業に係る収入がその実施に要する適正な費用を償う額を超えないと見込まれるものであること（収支相償－後述6(1)参照）

⑤ その事業活動を行うに当たり、公益目的事業比率が50%以上となると見込まれるものであること（公益目的事業比率－後述6(2)参照）

⑥ その事業活動を行うに当たり、遊休財産額が一定の制限を超えないと見込まれるものであること（遊休財産額保有制限－後述6(3)参照）

⑦ 各理事について、理事及びその配偶者又は三親等内の親族である理事の合計数が理事の総数の3分の1を超えないものであること。監事についても、同様とする（後述7参照）

⑧　会計監査人を置いているものであること。ただし、毎事業年度にお
　けるその法人の収益の額、費用及び損失の額その他の政令で定める勘
　定の額がいずれも政令で定める基準に達しない場合は、この限りでな
　い（後述8参照）
⑨　他の団体の意思決定に関与することができる株式その他の内閣府令
　で定める財産を保有していないものであること。ただし、その財産の
　保有によって他の団体の事業活動を実質的に支配するおそれがない場
　合として政令で定める場合は、この限りでない（後述9参照）

等の18項目

　公益認定後、公益目的事業比率が50％未満となった場合や遊休財産が一定
の制限を超えることとなった場合など、上記の基準のいずれかに適合しなく
なったときは、行政庁は、その公益認定を取り消すことができます（認定法
29②）。

　なお、公益認定を取り消され、その取消しの日から5年を経過していない
場合には、公益認定を受けることができません（認定法6二）。

3　公益目的事業の確認

　認定法第5条第1号では、公益認定の基準として、公益目的事業を行うこ
とを主たる目的とするものであることを掲げています。公益目的事業とは、
①学術、技芸、慈善その他の公益に関する23項目の事業のいずれかに該当し、
②不特定かつ多数の者の利益の増進に寄与するものをいいます（認定法
2四、別表）。

(1) 公益目的事業として示されている23種類の事業

まずは、一般財団法人が行う事業が、公益目的事業として揚げられている23種類の事業のいずれかに該当するかを確認します（認定法別表第二条関係）。

・学術及び科学技術の振興を目的とする事業

・文化及び芸術の振興を目的とする事業

・高齢者の福祉の増進を目的とする事業

・勤労意欲のある者に対する就労の支援を目的とする事業

・教育、スポーツ等を通じて国民の心身の健全な発達に寄与し、又は豊かな人間性を涵養することを目的とする事業

・国際相互理解の促進及び開発途上にある海外の地域に対する経済協力を目的とする事業

・地球環境の保全又は自然環境の保護及び整備を目的とする事業　　　等

---

(2) 事業区分ごとのチェックポイント

不特定かつ多数の者の利益の増進に寄与するものかどうかの事実認定に当たっては、内閣府公益認定等委員会から公表されている「公益認定等に関する運用について」（公益認定等ガイドライン）の「【参考】公益目的事業のチェックポイントについて」を参考にします。

このチェックポイントは、事業の特性に応じて17事業区分ごとに、公益目的事業のチェックポイントを掲げています。

4 経理的基礎及び技術的能力

認定法第5条第2号では、公益認定の基準として、公益目的事業を行うのに必要な経理的基礎及び技術的能力を有するものであることを掲げています。

217

(1) 公益目的事業を行うのに必要な経理的基礎

公益目的事業を行うのに必要な経理的基礎とは、①財政基盤の明確化、②経理処理・財産管理の適正性、③情報開示の適正性の３つです（認定法５二、公益認定等ガイドラインＩ２）。

	運　用
財政基盤の明確化	ⅰ）貸借対照表、収支（損益）予算書等より、財務状態を確認し、法人の事業規模を踏まえ、必要に応じて今後の財務の見通しについて追加的に説明を求める ⅱ）寄附金収入については、寄附金の大口拠出上位５者の見込み、会費収入については積算の根拠、借入れの予定があればその計画について、情報を求め、法人の規模に見合った事業実施のための収入が適切に見積もられているか確認する
経理処理・財産管理の適正性	・財産の管理、運用について法人の役員が適切に関与すること、開示情報や行政庁への提出資料の基礎として十分な会計帳簿を備え付けること（注１）不適正な経理を行わないこと（注２）とする （注１）法人が備え付ける会計帳簿は、事業の実態に応じ法人により異なるが、たとえば仕訳帳、総勘定元帳、予算の管理に必要な帳簿、償却資産その他の資産台帳、得意先元帳、仕入先元帳等の補助簿が考えられる。区分経理が求められる場合には、帳簿から経理区分が判別できるようにする （注２）法人の支出に使途不明金があるもの、会計帳簿に虚偽の記載があるものその他の不適正な経理とする
情報開示の適正性	ⅰ）外部監査を受けているか、そうでない場合には費用及び損失の額又は収益の額が１億円以上の法人については監事（２人以上の場合は少なくとも１名、以下同じ）を公認会計士又は税理士が務めること、法人の経理事務をたとえば５年以上従事した者等が監事を務めることが確認されれば、適切に情報開示が行われるものとして取り扱う

> ⅱ）上記ⅰ）は、これを法人に義務づけるものではなく、このような体制にない法人においては、公認会計士、税理士又はその他の経理事務の精通者が法人の情報開示にどのように関与するのかの説明をもとに、個別に判断する

(2)　公益目的事業を行うのに必要な技術的能力

公益目的事業を行うのに必要な技術的能力とは、事業実施のための技術、専門的人材や設備などの能力の確保をいいます。

たとえば、検査検定事業を行う法人には、検査検定に携わる人員や検査機器の必要な能力の水準の設定とその確保が、公益目的事業のチェックポイントに掲げられており、これを満たすことが必要です。法人の中核的事業においてこのチェックポイントを満たしていなければ、技術的能力が欠如していると判断され、公益法人として不認定となるでしょう。

公益目的事業を行うのに必要な技術的能力は、法人自らがすべてを保有していることを求めているものではありません。とはいえ、実態として、自らがその事業を実施しているとは評価できないほど、事業に必要な資源を外部に依存しているのであれば、技術的能力を備えていないものと判断されるものと思われます。

5　特別の利益を与える行為の禁止

認定法第5条第3号では、公益認定の基準として、社員、評議員、理事、監事、使用人その他の一定の法人の関係者に対し特別の利益を与えないことを掲げています。

一定の法人の関係者とは、次のとおりです（認定令1）。

イ　その法人の理事、監事又は使用人

ロ　（その法人が一般財団法人である場合）その設立者又は評議員

ハ　イ又はロの配偶者又は三親等内の親族

ニ　イ〜ハの者と事実上婚姻関係と同様の事情にある者

ホ　イ又はロから受ける金銭等によって生計を維持する者

ヘ　設立者が法人である場合にあっては、その法人が事業活動を支配する法人又はその法人の事業活動を支配する者として内閣府令で定めるもの（認定規1）

　特別の利益とは、利益を与える個人又は団体の選定や利益の規模が、事業の内容や実施方法など具体的事情に即し、社会通念に照らして合理性を欠く不相当な利益の供与その他の優遇が該当します。申請時には、提出書類等から判断されます。

　なお、認定後においては、行政庁は、公益法人の事業の適正な運営を確保するために、公益法人に対し、その運営組織及び事業活動の状況に関し必要な報告を求め、又はその職員に、公益法人の事務所に立ち入り、その運営組織及び事業活動の状況もしくは帳簿、書類その他の物件を検査させ、もしくは関係者に質問させることができるとし、行政庁に監督権限を付与しています（認定法27①）。

6　財務に関する公益認定基準の書類

　公益認定基準における公益財務計算には、大きく①収支相償、②公益目的事業比率、③遊休財産額保有制限の3つがあります。

(1)　収支相償

　認定法第5条第6号では、公益認定の基準として、公益目的事業に係る収入がその実施に要する適正な費用を償う額を超えないことを掲げています。

これを収支相償といいます。

公益財団法人は、公益目的事業を行うことを主たる目的とするものであり、公益目的事業とは不特定かつ多数の者の利益の増進に寄与するものであり（認定法2四）、無償又は低廉な価格設定などによって受益者の範囲を可能な限り拡大することが求められています。このため、公益目的に係る収入の額が、その実施に要する適正な費用を償う額を超えることはできません。

収支相償の基準を満たしているかどうかは、2段階で判定します（公益認定等ガイドラインⅠ5）。結果として、収入超過の場合には、公益目的保有財産の取得支出をしたり、翌事業年度の事業拡大等による同額程度の損失とするなどの対応が必要です。著しく収入が超過するのであれば、超過収入を解消するための対応を図る必要があります。

(2) 公益目的事業比率

認定法第5条第8号では、公益認定の基準として、毎事業年度において公益目的事業比率が50％以上となるよう公益目的事業を行わなければならないことを掲げています（認定法5八、15、認定規13）。

第15条に規定する公益目的事業比率を算式で示せば、次のとおりです。

公益目的事業比率（％）

＝公益実施費用額÷（公益実施費用額＋収益等実施費用額＋管理運営費用額）×100

※　公益実施費用額　　：その事業年度の損益計算書に計上すべき公益目的事業に係る事業費の額

※　収益等実施費用額　：その事業年度の損益計算書に計上すべき収益事業等に係る事業費の額

※　管理運営費用額　　：その事業年度の損益計算書に計上すべき管理費の額

221

(3) 遊休財産額保有制限

認定法第5条第9号では、公益認定の基準として、その事業活動を行うに当たり、遊休財産額が一定の保有上限額を超えないと見込まれるものであることを掲げています（認定法5九、16②、認定規21）。

遊休財産額とは、公益法人による財産の使用もしくは管理の状況又はその財産の性質にかんがみ、公益目的事業又は公益目的事業を行うために必要な収益事業等その他の業務もしくは活動のために現に使用されておらず、かつ、引き続きこれらのために使用されることが見込まれない財産の価額の合計額をいい（認定法16②）、法人のその事業年度の資産の額から負債の額（基金を含む）及び控除対象財産の帳簿価額の合計額から対応負債の額を控除して得た額を控除した残額になります（認定規22①②）。公益法人は、公益目的事業を行うために財産を保有するものですから、用途の定まっていない財産をむやみに保有することを制限するものです。

7 理事の制限

(1) 理事の配偶者又は三親等内の親族

認定法第5条第10号では、公益認定の基準として、各理事について、理事及びその配偶者又は三親等内の親族（これらの者に準ずるものとして理事と特別の関係がある者を含む）である理事の合計数が理事の総数の3分の1を超えないものであることを掲げています。監事についても同様です。

特別の関係がある者は、次のとおりです（認定令4）。

イ　理事と事実上婚姻関係と同様の事情にある者

ロ　理事の使用人

ハ　理事から受ける金銭等によって生計を維持している者

ニ　上記ロ又はハの配偶者

222　第5章　公益財団法人を利用した事業承継対策

ホ　上記イ〜ハの三親等内の親族であって、これらの者と生計を一にする者

(2)　他の同一の団体の理事又は使用人である者

認定法第5条第11号では、公益認定の基準として、他の同一の団体（公益法人等を除く）の理事又は使用人である者その他これに準ずる相互に密接な関係にある者である理事の合計数が理事の総数の3分の1を超えないものであることを掲げています。監事についても同様です。

他の同一団体において相互に密接な関係にある者は、次のとおりです（認定令5）。

イ　他の同一の団体の理事以外の役員又は業務を執行する社員である者
ロ　次に掲げる団体においてその職員（国会議員及び地方公共団体の議会の議員は除く）である者
　・国の機関
　・地方公共団体
　・独立行政法人、国立大学法人　等

(3)　財団法人の類型別機関設計

財団法人であっても、ステータスによって必要な役員の数、及び役員就任者の同族関係者の規制が異なります。役員の人員構成の規制については、一般財団法人の営利型法人が最も規制が緩く、租税特別措置法40条申請を満たす一般財団法人が、最も役員の規制が厳しくなっています。

223

	公益財団法人	一般財団法人		
		措置法40条要件充足法人	非営利型法人	営利型法人
理　事	3人以上※	6人以上※	3人以上※	3人以上
評議員	3人以上※	6人以上かつ理事の定数と同数以上※	3人以上	3人以上
監　事	1人以上※	2人以上※	1人以上	1人以上

※　該当役員と特殊関係を有する者の数がそれぞれの役員との数のうちに占める割合がいずれも3分の1以下とする必要がある

8　会計監査人の設置

認定法第5条第12号では、公益認定の基準として、一定の規模の公益法人には会計監査人の設置の義務を掲げています。一定の規模とは、次の規模をいいます（認定令6）。

---

①　損益計算書の収益の部に計上した額の合計額が1,000億円以上
②　損益計算書の費用及び損失の部に計上した額の合計額が1,000億円以上
③　貸借対照表の負債の部に計上した額の合計額が50億円以上

9　株式等の保有制限

認定法第5条第15号では、公益認定の基準として、公益法人が株式等の保有を通じて実質的に営利事業を行うことの潜脱を防ぐため、他の団体の意思

決定に関与することができる株式等を保有していないことを掲げています。株式等には、株式だけではなく、合名会社、合資会社、合同会社その他の社団法人の社員権や、有限責任事業組合契約に基づく権利や信託受益権なども含まれます（認定規4）。ただし、株主総会その他の団体の財務及び営業又は事業の方針を決定する機関における議決権の過半数を有していない場合には、その他の団体を実質的に支配するおそれがないとして、株式等の保有は制限されません（認定令7）。

　なお、議決権の過半数の株式を有している場合には、無議決権株式にするか、議決権を含めて受託者に信託することにより、公益認定基準を満たすことが可能です（公益認定等ガイドライン I 14）。

　公益認定法における公益認定は議決権を基準に判断しますが、譲渡所得の非課税承認は発行済株式総数を基準に判断するので留意が必要です。

コラム

財団法人の落とし穴
～完璧の裏側　Uncontrollable～

　上場会社オーナーの相続税対策として、正道として特に取り上げられるのが、財団法人の設立です。上場会社オーナーが保有する上場株式の大部分を公益財団法人に贈与（寄附）すれば、相続税の負担が軽減されます。

　財団法人の運営に必要な資金は、この上場株式からの配当収入で捻出できます。財団法人が有する上場会社の議決権は、理事会の特別決議で行使ができるようにすれば、財団法人に上場会社の安定株主としての側面を持たせることもできます。

　ただし、落とし穴もあります。それは、選任した理事の面々の個性の強さです。上場会社オーナーが気張って、個性豊かな各方面の重鎮を理事に据えることにより悲劇を招くことがあります。上場会社オーナーの息子や親族が理事長に就任してから、財団法人の運営に苦労するようになるのです。公益財団法人は、株式会社と異なり所有権、支配権がありません。いくら財団法人の財産を拠出したオーナー・ファミリーとはいえ、他の理事を簡単には解任できません。そのため、年数が経つにつれて財団法人を設立したオーナー・ファミリーの意思は、財団法人の運営に反映されなくなるでしょう。

　財団法人設立時には、気張って個性的な著名人を理事に入れないほうが無難かもしれません。見返りを求めない公益活動を推進するのですから、特に優れた経営手法や、理事のネームバリューは必要ないからです。

5-3　公益法人等の税制の概要

1　公益法人等の法人税と所得税

(1)　法人税の課税の概要

　公益法人等は、収益事業を行う場合には、法人税の納税義務がありますが（法法４①ただし書）、収益事業から生じた所得以外の所得には、法人税が課されません（法法５、７）。

　公益法人等には、たとえば下記のものが該当します（法法２六、別表第２）。

---

①　公益社団法人・公益財団法人

②　非営利型法人に該当する一般社団法人・一般財団法人

③　社会医療法人

　一般社団法人・一般財団法人は、非営利型法人と営利型法人とに区分されます。非営利型法人は、収益事業を行う場合に限り法人税の納税義務が生じますが（法法４①ただし書）、営利型法人は、普通法人としての課税が適用されます（法法４①）。

　法人税率は、普通法人と同様で、公益社団法人・公益財団法人及び一般社団法人・一般財団法人は、平成27年度は25.5％（各事業年度の所得の金額のうち年800万円以下の部分は19％）の税率が適用されます（法法66①②）。ただし、平成29年３月31日までの間に終了する事業年度においては、時限措置として年800万円以下の金額に対する法人税の軽減税率は19％から15％に引き下げられています（措法42の３の２）。

　また、公益社団法人・公益財団法人が保有している株式や債券から生じた果実（利子等）は、申請をすることにより、所得税が課税されず、源泉徴収

も行われません（所法11、別表第一）。一方、一般社団法人・一般財団法人は、生じた果実（利子等）について所得税が課されます。

　なお、非課税とされるのは公益社団法人・公益財団法人を課税主体とする所得税です。公益社団法人・公益財団法人が職員等に給与を支払う場合には、公益社団法人・公益財団法人には所得税の源泉徴収をする義務があります。

　課税所得の範囲及び税率を整理すると次のとおりです。なお、公益社団法人・公益財団法人の公益目的事業から生じた所得は課税対象になりません。

	公益社団法人公益財団法人	公益認定を受けていない一般社団法人・一般財団法人	
		非営利型法人	非営利型法人以外の法人
法人税法上の法人区分	公益法人等	普通法人	
課税所得の範囲	収益事業から生じた所得が課税対象[※1]	すべての所得が課税対象	
法人税率	25.5％[※2]（所得金額年800万円以下の金額は19％）		

※1　公益社団法人・公益財団法人の公益目的事業から生じた所得は課税対象にならない

※2　平成27年度は25.5％、平成28年度以降は23.9％

(2)　非営利型法人の要件

　非営利型法人とは、定款に剰余金の分配を行わない旨の定めがあること、解散したときは、その残余財産が、国等に帰属する旨の定めがあることなどの諸要件を満たした一般社団法人又は一般財団法人をいいます（法法2九の二、法令3）。

　具体的な要件は、次のとおりで非営利型徹底法人もしくは共益的活動法人のいずれかに該当する必要があり、該当する区分の要件のすべてを満たす必要があります。

228　第5章　公益財団法人を利用した事業承継対策

	要　件
非営利性徹底法人	①　剰余金の分配を行わないことを定款に定めていること ②　解散したときは、残余財産を国・地方公共団体や一定の公益的な団体に贈与することを定款に定めていること ③　上記①及び②の定款の定めに違反する行為（上記①②及び下記④の要件に該当していた期間において、特定の個人又は団体に特別の利益を与えることを含む）を行うことを決定し、又は行ったことがないこと ④　各理事について、理事とその理事の親族等である理事の合計数が、理事の総数の3分の1以下であること
共益的活動法人	①　会員に共通する利益を図る活動を行うことを目的としていること ②　定款等に会費の定めがあること ③　主たる事業として収益事業を行っていないこと ④　定款に特定の個人又は団体に剰余金の分配を行うことを定めていないこと ⑤　解散したときにその残余財産を特定の個人又は団体に帰属させることを定款に定めていないこと ⑥　上記①〜⑤及び下記⑦の要件に該当していた期間において、特定の個人又は団体に特別の利益を与えることを決定し、又は与えたことがないこと ⑦　各理事について、理事とその理事の親族等である理事の合計数が、理事の総数の3分の1以下であること

⑶　収益事業

　法人税法でいう収益事業とは、販売業、製造業その他政令で定める事業で、継続して事業場を設けて行われるものをいいます（法法2二十三）。具体的には、法人税法施行令第5条第1項に掲げられています。

229

公益法人等がこれに該当する収益事業を行っている場合には、その収益事業から生じた所得に対して法人税が課されます。公益法人等が収益事業のいずれかに該当する事業を行う場合には、公益法人等の本来の目的たる事業であるときであっても、この事業から生ずる所得には法人税が課されます（法基通15-1-1）。

法人税法施行令で掲げられている収益事業は、次のとおりです。

物品販売業・不動産販売業・金銭貸付業・物品貸付業・不動産貸付業・製造業・通信業・運送業・倉庫業・請負業・印刷業・出版業・写真業・席貸業・旅館業・料理店業その他の飲食店業・周旋業・代理業・仲立業・問屋業・鉱業・土石採取業・浴場業・理容業・美容業・興行業・遊技所業・遊覧所業・医療保険業・一定の技芸教授業を行う事業・駐車場業・信用保証業・無体財産権の提供等を行う事業・労働者派遣業

公益法人等が行う上記の34種類の事業（その性質上その事業に付随して行われる行為を含む）は、原則として法人税の課税対象になります。ただし、上記に該当する事業であっても、身体障害者がその事業に従事する者の総数の半数以上を占め、かつ、その事業がこれらの者の生活の保護に寄与しているものである場合には、収益事業の対象にはなりません（法令5②二イ）。

また、公益社団法人又は公益財団法人が行うこれらの収益事業のうち認定法に規定する公益目的事業に該当するものは収益事業の対象にはなりません（法令5②一）。

(4) 収益事業からの運用果実の課税

公益法人等が、収益事業から得た所得を預金や有価証券等に運用した場合には、性質上収益事業に付随して行われる行為として、獲得した運用果実に対して、法人税が課せられるのが原則です（法令5①）。ただし、その預金、

230　第5章　公益財団法人を利用した事業承継対策

有価証券等のうち収益事業の運営のために通常必要と認められる金額に見合うもの以外のものにつき、収益事業以外の事業に属する資産として区分経理をしていれば、その区分経理に係る資産を運用する行為は、収益事業に付随して行われる行為に含めないことができます（法基通15－1－7）。

この場合、公益法人等（別表第二に掲げる一般社団法人及び一般財団法人を除く）が、収益事業に属する資産のうちから収益事業以外の事業のために支出した金額には、公益法人等のみなし寄附金制度の適用があります。

(5) 公益法人等のみなし寄附金制度

公益財団法人・公益社団法人が収益事業を営む場合、収益事業と収益事業以外の事業とを区分して経理をする必要があります。これは課税対象となる収益事業の所得計算を行うためと、公益事業の資産の過不足を正しく把握するためです。

そのうえで、公益法人等がその収益事業に属する資産のうちから収益事業以外の事業のために支出した金額は、その収益事業に係る寄附金の額とみなして、寄附金の損金算入限度額の範囲で損金に算入することができます（法法37⑤）。これを、公益法人等のみなし寄附金制度といいます。

みなし寄附金は、寄附金の損金算入限度額に達するまでは収益事業に係る損金として取り扱われます。寄附金の損金算入限度額は、事業年度の所得の金額の50％又は公益法人特別限度額のうち、いずれか多い金額です（法令73①三イ、73の2）。

公益法人特別限度額とは、その事業年度のその公益目的事業の実施のために必要な額であり、おおよそその事業年度の公益目的事業の経常費用の額から経常収益の額を控除した金額です（法規22の5）。

なお、一般社団法人・一般財団法人には、みなし寄附金制度の適用はありません。

⑹　申請書類と申告手続

①　収益事業開始届出書

　公益法人等が新たに収益事業を開始した場合には、その開始した日以後2カ月以内に収益事業開始届出書を納税地の所轄税務署長に提出しなければなりません（法法150、法規65）。収益事業を行い法人税が課されるのであれば、通常、当然青色申告のほうが有利であるため、青色申告の承認申請書も提出しておくべきでしょう（法法122）。あわせて、職員や役員等に給与等を支払うのであれば、給与等支払事務所の開設届出書も提出します（所法230、所規99）。

②　申告書の提出

　収益事業を営む公益法人等は、事業年度終了の日の翌日から2カ月以内に税務署長に対して法人税の確定申告書を提出しなければなりません（法法74①）。

　公益法人等で収益事業を営んでいないのであれば法人税の確定申告書を提出する必要はありませんが、法人税の確定申告書を提出していない公益法人等は、事業年度の収入金額の合計額が8,000万円超える場合には、その事業年度の損益計算書又は収支計算書を、事業年度終了の日の翌日から4カ月以内に、その事業年度終了の日における主たる事務所の所轄税務署長に提出する必要があります（措法68の6）。

2　公益法人等の消費税

　消費税の課税対象は、事業者が事業として対価を得て行う資産の譲渡、資産の貸付、役務の提供です（消法4）。公益事業としての美術館の入館料も消費税の課税取引です。

　国内において資産の譲渡等を行う法人等は、消費税の納税義務者となります（消法5）。公益法人等も資産の譲渡等を行っており、公益事業であると

いう理由だけでは、消費税の納税義務者から免れることはできません。ただし、公益法人等には、①資産の譲渡等の時期の特例、②仕入控除税額の計算の特例、③申告期限の特例などが設けられています。

① 資産の譲渡等の時期の特例

消費税の納税義務は、課税資産の譲渡等をしたときに成立するのが原則です。ただし、消費税法別表第三に掲げられている法人（一般財団法人、一般社団法人、公益財団法人、公益社団法人も掲げられている）のうち、税務署長の承認を受けたものである場合には、資産の譲渡等又は課税仕入れ等を行った時期につき、その対価を収納すべき又は費用の支払をすべき会計年度の末日に行われたものとすることができます（消法60③、消令74①②）。

② 仕入控除税額の計算の特例

公益法人等の収入には、会費、寄附金等のように資産の譲渡等の対価に該当しない課税対象外の収入が多く含まれるという特殊性があります。これらの収入を特定収入といいます（消法60④、消令75①、消基通16－2－1）。

特定収入に係る課税仕入れ等の消費税が生じることから、通常の計算により消費税を計算すると、課税売上に係る消費税と比べて、仕入税額控除額が多額となり、消費税の還付を常に受けられることになってしまうため不合理です。そこで特定収入がある場合には、通常の計算による仕入控除税額から特定収入に係る課税仕入れ等の消費税額を控除した額が仕入税額控除額となります（消法60④）。

③ 申告時期の特例

消費税法別表第三に掲げられている法人のうち、税務署長の承認を受けたものには、確定申告書の提出期限を、課税期間の末日の翌日から6カ月以内でその納税地を所轄する税務署長が承認する期間内とする特例が認められています（消法60⑧、消令76②四）。

3　公益法人等の道府県民税及び市町村民税

公益社団法人又は公益財団法人で博物館を設置することを主たる目的とするもの又は学術の研究を目的とするものには、収益事業を行わない限り、道府県民税の均等割も道府県民税の法人税割も課されません（地法25①二、②）。それ以外の公益法人等は、収益事業を営んでいない場合であっても、原則として道府県民税の均等割、法人税割が課されます。

ただし、一般社団法人・一般財団法人は、非営利型であっても均等割、法人税割が課されます。

4　公益法人等の事業税

公益社団法人・公益財団法人、非営利型法人に該当する一般社団法人・一般財団法人は、その事業の収入金額で収益事業に係るもの以外のものに対しては、事業税が課されません（地法72の5①二）。つまり、収益事業に係る収入金額に対してのみ事業税が課されます。事業税における収益事業とは、法人税法における収益事業と同一です（地法72の5④、地令7の4、法令5）。

5　公益法人等の登録免許税

公益社団法人・公益財団法人も法人ですから、名称を変更する場合や、所在地を変更する場合、理事の交代や重任があった場合には、当然登記が必要です。公益社団法人・公益財団法人の法人登記（設立登記、変更登記）には、登録免許税は課されません（登免法4、別表第3五の二）。

一方、一般社団法人・一般財団法人には、登録免許税は課されますので注意が必要です。

234　第5章　公益財団法人を利用した事業承継対策

6　公益法人等の不動産取得税

　公益社団法人・公益財団法人が、図書館や博物館、あるいは学術の研究等その目的のために使用するべく取得した不動産については、不動産取得税が非課税となります（地法73の4①三、七）。

7　公益法人等の固定資産税

　公益社団法人・公益財団法人の所有する固定資産も固定資産税の課税対象ですが、公益社団法人・公益財団法人が、図書館や博物館あるいは学術の研究等その目的のために供する固定資産については、固定資産税は非課税となります（地法348②九、十二）。

　なお、次の表では、復興特別所得税は考慮に入れていません。

種　類	項　目	公益財団法人	一般財団法人	
			非営利型法人	左記以外の法人
法人税	課税対象	収益事業についてのみ課税（認定法上の公益目的事業は収益事業から除外し、非課税）	収益事業についてのみ課税	全所得課税
	みなし寄附	収益事業に関する資産のうちから、自らの公益目的事業に支出した金額は、その収益事業に係る寄附金の額とみなし、損金算入	―	
	損金算入限度額	所得の50％に相当する金額又は公益法人特別限度額のいずれか大きいほう	―	
	税率	（注）　25.5％（年800万円以下の所得については19％）		
所得税	受取利子・配当等に係る源泉所得税	非課税	課税（利子等：15％、配当等：20％）（利子等には利子割（地方税）が課税される）	
登録免許税	法人登記に係る登録免許税	非課税	課税	
印紙税	定款	非課税		
	金銭又は有価証券の受取書	非課税		
消費税	特定収入	適用		
法人住民税均等割	納税義務者	・博物館設置法人、学術研究法人は非課税（収益事業を行う場合を除く） ・その他の法人は課税	課税	
	標準税率	最低税率（2万円）		
法人住民税法人税割	課税対象	法人税額（収益事業についてのみ課税、認定法上の公益目的事業は収益事業から除外し、非課税）	法人税額（全所得課税）	
法人住民税利子割	課税対象	非課税	利子等の額	
事業税	所得割	収益事業についてのみ課税（認定法上の公益目的事業は収益事業から除外し、非課税）	全所得課税	
	外形標準課税	―		
不動産取得税固定資産税都市計画税	非課税の範囲等	・その設置する博物館、図書館において直接教育の用に供する不動産、医療関係者の養成所において直接教育の用に供する不動産、学術研究法人が直接その研究等に供する不動産等につき非課税 ・重要無形文化財の公演のための施設等に供する不動産について課税標準を2分の1とする	課税	

※　平成27年度は25.5％、平成28年度以降は23.9％。また、平成29年3月31日までの間に開始する事業年度においては、所得金額年800万円以下の税率は15％に軽減

出典：内閣府公益法人information「新制度における主な課税の取扱いについて」を加工

第6章

信託を利用した事業承継対策

6-1 信託の税務

1 信託の概要

　信託とは、特定の者が一定の目的に従い財産の管理又は処分及びその他の目的の達成のために必要な行為をすべきものとすることをいいます（信法2①）。言い換えれば、委託者が信頼できる受託者に対して、自分の金銭や土地などの財産を移転し、受託者は委託者の目的に従ってその信託財産の管理・処分などをする仕組みです。受益者は、受託者から信託財産の利益の給付を受けます。この関係を図示すると次のようになります。

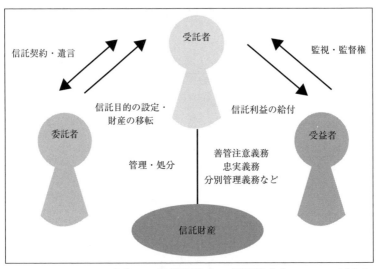

出典：一般社団法人　信託協会ホームページより

　信託の特徴、機能をまとめると次のとおりです。
〈信託の特徴〉

　　イ　信託財産の名義が受託者にあること

> ロ　受託者は信託目的に沿って行動しなければならないこと
>
> ハ　受託者の固有財産とは独立して管理されること
>
> ニ　実質的な所有権は受益者にあること

〈信託の機能〉

> イ　倒産隔離：受託者や委託者が倒産や破産手続の開始決定を受けても
> 　　　　　　　信託財産は分別管理が義務づけられており、倒産等の影
> 　　　　　　　響は受けない。ただし、信託財産の支払が不能になった
> 　　　　　　　り、債務超過になったりする場合には、信託財産に破産
> 　　　　　　　を申し立てることができる（破産法244の3）
>
> ロ　財産管理：信託財産は委託者の手を離れて受託者が一括して専属的
> 　　　　　　　に管理処分する
>
> ハ　権利転換：現預金や不動産などの信託財産は、信託受益権という権
> 　　　　　　　利となる

　信託に似た制度として、委託、代理、寄託、組合などが存在しますが、いずれの制度も財産の所有権は依頼者が有しており、財産の管理も原則として依頼者が有するという点で信託と大きく異なります。

2　税務上の取扱いの概要

　信託課税は、受託者を導管として考え、受益者が信託財産に属する資産・負債を有し、かつ信託財産から生じた収益費用は受益者に帰属するものとみなして受益者に対して課税する、いわゆる「パススルー課税」を原則的な取扱いとしています。

　信託財産の受託者は、形式的な所有者となるものの、実質的に収益を享受

239

する者に対して課税を行うという実質所得者課税の原則に基づくものです（法法11、所法12）。

　税務上は、信託収益の発生時に受益者等に課税する方法を原則としながら、信託類型の特性、内容に応じて次の３分類に大きく分けられます。

区分	内容	適用信託類型
受益者段階課税(発生時課税)	信託収益の発生時に受益者等に課税	・不動産の管理等の下記分類以外の一般的な信託（以下「受益者等課税信託」という）
受益者段階課税(受領時課税)	信託収益を現実に受領したときに受益者に課税	・特定受益証券発行信託 ・合同運用信託 ・証券投資信託、国内公募等投資信託、外国投資信託等一定の投資信託（上記を併せて「集団投資信託」という） ・特定公益信託、退職年金等信託
信託段階法人課税	・信託段階において受託者を納税義務者として法人税を課税 ・収益分配時には受益者に課税	・特定受益証券発行信託以外の受益証券発行信託（法法２二十九の二イ） ・受益者等が存在しない信託（遺言により設定された目的信託等、目的信託のうち一定のもの等）（法法２二十九の二ロ） ・法人が委託者となる信託のうち次の３類型（法法２二十九の二ハ） ①事業の重要部分の信託で受益権の過半を委託者の株主に交付するもの ②長期（信託期間20年超）の自己信託等（主たる信託財産が耐用年数20年超の減価償却資産である場合等を除く） ③損益分配割合の変更が可能である自己信託等

240　第６章　信託を利用した事業承継対策

	・投資信託のうち、証券投資信託、国内公募等による投資信託、外国投資信託以外のもの（法法２二十九の二ニ） ・特定目的信託（法法２二十九の二ホ）（上記を併せて、以下「法人課税信託」という）

3 受益者等課税信託の税務

受益者等課税信託は、集団投資信託、退職年金等信託、特定公益信託等又は法人課税信託以外の一般的な信託をいいます（法法12①）。

信託設定時、信託期間中、信託終了時ごと、また委託者、受益者が法人か個人かにより課税上の取扱いが異なります。

① 信託設定時

ケース	委託者		受益者	
	適正対価 支払あり	適正対価 支払なし	適正対価 支払あり	適正対価 支払なし
委託者＝個人 受益者＝個人	譲渡課税 （所法13① 本文、33）	贈与（又は遺贈）	課税なし	贈与税（又は相続税）の可能性 （相法９の２①）
委託者＝個人 受益者＝法人	同上	時価の２分の１未満の低額譲渡は「みなし譲渡課税」（所法59①二）	同上	受贈益課税 （法法22②）

241

| 委託者＝法人
受益者＝個人 | 譲渡課税
（法法22②） | 寄附金課税
（法法37⑦⑧） | 同上 | 一時所得課税の
可能性（所法34
①、所基通34－
1（5）） |
| 委託者＝法人
受益者＝法人 | 同上 | 同上 | 同上 | 受贈益課税
（法法22②） |

受託者に対する課税はありません。

受託者は、信託の効力が生じた日の翌月末日までに受益者別の調書を、原則として所轄税務署長に提出しなければなりません（相法59②一、相規30③）。なお、受益者の変更、信託の権利内容の変更があった場合にも、調書の提出義務があります（相法59②）。

②　信託期間中

信託期間中には、委託者、受託者ともに課税は生じません。

信託期間中において、受託者は、原則として信託の計算書を毎年1月31日まで（信託会社は事業年度終了後1カ月以内）に所轄税務署長に提出する必要があります（所法227、所規96①）。

受益者には、信託期間中は資産及び負債を有するものとみなし、かつ信託財産に帰せられる収益及び費用は受益者に帰属するものとして所得税、法人税が課されます（所法13①、法法12①）。

ただし、無条件に損益通算、損金算入を認めると租税回避行為が可能であることから、次のような租税回避措置が講じられています。

受益者区分	損失の内容	制限
発生時受益者課税が適用される個人受益者	信託に係る不動産所得の金額の計算上生じた損失	なかったものとみなされる（損益通算不可）（措法41の4の2、措令26の6の2④）

242　第6章　信託を利用した事業承継対策

発生時受益者課税が適用される法人受益者	信託損失のうち信託金額を超える部分の金額	損金の額に算入されない（措法67の12①）
	損失補填契約等により信託期間終了までの間の累積損益が明らかに欠損とならない場合	信託損失の全額を損金の額に算入できない（措法67の12①）

4　受益者等課税信託におけるその他の信託税務

(1)　自益信託

　自益信託とは、委託者自らが受益者となる信託をいい、他益信託とは委託者以外の者が受益者となる信託をいいます。なお、「3　受益者等課税信託の税務」における取扱いはすべて他益信託を想定しています。自益信託は、他益信託と異なり、信託設定時には、委託者兼受益者、受託者のいずれも課税は生じません（所基通13－5、法基通14－4－5）。

(2)　受益者連続型信託

　受益者連続型信託も、税務上は基本的に「3　受益者等課税信託の税務」における取扱いと同様です。ただし、新たな受益者等に受益権が移転した場合及び信託終了時における一定の場合には、取扱いが異なります。

　新たな受益者等に受益権が移転した場合、次の受益者等以降の者は、その直前の受益者等から遺贈又は贈与により受益権を取得し、直前の受益者等は受益権を遺贈又は贈与したものと、それぞれみなして相続税、贈与税、法人税又は所得税が課されます（所法67の3④、相法9の2②、法法22②、37）。

　信託終了時においては、受益権が複層化した受益者連続型信託における元本受益者のみ、取扱いが異なります。元本受益者が適正な対価を負担しないで信託の残余財産を取得した場合には、信託終了直前の収益受益者から贈与

243

（又は遺贈）により取得したものとみなされ、贈与税（又は相続税）が課されます（相基通9の3－1、相法9の2④）。

6-2 資産保全会社の事業承継における信託の活用

|事 例|

　上場会社A社のオーナー甲は資産保全会社B社を有しています。自分が死亡した後は長男の乙にB社株式をすべて相続させたいと考えており、生存中に事業承継の道筋を整えたいと思っています。

|解決策|

　遺言代用信託を活用します。甲が生前において、自社株を対象に信託を設定します。信託契約では自ら（甲）を当初受益者とし、甲死亡時に後継者（乙）が受益権を取得する旨を定めます。

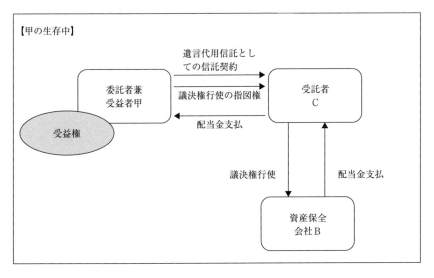

245

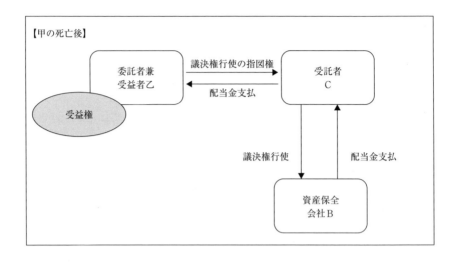

1 本件の特徴

① 信託契約において、甲の生存中は甲が受益者として資産保全会社B社の経営権を維持しつつ、甲の死亡時には後継者である長男乙が受益権を取得する旨を定めることにより、乙が将来確実にB社の経営権を取得することができます。
② 信託契約により受託者CがB株主としてB社株式を管理することとなるため、甲が第三者に株式を処分してしまうリスクを軽減することができます。
③ 乙は甲の死亡と同時に受益者となることから、B社の経営の空白期間が生じません。

2 遺言と遺言代用信託

(1) 遺言
① 内容
遺言は、自身の死亡とともに身分上あるいは財産上の法的効力を発生させ

る目的で一定の方式に従って行う、相手がいない単独の意思表示です。一般的には自己の死亡時に所有する財産を特定の者に相続、遺贈させるために遺言が利用されます。

② メリット

・手続が簡便で、かつ費用が低額で済む
・遺言の撤回や変更はいつでも可能

③ デメリット

・意思表示により事実上の効果は期待できるものの、法定の遺言事項以外に法的拘束力はない
・遺言の撤回や変更はいつでも可能であるため、後継者の地位が安定しない
・遺言の執行にはある程度の期間が必要であり、その間の経営の空白期間が生じる

(2) 遺言代用信託

① 内容

遺言代用信託は、自身の死後における受益者を定めることによって、委託者の死亡後における財産の分配を信託によって実現させるものです。

委託者の生前に信託を設定する点で、委託者の死亡後に信託が成立する遺言信託と異なります。また、生前の行為によって自己の死亡後における財産承継を行うという点において、死因贈与と同一の機能を有します。

② メリット

- 信託財産は受託者の固有財産から独立した存在であり、受託者や委託者が破産したとしてもその影響を受けない
- 委託者が受益者変更権を有しない旨を定めれば後継者が確実に受益権を承継することができ、後継者の地位が安定する。この定めに反して後継者を変更するには、関係者の同意が必要
- 経営者の死亡により信託契約の定めに従って当然に後継者が受益権を取得することとなるため、経営の空白期間が生じない
- 信託期間中の信託財産の管理について、委託者が信託を設定したときの意思を尊重することができ、相続人等の意思で自由に信託財産の処分等をすることができない
- 受益者に対する条件等を自由に設定できる。たとえば、一度にすべての信託財産の受益権者とせずに、想定受益権者が20歳、30歳などの成長段階に応じて信託財産の一定割合ずつ権利が発生するような条件設定も可能
- 受益者連続型信託を利用すれば、二次相続を踏まえた信託設計も可能

③ デメリット

- 信託設計、継続的な信託報酬により遺言に比して多額の費用が生じる
- 一度信託設計してしまうと容易に解除できず、信託設計しなければ委託者が自由に処分できた財産を万一の場合に利用できなくなるおそれがある
- 信託財産にかかる権利の一部のみの受益者であったとしても、その他の権利者が特定されていなければ、税務上は、その受益者がその信託財産の全部を有するものとみなされてしまう（相令１の12③）。委託

者死亡後、想定受益権者に一部ずつ信託財産の権利を与えるような設定をすると、信託財産の一部の権利しか与えられていないにもかかわらず、全信託財産への課税が生じ、納税資金が不足してしまうおそれがある

3 税務上の取扱い

① 信託設定時

イ．委託者兼受益者：甲

委託者と受益者が同一である自益信託に該当します。自益信託は、信託設定時点においては委託者兼受益者に対する課税が生じません（所基通13－5、法基通14－4－5）。したがって、甲に対する課税は生じません。

ロ．受託者：C

受託者Cは、法人、個人に関わらず課税は生じません。

② 信託期間中

イ．委託者兼受益者：甲

信託期間中において委託者兼受益者である甲は受託者Cを通じてB社の配当金の支払を受けます。非上場会社の配当であるため、20.42％の源泉徴収が行われます。配当額が一定の金額以上であれば、配当所得は総合課税として確定申告が必要です。

ロ．受託者：C

受託者Cは単なる導管にすぎず、課税は生じません。

③ 甲の死亡時

イ．委託者兼受益者：乙

甲の死亡により乙が委託者兼受益者となり、甲からB社株式の遺贈を受けたものとして相続税が課されます。

ロ．受託者：C

　受託者Cは単なる導管にすぎず、課税は生じません。

4　後継者以外の相続人がいる場合

　本事例では、後継者として長男乙のみがいる状況を想定しています。仮に後継者以外の相続人である二男丙がいるとすれば、被相続人にB社株式以外の相続財産がないにもかかわらず、乙のみにB社株式を相続させてしまうと、二男丙の遺留分を侵害する結果を招きます。

　このようなケースには、遺留分に配慮しながら受益権を分割し、後継者と後継者以外の相続人にそれぞれ受益権を付与し、議決権行使の指図権は後継者のみに付与することにより、遺留分に配慮しつつ当初の目的を達成することができます。

　信託契約において各相続人を受益者と定めて遺留分に配慮しつつ、後継者のみを議決権行使の指図権者として指定することで、議決権の分散を防止することができます。

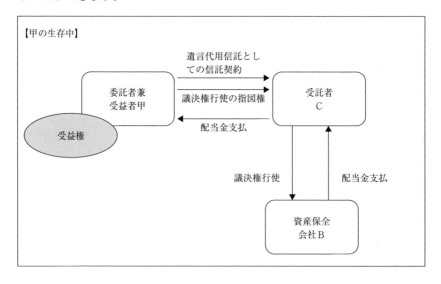

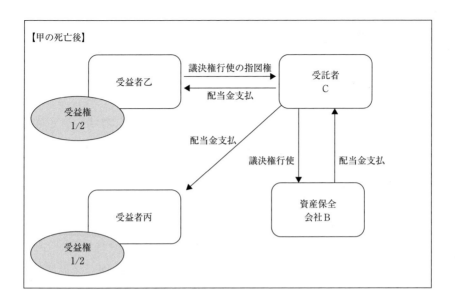

251

6-3 他益信託による早期の事業承継

> 事例
>
> 上場会社A社のオーナー甲は資産保全会社B社を有しており、自分が生存中に長男乙にB社株式をすべて承継したいと考えています。ただし、甲は今後一定期間はB社の経営に関与し続けたいと考えています。

> 解決策
>
> 甲を議決権行使の指図者、乙を受益者とする信託契約を行うことにより、B社の経営権は甲が維持しつつ、B社株式の財産的価値は後継者である乙に贈与することができます。

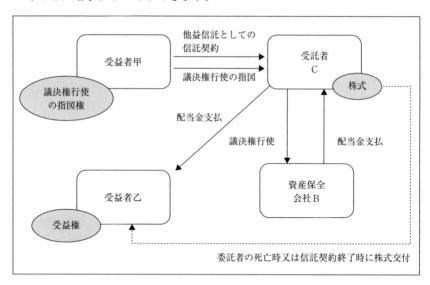

1 本件の特徴

① 甲がB社の議決権行使の指図権を留保することで、甲はB社の経営権を

維持することができるとともに、Ｂ社株式の財産的価値部分は乙に承継することができます。

② 信託契約に信託終了時に乙がＢ社株式の交付を受ける旨を定めておくことにより、乙は後継者としての地位を確立することができます。

③ 信託終了時を、信託設定から数年経過時、甲の死亡時とするなど、柔軟に設定することができます。

④ 信託スキームは、拒否権付種類株式（黄金株）の発行等と比較して、次のメリットがあります。

・種類株式を利用する方法は、新規発行手続あるいは既存株式の種類変更手続が煩雑であり、株式が分散している会社では、その導入自体が困難。一方、信託スキームは、委託者、受託者、受益者の契約当事者間の契約手続で行うことができ、実行が比較的容易

・拒否権付種類株式を甲が有していたとしても、会社の積極的な意思決定には関与することができない。信託スキームは、甲が積極的に会社の意思決定に関与することができる

・拒否権付種類株式を甲に付与した場合には、甲の相続が発生した時に後継者以外の者が拒否権付株式を取得しないよう遺言を作成したり、経営者（甲）の生存中に消却したりするなどの措置が必要。一方、信託スキームは、委託者が死亡した後も信託契約は継続させることが可能

2　税務上の取扱い

①　信託設定時

　信託設定時に、税務上、委託者甲から受益者乙に対して資産の移転があったものとみなされます。このため、無対価と適正な対価を支払うのとでは、次のように取扱いが異なります。

	委託者	受託者	受益者
無対価	課税なし	課税なし	B社株式の贈与を受けたものとして贈与税
適正な対価を支払う	譲渡益課税	課税なし	課税なし

②　信託期間中

　上記**6-2**と同様の取扱いです。

③　信託契約終了時

　信託契約終了時には、受託者Cが有していた株式は受益者乙に交付され、以後議決権も乙が有します。信託設定時にすでに課税済みであるため、信託契約終了時における課税は生じません。

④　信託契約終了前に甲が死亡した場合

　信託契約終了前に甲が死亡すると、委託者としての権利義務は相続人が承継します。信託契約で乙にのみ承継させる旨を定めていれば、乙にのみ承継させることが可能です。この場合にも課税は生じません。

6-4 受益者連続型信託を利用した承継者の指定

事 例

　上場会社Ａ社のオーナー甲は、Ａ社株式を主要な資産とする資産保全会社Ｂ社を有しています。長男の乙は、現在小学生ですが、将来大学を卒業し、社会人となったら乙にＢ社株式を承継させたいと考えています。ただし、乙が社会人になる前に甲が死亡してしまった場合には、所有するＡ社株式を妻丙が相続し、丙が死亡した後に長男乙に相続させたいと考えています。

解決策

　受益者連続型信託を活用します。甲が委託者となりＢ社株式を信託財産として、次の内容の信託契約をします。

> ①　甲が生存している間は、甲を受益者とする。受益者は、議決権、配当金など信託財産であるＢ社株式から生じるすべての権利を有する
>
> ②　甲の死亡後は、受益者を丙とし、丙の死亡後は、受益者を乙とする
>
> ③　乙が社会人となった場合には、乙が受益権を取得することになる

255

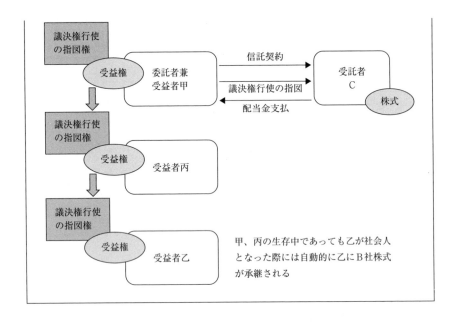

1 税務上の取扱い

① 信託設定時及び信託期間中
上記**6-2**と同様の取扱いです。

② 甲の死亡により丙が受益者となった場合
　第一次受益者の死亡その他の事由により、適正な対価を負担することなく新たに信託受益権を取得した第二次受益者以降の受益者は、税務上、直前の受益者から贈与（死亡を基因とする場合は遺贈）により受益権を取得したものとして取り扱われます。

　ただし、信託法上、第二次受益者はあくまでも委託者から受益権を取得したものとして取り扱われます。

　本事例では、甲が第一次受益者、丙が第二次受益者となるため、丙は甲から遺贈があったものとして課税されます。

③ 丙の死亡により乙が受益者となった場合

乙は第三次受益者となります。直前の受益者（第二次受益者）である丙から遺贈があったものとして課税されます。

④ 乙が社会人となったことにより受益者となった場合

甲又は丙の生存中に乙が社会人となったことにより、乙が新たな受益者となる際には、直前の受益者である甲又は丙から贈与があったものとして課税されます。

2 生前に当初受益者が存在しない信託契約を設定する場合

本事例では、甲が当初委託者兼受益者となりました。

甲が生存中に、当初受益者を指定せず乙が社会人となった場合には乙が受益者となる信託契約を設定するケースを考えてみます。

① 信託設定時

イ．委託者に対する課税

受益者等の存在しない信託を設定した場合には、委託者が信託財産の価額に相当する金額により受託者に譲渡をしたものとして、委託者が個人であればみなし譲渡課税（所法6の3七、67の3）が行われ、委託者が法人であればみなし譲渡課税及び寄附金課税（法法37）となります。

ロ．受託者に対する課税

信託設定時に、受託者がその信託財産の価額に相当する金額の贈与を受けたものとして、受贈益課税が行われます（法法22②）。

ただし、その後に受益者等となる者が委託者等の親族である場合には、受託者に贈与税（相続税）が課税されます。なお、その場合贈与税（相続税）から受託者に課される法人税等が控除されます（相法9の4①③④）。

② 信託期間中

受益者等の存在しない信託は、原則として法人課税信託に該当します。信

257

託財産から生ずる所得に対し、その受託者の固有財産から生じる所得とは区別して、その受託者に法人税等が課されます（法法2二十九の二ロ、4の6、所法6の2）。

③ 受益者が存在することとなった場合

受益者等の存在しない信託（法人課税信託）に受益者が存することとなった場合には、法人課税信託に係る受託法人の解散があったものとされ、受益者が存在する信託（受益者等課税信託）に移行します。

また、受益者の存在しない信託に受益者が存在することとなった場合には、その受益者の受益権の取得による受贈益に、所得税又は法人税は課されません（法法4の7八、64の3②③、所法6の3五、67の3①②）。

ただし、受益者等を特定した時に、その受益者等が信託契約時に存在しない者であり、かつ委託者の親族であるときには、その信託の受益者等となる者に贈与税が課されます（相法9の5）。受益者等が存在しない期間は、法人課税信託として取り扱われますが、受益者等が存することとなった場合には、以後受益者等課税信託として取り扱われます。

④ 信託が終了した場合

受益者等が存在しない信託が終了した場合には、受託者に対して清算所得に対する法人税が課税されるとともに、残余財産を取得した帰属権利者に所得税又は法人税が課されます。

3 遺言によって信託契約を設定する場合

遺言によって、乙が社会人となった場合に乙にB社株式の受益権を贈与するという信託を設定した場合の課税の取扱いは、信託設定時を除き、生前に当初受益者等が存在しない信託契約を設定する場合と同様です。

信託設定時の課税の取扱いは、次のとおりです。

① 委託者に対する課税

受益者の存在しない信託を設定すると、委託者が信託財産の価額に相当する金額による譲渡をしたものとして、みなし譲渡益課税が行われます（所法6の3七、67の3）。この場合、委託者は死亡していますので、所得税のみが課され、住民税は課されません。

② 受益者に対する課税

設定時には受益者が存在しないため、相続税は課されません。

③ 委託者の相続人に対する課税

遺言により信託が設定される場合には、委託者の相続人は相続により委託者の地位を承継しないこととされています。遺言により受益者が存在しない信託が設定された場合には、その信託に関する権利は委託者から相続人の相続財産とはならず、その権利に対して相続税は課されません。

④ 受託者に対する課税

信託設定時に、受託者がその信託財産の価額に相当する金額の贈与を受けたものとして、受贈益課税が行われます（法法22②）。

ただし、信託により受託者に適用される法人税率と、信託を利用しない場合に相続人に適用される相続税率等との差を利用した相続税回避行為に対応するため、受益者となる者が委託者等の親族であれば、受託者に相続税等が課されます（法人税等は控除）（相法9の4）。

コラム

上場会社オーナーと信託

　上場会社オーナーがよく利用する信託は、有価証券処分信託と思われます。

　保有資産に占める自社株式の比率を下げたい場合や、不動産など大型の投資資金が必要な場合、個人的な副業で失敗をして借入返済が必要になった場合など理由は様々ですが、インサイダー取引規制の適用を受けることなく、自社株式を換金化することができます。

　また、あまり知られていませんが、逆の有価証券取得（購入）信託もあります。オーナーの持株比率が低く対外的な体裁が悪い場合、有利な配当税制を活用する場合、自社株式投資が最高の資金運用と信じている場合など、こちらも理由は様々ですが、インサイダー取引規制の問題を気にせずに自社株式を購入できます。

第7章

資産の移転対策

7-1 暦年課税と相続時精算課税

事　例

　上場会社オーナー甲は、上場株式（時価100億円）、不動産（時価３億円）及び預金（２億円）を保有しています。甲はすでに65歳であり、後継者である長男乙に上場株式や不動産を移転したいと考えています。乙自身は現在自己の固有の財産として財産らしい財産を保有しておらず、甲から財産の譲渡を受けるための取得資金、あるいは、贈与を受けるときに発生する贈与税の納税資金の当てがありません。甲は、乙に財産を移転する際にできるだけ税負担が生じないようにしたいと考えています。

解決策

　甲が後継者である乙へ生前に財産を移転する方法には、譲渡と贈与があります。さらに、贈与には、その課税方法の相違により、暦年課税と相続時精算課税があります。

1　財産の移転方法の選択

　親から子へ財産を移転する方法には、譲渡と贈与があります。譲渡と贈与には、次のメリットとデメリットがあります。

	譲　渡	贈　与
メリット	・譲渡所得への課税は譲渡者に課されるため、取得者は納税資金を気にする必要がない ・贈与に比べて税率が低い	・現金や預金も贈与できる ・将来の価値の上昇が見込まれる資産であれば、相続時精算課税を選択して贈与により親から子へその資

262　第７章　資産の移転対策

	・譲渡損失が生じる場合には、譲渡した資産の内容によって、内部通算・損益通算ができる	産を移転させておくことにより、将来の相続税を軽減させる効果がある
デメリット	・取得者が取得資金を調達する必要がある ・譲渡代金が相続財産として譲渡者に残る ・現金や預金は譲渡できない	・贈与税は贈与財産を受け取った受贈者に課されるため、受贈者の贈与税の納税資金を考慮する必要がある ・贈与税の税率が高い

2 贈与の課税方法による選択

(1) 暦年課税と相続時精算課税

　贈与には、その課税方法の相違により、暦年課税と相続時精算課税があります。暦年課税と相続時精算課税の相違をまとめると、次のとおりです。

	暦年課税	相続時精算課税
贈与者	年齢制限なし	贈与をした年の1月1日において60歳以上の親又は祖父母（直系尊属からの住宅取得等資金の贈与を受けた場合の非課税（以下、「住宅取得等資金の贈与に係る相続時精算課税の特例」という）については年齢制限なし）
受贈者	年齢制限なし	贈与を受けた年の1月1日において20歳以上の子である推定相続人又は孫
贈与時の税率	累進税率（最高55%）	贈与財産の価額が特別控除額を超えた額につき、一律20%

263

基礎控除額 （特別控除額）	年間110万円	2,500万円を限度として複数年にわたり利用可能
贈与税の 申告の要否	基礎控除の範囲内の贈与であれば申告不要	いったん相続時精算課税を選択すれば、その後の贈与財産の価額はいくらであっても申告が必要
相続時の 税額計算	相続開始前3年以内贈与を除き、原則として贈与財産は相続税の計算上考慮しない	贈与財産と相続財産を合算して相続税の計算を行う。支払った贈与税は計算された相続税額から控除

(2) 暦年課税

　暦年課税の贈与税の計算は、まず、その年の1月1日から12月31日までの1年間に贈与により取得した財産の価額の合計額から基礎控除額110万円を差し引き、基礎控除後の課税価格を算出します。

　平成27年1月1日以後の贈与より、次の＜1＞と＜2＞の場合で、異なる税率構造になっています。

＜1＞　20歳以上の者が直系尊属から贈与を受けた場合

＜2＞　それ以外の場合

　具体的には、それぞれ次の速算表により、基礎控除後の課税価格に税率を乗じて算出した額から控除額を控除し、税額を計算します。

基礎控除後の課税価格	＜1＞		＜2＞	
	税率	控除額	税率	控除額
200万円以下	10%	－	10%	－

264　第7章　資産の移転対策

300万円以下	15%	10万円	15%	10万円
400万円以下			20%	25万円
600万円以下	20%	30万円	30%	65万円
1,000万円以下	30%	90万円	40%	125万円
1,500万円以下	40%	190万円	45%	175万円
3,000万円以下	45%	265万円	50%	250万円
4,500万円以下	50%	415万円	55%	400万円
4,500万円超	50%	640万円		

　なお、一定の要件のもと、配偶者や親子、兄弟姉妹などの扶養義務者の間において生活費や教育費に充てるためにした贈与により取得した財産であって、かつ、通常必要と認められるものの財産の価額は、贈与税の課税価格に算入されません（相法21の３）。

①　生活費及び教育費の意義

　生活費とは、教育費を除く、その者の通常の日常生活を営むのに必要な費用をいいます（相基通21の３－３）。治療費、養育費その他これらに準ずるものを含みます。ただし、保険金又は損害賠償金により補塡される部分の金額は除かれます。

　教育費とは、被扶養者の教育上通常必要と認められる学資、教材費、文具費等をいいます（相基通21の３－４）。教育費は、義務教育費に限定されていません。

②　生活費及び教育費の取扱い

　生活費又は教育費として必要なつど、直接これらの用に充てるために贈与によって取得した財産であれば、生活費又は教育費に充てるものとして、贈与税の課税価格に算入されません。生活費又は教育費の名義で取得した財産を、預貯金した場合や株式の買入代金もしくは家屋の買入代金に充当した場合には、その預貯金又は買入代金等の金額は、「通常必要と認められるもの」

とは認められず、贈与税の課税価格に算入されます（相基通21の3－5）。

③　生活費及び教育費等で通常必要と認められるものの意義

　生活費及び教育費等で通常必要と認められるものは、当事者間の個別的な事情を考慮しながらも、社会通念上適当と認められる範囲に限られます（相基通21の3－6）。金額的な目安を示すことは難しいのですが、生活費及び教育費に該当するからといって、そのすべてが通常必要と認められるものとはならないことに留意する必要があります。

④　生活費等に充てるために財産の名義変更があった場合

　預貯金の利子や株式の配当といった財産の果実のみを生活費又は教育費に充てるために財産の名義変更をした場合であったとしても、その名義変更の時にその利益を受ける者（名義の取得者）が、これらの財産を贈与によって取得したものとして取り扱われます（相基通21の3－7）。

(3)　相続時精算課税と関連する特例等

①　相続時精算課税

イ．制度の概要

　相続時精算課税とは、贈与時に贈与財産に対する贈与税をいったん支払、相続時にその贈与財産の価額と相続財産の価額とを合算した価額をもとに計算した相続税額から、すでに支払った贈与税額を控除して、納付すべき相続税額を計算することにより、贈与税・相続税を通じた納税をするというものです。相続時精算課税を選択した後の贈与は、複数年にわたって通算2,500万円までは課税されず、これを超えた額に対して20％の贈与税額が課されます。贈与者からの贈与に相続時精算課税を適用するか否かは、贈与をする人ごとに贈与を受ける人が選択します。

ロ．適用対象者

　相続時精算課税の適用対象者は、贈与をする人（贈与者）は60歳以上の親又は祖父母、贈与を受ける人（受贈者）は20歳以上の子（推定相続人）

266　第7章　資産の移転対策

又は孫です（相法21の9①）。年齢は、贈与をした年の1月1日で判定します。

ハ．相続時精算課税を適用した場合の贈与税額の計算

　相続時精算課税を選択した受贈者は、相続時精算課税に係る贈与者から1年間に贈与を受けた贈与財産の価額を他の贈与財産の価額と区分して合計します。その贈与財産の価額の合計額から、2,500万円の特別控除額（複数年にわたって利用可）を控除した残額に20％の税率を乗じて得た額が贈与税額です（相法21の10〜21の13）。

ニ．相続時精算課税を適用した場合の相続税額の計算

　相続時精算課税を選択した受贈者は、相続時精算課税に係る贈与者の相続時に、それまでに取得した贈与財産の価額と相続財産の価額とを合算した額に基づき計算した相続税額から、すでに支払った贈与税額を控除して、相続時に納付すべき相続税額を計算します（相法21の14〜21の16）。相続財産の価額と合算する贈与財産の価額は、贈与時の時価です（相法21の16③）。

　その際、相続税額から控除しきれない贈与税は、還付を受けることができます。

ホ．適用手続

　贈与を受けた人が相続時精算課税を選択するには、その選択に係る最初の贈与を受けた年の翌年の2月1日から3月15日までの間に、相続時精算課税選択届出書を受贈者の戸籍の謄本などの一定の書類とともに贈与税申告書に添付して所轄の税務署長に提出します（相法21の9②、相令5①、相規10、11）。

　相続時精算課税は、最初の贈与を受けた年より相続時まで継続して適用されます。いったん相続時精算課税を選択すると、取り消すことができません。

267

② 住宅取得等資金の贈与に係る相続時精算課税の特例

　住宅取得等資金の贈与に係る相続時精算課税の特例では、住宅投資促進を図る観点から、相続時精算課税の適用につき贈与者の年齢制限が撤廃され、60歳未満の親からの贈与についても相続時精算課税が適用できるとされています（措法70の３）。

　この特例の適用は、自己の居住の用に供する一定の家屋を取得する資金、又は自己の居住の用に供する家屋の一定の増改築のための資金の贈与を受ける場合に限られます。

　一定の家屋とは、新築又は築後経過年数20年以内（一定の耐火建築物である場合には、25年以内）の家屋で床面積が50㎡以上であることその他の要件を満たすものをいいます。一定の増改築とは、増築、改築、大規模の修繕、大規模の模様替え等であって、増改築等の工事費用が100万円以上であること、増改築後の家屋の床面積が50㎡以上であること、その他の要件を満たすものをいいます（措法70の３③四、措令40の５）。

　この特例は、平成31年6月30日までの時限措置です。

⑷　相続時精算課税選択のチェックポイント

　相続時精算課税を選択するか否かのチェックポイントには、①贈与財産の将来の価格、②贈与財産の収益性、③遺言と生前贈与、④相続税の納税義務の承継があります。

① 贈与財産の将来の価格

　相続税の計算において相続財産の価額に合算される贈与財産の価額は、贈与時の時価とされています。

　贈与財産の贈与時の時価が相続時の時価を大きく下回っていると予想できるのであれば、相続財産の価額に合算される贈与財産の価額は贈与時の低い時価によりますので、相続税の負担が相対的に減少します。逆に、贈与財産の贈与時の時価が相続時の時価を大きく上回っていると予想できるのであれ

ば、相続財産の価額に合算される贈与財産の価額は贈与時の高い時価によることになるため、相続税の負担が相対的に増加します。

相続時精算課税の利用は、将来価格が上昇することが見込まれる財産を贈与するのに適しているといえるでしょう。

② 贈与財産の収益性

収益性の高い財産は、親から子へ早めに財産を移転させることによって、その財産から稼得される収益を親から子へ移転させることができます。親が所得税の最高税率適用者であれば、収益性の高い財産を子に移転させることによって、ファミリー全体の所得税負担額を減少させることができます。また、子が収益性の高い財産から稼得されるキャッシュをプールしておくことによって、相続税の納税資金を準備しておくことができます。

③ 遺言と生前贈与

子が2人以上いる場合には、遺言により、それぞれの子に承継させる財産を特定しておくことができます。しかし、相続後の遺産分割協議における相続人の合意により、遺言と異なる遺産分割がされてしまう可能性もあり得ます。

相続時精算課税を選択して生前贈与を行っておけば、それぞれの子に承継させる財産を生前に取得させておくことが可能となるため、財産の承継に対する親の想いを目の黒いうちに果たすことができます。

④ 相続税の納税義務の承継

相続時精算課税を選択した子（相続時精算課税適用者）がその贈与者である親（特定贈与者）より先に死亡した場合には、その相続人等（承継相続人）は、特定贈与者である場合を除き、相続時精算課税の適用に伴う相続税の納税の権利又は義務を承継します（相法21の17、相令5の5）。

また、承継相続人が特定贈与者より先に死亡した場合には、その承継相続人の相続人（再承継相続人）は、その相続時精算課税適用者が有していた相続時精算課税の適用に伴う納税の権利又は義務を承継します（相法21の17④、

相基通21の17－1）。なお、再承継相続人が特定贈与者より先に死亡した場合には、その相続時精算課税の適用に伴う納税の権利又は義務はその再承継相続人の相続人には承継されず消滅します。

人の寿命を予測することは不可能ですが、相続時精算課税がこのような制度となっていることは念頭においておく必要があります。

3 贈与契約書の作成

後継者等への贈与で財産を移転する際には、双方の意見を明確にし、贈与事実があったことを証明するため贈与契約書を作成します。

贈与契約書

贈与者甲と受贈者乙との間で、今般次のとおり贈与契約を締結した。

第1条　甲は、その所有する次の物件を無償で乙に贈与することを約し、乙はこれを受諾した。

（贈与物件）

株式会社×××　○○株

第2条　甲は前条記載の贈与物件を、平成××年××月××日までの一定の日（以下、「贈与日」という）に乙に引き渡すこととする。

2　甲は、前条記載の贈与物件を、贈与日において次の振替口座に増加の記録がされるよう××証券に対し振替の申請を行う。

振替口座　××　証券××　支店　加入者コード　××

名義　××××

この契約を証するため、この証書2通を作成し、各自その1通を保存する。

平成○○年○○月○○日

贈与者　住　所

	氏　名　　甲　　　　印
受贈者　住　所	
	氏　名　　乙　　　　印

出典：葉玉匡美、仁科秀隆「株券電子化ガイドブック〔実務編〕」商事法務、89頁

4　贈与契約の取消しの税務上の取扱い

　贈与契約については、合意による取消し、又は解除をすることができます。

　税務上は、契約が合意により取り消され、又は解除された場合であっても、その贈与契約に係る財産の価額は、贈与税の課税価格に算入されるのが原則です（個別通達「名義変更等が行われた後にその取消し等があった場合の贈与税の取扱いについて」11）。ただし、当事者の合意による取消し又は解除が次に掲げる一定の事由のいずれにも該当しているときは、税務署長がその贈与契約に係る財産の価額を贈与税の課税価格に算入することが著しく負担の公平を害する結果となると認める場合に限り、その贈与は税務上もなかったものとして取り扱うことができるものとするとされています。

　一定の事由とは、次の事由をいいます。

---

① 　贈与契約の取消し又は解除が当該贈与のあった日の属する年分の贈与税の申告書の提出期限までに行われたものであり、かつ、その取消し又は解除されたことがその贈与に係る財産の名義を変更したこと等により確認できること

② 　贈与契約に係る財産が、受贈者によって処分され、もしくは担保物件その他の財産権の目的とされ、又は受贈者の租税その他の債務に関して差押えその他の処分の目的とされていないこと

③ 　その贈与契約に係る財産について贈与者又は受贈者が譲渡所得又は

非課税貯蓄等に関する所得税その他の租税の申告又は届出をしていないこと

④　その贈与契約に係る財産の受贈者が当該財産の果実を収受していないこと、又は収受している場合には、その果実を贈与者に引き渡していること

コラム

資産承継における平等の罪

　自分の子どもに対してすべて平等に接したいという想いは、いつの時代にも共通の親心です。この想いが災いとなるケースが資産家にも多くみられます。

　父親は、自身が経営する会社の株式を、生前贈与においても遺言においても長男と二男に同数承継させました。父親の他界後、何が起こったかというと、会社の経営方針をめぐって、兄弟の深刻な争いが生じてしまったのです。

　長男と二男の議決権比率はそれぞれ50％ずつ。さらに運悪く、長男と二男に従う取締役の数も同数です。マジョリティ（過半数主体）が存在しないため、取締役会、株主総会で何も決議できません。この結果、お互いの決議無効の訴えの連続で、積み上がった弁護士費用も巨額なものとなってしまいました。長男と二男の争いが長引くにつれて、会社の事業そのものが傾いてしまったのは、当然の結末です。

　資産承継の局面では、現預金は等分割でも構いませんが、会社支配権は誰が主（メイン）で誰が副（サブ）かを明確にしなくてはならないといえます。

7-2 株価急騰時の株式移動

事　例

　上場会社オーナー甲は、A社の筆頭株主であり、A社株式を50万株（持株比率25％）保有しています。先般、甲が代表取締役社長を退任し代表権のない会長職に就任すると同時に、甲の長男である乙が代表取締役社長に就任しました。経営に関する人的承継は完了しましたが、経営支配権である株式の承継（移動）は行っていません。

　平成XX年３月28日、A社は、同業他社であるB社を買収するとプレスリリースしました。これを受け、A社株式は連日ストップ高と急騰しました。この買収によるA社の次年度の連結業績への影響数値は、同年５月中旬の平成XX年３月期の決算発表と同時に公表するとアナウンスしています。

　甲は、このような企業戦略の大きな転換期に、A社株式を乙に贈与したいと考えています。A社株式５万株（時価総額約20億円）を想定しています。

　これまでのA社の株価の推移は、次のとおりです。

３月終値平均	４月終値平均	５月終値平均	５月31日終値 （贈与日）
10,000円	20,000円	30,000円	40,000円

解決策

　A社は、上場会社であり、株式移動に際して金融商品取引法第166条に規定されるインサイダー取引規制に抵触しないことが最優先課題です。この取引には、インサイダー取引に抵触する可能性のある次の２つ

の事実があります。

---

① 甲会長及び乙社長は、金融商品取引法第166条第1項に定める会社関係者であること

② B社の買収は3月中にプレスリリースされたが、連結業績の影響数値の公表は5月中旬とアナウンスしており、未公表の重要事実（金商法166②一ヨ、③）が発生していること

さらに、株式移動が一般投資家にどのような影響を与えるかを検討する必要があります。

本事例では、決算情報が一般的にディスクローズされた後、つまり、5月中旬以降に株式移動を行うこととしました。法律的には、情報保持者同士の贈与による株式の移動であるため、インサイダー取引規制の対象外ですが（金商法166⑥七）、IR的側面を重視して贈与日を決算発表日以降としました。

具体的には、平成XX年3月期の決算発表が同年5月18日に行われたため、インサイダー情報としての決算関連情報が公に十分浸透した後と判断された同年5月31日に、株式の贈与を行うこととしました。

また、株価急騰の実情にある株式の贈与税の課税価格にどのような価格を採用すべきかを検討しておく必要があります。株式の評価に当たり、贈与した日付が重要な意味を持つため、贈与契約書を公正証書で作成しました。贈与契約書は、契約日5月31日、同日効力発生により株式の口座振替を行うという内容です。

1 インサイダー取引の検討

インサイダー取引規制の規制対象は、売買その他の有償の譲渡もしくは譲受け等（所有権移転）であり、贈与はインサイダー取引規制の対象外の取引

と考えられます。

　また、株式の移動を有償の譲渡で行ったとしても、甲、乙いずれもインサイダー（内部者）の株式の相対による有償の譲渡であり、インサイダー規制の適用除外である金融商品取引法第166条第6項第7号の会社関係者等の間のインサイダー同士の相対取引に該当するため、インサイダー取引規制の対象外と考えられます。

2　株価急騰の実情にある株式の価額

　財産評価基本通達における上場株式の評価は、その株式が上場されている金融商品取引所の公表する課税時期の最終価格です。課税時期の属する月以前3カ月間の毎日の最終価格の各月ごとの平均額のうち最も低い価額のいずれかによって評価することができます（評基通169(1)）。

　負担付贈与又は個人間の対価を取引により取得した上場株式の価額は、その株式が上場されている金融商品取引所の公表する課税時期の最終価格によって評価します（評基通169(2)）。

　本事例の株式の贈与は、負担付贈与又は個人間の対価を伴う取引によるものではないため、課税時期の属する以前3カ月間の毎日の最終価格の各月ごとの平均額のうち最も低い価額である10,000円が、贈与税の課税価格になると考えられます。また、負担付贈与に抵触しないよう、乙の贈与税の支払資金は乙が独自に銀行借入れ等によって調達する必要があります。

コラム

財産内容を話して息子は堕落

　子どもの資産形成に大変熱心に取り組んだ資産家がいました。息子が幼少のときから、息子への資産移転を進め、投資した会社の上場もあり、息子の財産総額は相当なものになりました。

　息子が社会人になったとき、いい機会だと思い、父親は息子に対し、「預金がいくら、有価証券の時価評価がいくら」と伝えました。すると、この直後から息子の行動は常軌を逸してしまったのです。就職した会社は短期で退職し、定職を持たなくなりました。有価証券の換金も進めてしまい、証券会社も本人発注であるので否めなかったようです。

　あくまで、私見ですが、子どもの資産管理能力は40歳を超える頃になって信頼性が増すように実務を通じて思います。

コラム

子どもへの財産移転が親を窮地に

　ある資産家が相続税対策として5年かけて自宅を息子に生前贈与しました。

　ここまではよかったのですが、その後、親子喧嘩が生じて、息子が「ここは俺の家なのだから出ていけ」と啖呵を切ったところ、親は長年住み慣れた自宅から本当に引っ越してしまいました。

　相続税対策による贈与であっても、法形式上は息子のものです。生前に子どもに財産の移転を進めすぎてしまうと、親を大事にしなくなる場合もあるようです。

第8章

遺言書

8-1 上場会社オーナーの遺言書作成の実務

1 遺言書作成の有用性

遺言がない状態で相続が発生すると、相続財産は共有とされ（民法898）、原則、相続財産は相続人が法定相続割合で相続します（民法899〜901）。

また、相続人との間の遺産分割協議により、誰が、何を、どれだけ相続するかを決定することもできます（民法907）。しかし、相続人の各々の思惑が異なり、なかなか遺産分割協議がまとまらず、骨肉の争いに発展してしまうケースも見受けられます。

そのため、上場会社オーナーの遺志を明確に伝える手段として、遺言書の作成が欠かせないといえます。

上場会社オーナーの保有財産は、多種多様であり、早い段階からその内容を把握しておくことが肝要です。何よりも、上場会社オーナーが保有する自社株の処遇については、決定しておく必要があります。

2 保有財産の把握

上場会社オーナーの保有財産を確定するために、上場会社オーナーに現状を詳細にヒアリングし、すべての財産を洗い出します。ヒアリング内容は、税理士等が相続税の申告の際に行うヒアリングとほぼ同様です。

把握漏れがよく生じる資産には、非上場会社の株式、相続等により取得した遠方の不動産、書画、骨董などが挙げられます。

278　第8章　遺言書

3 保有財産の評価と属性の把握

次に、洗い出した保有財産を個別に評価し、保有財産の属性を把握します。

明らかに分割不可能、あるいは分割困難な財産が多いのであれば、遺言書を作成する前に、財産のポートフォリオを変更しておくことも検討します。換金可能な財産があまりにも少ないのであれば、今後、財産の一部を何らかの方法で換金化しておくことも検討する必要があります。

財産の属性と評価額を把握したうえで、遺産分割の意思決定を行うことになります。

4 遺産分割案の作成

上場会社オーナーのニーズ、取り巻く状況は様々です。あわせて、上場会社オーナーが抱える悩みも多種多様です。

たとえば、「相続人が現在保有する財産の額と相続により取得する財産の額との合計額がほぼ同額となるようにして平等にしたい」「二男を相続後の筆頭株主にさせたい」「上場会社オーナー一族と会社との関係や引退後の上場会社の役員人事なども遺言書に反映させたい」などといった要望です。

遺言書を作成した当初は、上場会社オーナーの財産承継の青写真も大雑把になりがちです。しかし、大雑把でもいいのです。それを手掛かりに試行錯誤し、一つの基本意向を定め、その意向に沿えるいくつかのパターンの遺産分割案を作成し、遺言書を作成していく工程が大事といえます。

5 相続税の試算

いくつかのパターンの遺産分割案ごとに、次の事項についてシミュレーションをします。

これにより、納税資金と納税資金を確保するための換金化スケジュールまで見据えた全体像を遺言書作成段階で明確にすることができます。

イ　相続税の概算額
ロ　各相続人の納税資金（保有財産も含めて検討）
ハ　納税後の各相続人の財産構成
ニ　株価の変動による遺産分割案への影響
ホ　相続後の上場会社の株主順位

6　遺言書の原案の作成

遺産分割案の作成と相続税の試算を何度か繰り返すと、「誰にどの財産をどのくらい引き継がせたいのか」が明確に見えてきます。上場会社オーナーの意向を忠実に守れるよう、遺言書の原案を作成します。

遺言書で残される言葉は、上場会社オーナーの最後の思いであるため、当然に遺言書一つひとつで異なります。上場会社オーナーのなかには、遺言書を見たときの相続人の気持ちを考え、一言ひとことの言い回しに非常に神経質になる人もいますし、遺産分割とは関係ないものの、将来を任せる子息に対する現在の気持ちを遺言に入れる人もいます。一方で、遺言書を作成した後に、生前に相続人にすべてを開示して具体的に説明するため、遺産分割の割合のほかはいっさい余計な事項を記載しない人もいます。まさに千差万別です。

7 遺言の方式

(1) 遺言の手続

遺言の方式には、自筆証書遺言、秘密証書遺言、公正証書遺言があります。

方　式	手　続
自筆証書 （民 968）	遺言者が、その全文、日付、氏名を自署し、これに印を押す
秘密証書 （民 970）	①　遺言者が、その証書に署名し、印を押す ②　遺言者が、その証書を封じ、証書に用いた印章をもってこれを封印する ③　遺言者が、公証人1人及び証人2人以上の前に封書を提出して、自己の遺言書である旨並びにその筆者の氏名及び住所を申述する ④　公証人が、その証書を提出した日付及び遺言者の申述を封書に記載した後、遺言者及び証人とともにこれを署名し、印を押す
公正証書 （民 969）	①　証人2人以上が立ち会う ②　遺言者が、遺言の趣旨を公証人に口授する ③　公証人は、遺言書の口述を筆記し、これを遺言者及び証人に読み聞かせ、又は閲覧させる。公証人が法的に問題はないかをチェックし、公正証書遺言を作成する ④　遺言者及び証人が、筆記が正確なことを承認した後、各自これに署名し、印を押す。できあがった公正証書遺言の原案を遺言者と読み合わせ、問題がないことを確かめる ⑤　公証人が、その証書が上記の方式に従って作ったものである旨を付記して、これに署名し、印を押す

(2) 公証手続

遺言書は、公証人役場で公証手続によることをおすすめします。公証人手数料がかかりますが、公正証書遺言は、未来永劫保管されます。そのため、遺言書の紛失、改ざんのおそれはありません。

281

なお、公証人役場に提出する資料には、次のものがあります。

イ　相続人と遺言者の関係がわかる戸籍謄本（原本）

ロ　遺言者の印鑑登録証（原本）

ハ　不動産があるときには、不動産登記簿謄本及び不動産評価証明書

ニ　株式があるときには、会社の登記簿謄本

　公証人手数料（法律行為に関する証書作成の基本手数料）は、遺言書の記載財産の額に対してかかります（公証人手数料令9、別表）。1枚の遺言書でも、財産の相続又は遺贈を受ける人ごとにその財産の価額を算出し、その価額に対応する手数料額を算出し、これらを合計した額が手数料額となります。たとえば、相続人2人に100億円ずつ残す場合には、約340万円の手数料が必要です。

　なお、遺言加算といって、全体の財産が1億円以下であるときは、下記によって算出した手数料額に1万1,000円が加算されます（公証人手数料令19）。

目的の価額		手数料
100万円以下		5,000円
100万円超	200万円以下	7,000円
200万円超	500万円以下	1万1,000円
500万円超	1,000万円以下	1万7,000円
1,000万円超	3,000万円以下	2万3,000円
3,000万円超	5,000万円以下	2万9,000円
5,000万円超	1億円以下	4万3,000円
1億円超	3億円以下	4万3,000円に超過額5,000万円までごとに1万3,000円を加算

| 3億円超 | 10億円以下 | 9万5,000円に超過額5,000万円までごとに1万1,000円を加算 |
| 10億円超 | | 24万9,000円に超過額5,000万円までごとに8,000円を加算 |

8　配偶者の遺言書の作成

上場会社オーナーのなかには、自分が生きている間に、自己の最終の承継者を見据えたいとの意向を持つ人もいます。

しかし、先を見据えた遺言書を作成するうえでは、上場会社オーナーの意向だけを反映するのではなく、相続人、特に配偶者を意識して遺言書を作成する必要があります。

なぜなら、被相続人の配偶者が遺産分割等により取得した正味遺産額の1億6,000万円、または配偶者の法定相続分相当額のいずれか多い金額までは相続税がかからないという配偶者の税額軽減制度があるため、相続財産の過半を配偶者が相続するケースが多いからです。

配偶者としても、上場会社オーナーの意向に沿うよう、自己の遺産分割も進めたいという考えを持っていることが多いようです。

そこで、上場会社オーナーの意向を最も確実に実行することができるよう、上場会社オーナーの遺言書と並行して配偶者の遺言書も作成し、同時に公証手続を行うことが肝要です。その際には、配偶者の遺言書に次のパターンごとの分割の方法を定めておくことにより、上場会社オーナーの財産の最終的な行方が明確になります。

パターン	分割の方法
配偶者が先に亡くなったとき、もしくは上場会社オーナーと配偶者が同時に亡くなったとき	配偶者が現在保有している財産の分割の方法を定める

上場会社オーナーが先に亡くなったとき（上場会社オーナーの財産を相続しているとき）	配偶者が現在保有している財産に加え、相続により取得した財産の分割の方法も定める

たとえば、次のように定めます。

> ただし、本遺言が効力を生ずる前に遺言者が夫の財産を相続したときは、夫より相続した財産については、第××条以下の条項により長男及び二男に相続させる。

　上場会社オーナーの没後は、配偶者が遺言書を書き換えることを制限することができません。そこで、財産の円滑な承継を行うための有効な手段として、家族信託の一つである「（後継ぎ遺贈型の）受益者連続信託」の利用が考えられます。

　受益者連続信託とは、上場会社オーナーが有する信託受益権を、オーナーの死亡によりあらかじめ指定した人に順次承継する旨の定めのある信託をいいます。

　具体的には、委託者兼当初受益者となるオーナーは、受託者となる信託銀行と信託契約を結び、その後は、オーナー本人の生存中は本人を受益者とし、死亡後は配偶者を、さらに配偶者の死亡後は子へと、連続して受益者とする信託方式です。これにより、「両親亡き後」の財産承継をスムーズに行うことができます。

　なお、信託受益権の承継は、民法上の遺留分の適用を排除するものではなく、遺留分の減殺請求の適用を受けることになります。遺留分に抵触するような信託受益権の設定は、受益権の承継が発生するつど遺留分減殺請求を受ける可能性があること、受益者の死亡により信託受益権の承継が発生するつど当該受益権（元本受益権＋収益受益権）が財産権として相続税の課税対象となること、原則として信託期間は30年（信法91）とされていることには、留意する必要があります。

9 遺言書作成後

　上場会社オーナーも人の子であり、人の気持ちは変わるものです。当然に、遺言書を作成した後、意向が変化することもあります。気持ちの変化に応じて、遺言書を再作成することは認められており、遺言書は、いつでも遺言の方式に従って、何度でも作り直すことが可能です（民法1022）。

　過去に作成された遺言と新たに作成された遺言とに抵触する部分がある場合には、その抵触する部分につき、後に作成された遺言により前に作成した遺言が撤回されたものとみなされます（民法1023）。

　部分的に変更事項のみを新たな遺言書に記載することも可能ですが、過去の遺言書をすべてひもとかなければ遺言書の内容がわからないのでは複雑怪奇なものになってしまいます。そのため、通常は、前回作成した遺言書を撤回し、遺言書のすべてを書き直したほうがよいといえます。

8-2 遺言書の具体的な事例

事 例 ～公平にするための不公平な遺言～

　各相続人が現状保有する財産の額に大きな差が生じています。相続後、すべての相続人の間でできるだけ財産保有額に対する不公平感が生じないようにしたいと考えています。

解決策

　各相続人が現在保有する財産の額と相続により取得させる財産の額との合計額がほぼ同額となるよう、遺産分割の方法を遺言に定めました。結果として、相続人間で、相続財産の額に大きな差が生じてしまいました。

　そこで、遺言書では、各相続人で現在の財産形成に不均衡が生じている旨及びこの遺言書の趣旨が相続後の各相続人の財産額の公平性を考慮した結果である旨を記載しました。

| 事　例　～遺留分減殺の順序を指定する遺言～ |

　上場会社の後継者は、すでに二男丙に決定しています。

しかし、現在の一族内の各人の持株数は、上場会社オーナー甲が筆頭
株主ですが、次に多数の株式を保有しているのは後継者ではない長男
乙です。後継者である丙が経営しやすいよう、甲が所有する株式はす
べて後継者である丙に相続させ、丙を筆頭株主にしたいと考えています。

　一方で、甲の財産のほとんどは株式であったため後継者である丙に
すべての株式を相続させると、他の相続人の遺留分を侵害し、他の相
続人から遺留分の減殺請求がなされてしまう可能性があります。

| 解決策 |

　兄弟姉妹以外の相続人は、直系尊属のみが相続人であるときは被相続
人の財産の3分の1、それ以外の場合には被相続人の財産の2分の1を
遺留分として受けることができます（民法1028）。遺留分権利者は、遺
留分を保全するために必要な限度で、遺贈の減殺請求ができます（民法
1031）。

　遺言書による遺産分割割合は遺留分を侵害していますが、甲の想いを
各相続人に伝えるために、すべての株式を後継者である二男丙に相続さ
せる旨を記載しました。後継者以外の相続人に自社株ができるだけ移ら
ないよう、遺留分の減殺請求（民法1028～1044）があったときには、①
不動産、②現預金、③株式の順序によって減殺することとする旨の記載
も追加しました。

| 事　例　〜遺産の評価基準を定める遺言〜 |

　上場会社オーナーの財産の内容は、資産保全会社株式25％、上場会社株式70％、その他の財産５％です。

　相続人には、法定相続分に従い、完全平等に相続させたいと考えています。一方で、資産保全会社を単独の相続人に相続させたいと考えています。

　上場株式の株価は、常に変動しており、相続税評価額がそのときによって大きく変わってしまうため、相続させる株式数を確定させることができません。

| 解決策 |

　遺言者は、遺言で、一人又は数人の遺言執行者を指定することができます（民法1006）。そして、遺言執行者は、相続財産の管理その他遺言の執行に必要ないっさいの行為をする権利義務を有しています（民法1012）。

　そこで、第三者を遺言執行者として指定し、各相続人に相続させる財産を、株式を調整弁として、相続発生時の評価で完全に平等になるようにしました。

【遺言書記載例】

○○○○（以下、「遺言執行人」という）は、次の基準に従い、株式会社Ａ社の株式の分割方法を指定するものとする。

　遺言執行人は、相続税法上の相続財産の評価基準に照らして全相続財産（相続税法上のみなし相続財産を含む）を評価（その評価時点は相続開始時とする）したうえ、妻、長男、長女、弐女の相続する財産が法定相続分（妻弐分の壱、長男、長女及び弐女各六分の壱）に適合するように、株式会社Ａ社の株式を分割し、各相続人に帰属するＡ社株式数を定める。

> 事　例　～遺産の処分方法を定める遺言～
>
> 　上場会社Ａ社のオーナーである甲は、自分の死後のオーナー一族とＡ社との関係を懸念しています。また、上場会社のオーナー甲は、Ａ社の創業時に、Ｂ社から様々な支援を受けており、Ｂ社に対して相当の思い入れがあり、甲は、自分の死後もＢ社株式を第三者に手渡したくないとの意向を持っています。

解決策

　オーナー一族とＡ社との関係や、上場会社オーナーの思い入れのあるＢ社株式の処遇を遺言書で明記しておくのもよいでしょう。

　本事例では、長男乙にＡ社株式のすべてを相続させますが、二男丙にＡ社の経営の協力を課すものとしました。一方、Ｂ社株式は、長男乙と二男丙に相続させるものの、仮に丙がＢ社株式を処分したいと考えるのであれば、その株式を一族の資産保全会社Ｃ社、あるいは、Ｂ社に対して売却させることにより、Ｂ社株式が第三者の手に渡らないように遺言に明記しました。

【遺言書記載例】

> 　Ａ社（上場会社）株式××株は、乙（長男）に相続させる。ただし、丙（二男）はＡ社のグループ会社の経営に協力すること。
>
> 　Ｂ社（上場会社）株式のうち、××株は乙（長男）に、××株は丙（二男）に相続させる。丙が保有するこの株式を処分するのであれば、Ｃ社（資産保全会社）あるいはＢ社（上場会社）への売却により処分すること。

289

> 事　例　～法人への遺贈を定める遺言～
>
> 　上場会社オーナーは、上場会社の株式の分散を最も懸念しています。
>
> 　この上場会社オーナーは、財団法人の理事長にも就任していますが、公益財団法人の公益活動に生きがいを感じており、今後も公益財団法人の活動が長く続いてほしいと希望し、そのために生前に何かできないかと考えています。

解決策

　上場会社オーナーが有する上場会社株式を、資産保全会社と公益財団法人に遺贈する遺言が考えられます。

　遺贈を受ける資産保全会社は、財産を無償で譲り受けた場合には、その財産を時価で算定した額を受贈益として認識し、その額に対して課税されます。ただし、その法人に繰越欠損金がある場合には、受贈益は繰越欠損金と相殺できるため、繰越欠損金相当額までは課税が生じません。

　遺贈を受ける公益財団法人は、収益事業から生じた所得以外は法人税課税がありません。公益財団法人に株式を遺贈する際に最も注意すべきことは、公益財団法人はその会社の株式の議決権総数の2分の1を超える株式の保有を行ってはならないと定められていることです（認定令7）。

　また、平成26年4月1日以後は、株式の寄附を受けた公益法人等が当該寄附によりその株式発行法人の発行済株式の総数の2分の1を超えて保有しないことが譲渡所得等の非課税承認の要件に加えられています。

　法人に対する財産の遺贈は、遺贈者が時価により株式を譲渡したものとみなされて所得税が課されます（所法59①一）。ただし、公益財団法人に対する財産の遺贈で、その遺贈が教育又は科学の振興、文化の向上、社会福祉への貢献その他公益の増進に著しく寄与すること等の要件を満たすものとして国税庁長官の承認を受けたものは、その財産の遺贈がなかったものとみなされ、所得税が課されません（措法40、措令25の17⑤）。

コラム

遺言書の内容は家族に伝えるべきか、秘密にすべきか

遺言書の内容を家族に伝えるべきか、秘密にすべきかは難しい問題です。答えはそのファミリーの人間関係によるということでしょうか。

事前開示は、家族全員の前で読み聞かせなどを行い、遺言内容を生前に相続人に伝えます。

各相続人の役割が家族内で明確になっている場合や、相続人の経済的・社会的地位が確立されている場合などは、遺言内容を周知することにより事前に将来の火種を消し、家族の安心を得ることができます。

上場会社の支配株式を相続する人の相続財産額は、相当な金額に上ることが多く、遺産分割の事前調整として事前開示をしておくことは有効です。そのうえで、支配株式は、相続した人の自由になる私的財産ではなく、創業家として守るべき財産、いわば「絵に描いた餅」であることを丁寧に説明することが重要です。

逆に、遺言内容の開示が難しいのは、子ども同士の仲が悪い場合、養子・娘婿などへの区別処遇がすでにある場合、オーナーの心が完全に定まっておらず変更が予想される場合などです。このような背景がある際は、遺産内容を開示することによって家族が心を乱すことが多く、遺言内容を公開してはならないケースといえます。

コラム

遺言書は妻へのラブレター

　遺言書には、「どの財産を、どのくらい、誰に相続させるのか」といった事務的な文章のイメージがあります。しかし、遺言書は、それだけの役割だけでなく、実は財産分与以外のことも記載できるのです。

　自分の出生から就職、起業、事業拡大の履歴や、遺される家族へのメッセージを長文にて書くケースもあります。また、法律的に拘束力のない財産処分に関する想いを綴るケースもあります。たとえば、「○○不動産は、○○家発祥の地であり不要にて処分する場合は○○法人に売却すること」などです。相続した財産のその後の処分方法に、法律的な拘束力はありません。しかし、遺言に書かれたメッセージ自体に拘束力がなくても、多くの相続人はそのメッセージを守っていきます。

　なかには、妻との出会いから結婚までの履歴、長年苦労をかけた数々の事件とお詫びや感謝の念までを面々と綴り、妻への情熱的なラブレターとなっている遺言書もあります。

コラム

「何もするな！」という遺言

　ある上場会社オーナーの遺言をお聞きして、驚いたことがあります。そこには、息子に対して、

　　・借金をしないこと

　　・新しい大きな事業を行わないこと

　　・何もしなくてもいいだけの財産を遺したから遊んで暮らしてほしい

と書かれていました。

　相続財産が相当程度あるので、気張って新規の事業を立ち上げれば、大きな事業展開が可能にもかかわらずです。

　この息子は、能力面、人格面で、上場会社の経営の後継者の対象からは漏れており、優れた経営者の能力や人脈があるわけではありません。結果として、事業失敗の確率は高く、そうなれば相続財産の何割かの喪失程度では済まない。また、見栄を張る性格でもあったため、全財産を失うばかりか、さらなる負債を背負う可能性が高いだろう…と、先代が判断し、残した遺言でした。

　"何もするな！"シンプルで本質的なメッセージであると感心しました。

293

コラム

遺留分制度の功罪

　遺留分制度の「功」は、気のいい相続人にも、最低限の財産承継の権利があることを法律が保証したことでしょう。一人の相続人が強引に自己に有利な遺産分割案を実行しようとするときに、お金に汚いと思われたくない気のいい他の相続人が泣き寝入りしているのが実情です。これに法的な歯止めがかかることは、一定の評価ができます。

　ただ、遺留分制度の「罪」の部分もたくさんあります。

　上場会社オーナーの遺産分割協議書の作成をお手伝いしていると、いつもこの遺留分の「罪」の部分を目にします。遺留分があるからとタカをくくって遊びほうける後継者以外の放蕩息子、法的排除まではいかない品行異常の相続人、上場株式を相続しようものなら即換金して遊興にふけるような相続人、生前に十分かつ時には過分に財産の移転をしたにもかかわらず遺留分の請求をしてくる相続人…。これらの相続人にも、ある程度まとまった上場株式の株式数を承継させなければならないのです。

　親の意志で遺留分に制限を加えることができれば、親を大事にする傾向も生まれてくるのかもしれません。

第9章

相続発生後の実務

9-1 株主代表訴訟と限定承認・相続放棄

事 例

上場会社A社のオーナー甲の相続が発生しました。相続人は配偶者乙、長男丙及び二男丁の3名です。後継者として、長男丙がA社の代表取締役社長に就任しました。丙が後継者としてA社代表取締役社長に就任したため、甲が保有していたA社株式は丙が相続するのが妥当だと考えています。

一方、乙及び丁は、A社の経営にはもともと携わっておらず、今後も携わる予定はありません。乙及び丁は、将来A社の株主から甲に対する株主代表訴訟がなされるかもしれないことを懸念しており、相続発生時点に現存する債務以外に将来における訴訟リスクをも相続してしまうのではという不安を抱えています。乙及び丁はすでに自己の大きな資産形成をなしており、甲に対する株主代表訴訟による損害賠償で自己が保有している財産までをも失いたくないと考えています。

解決策

株主代表訴訟は、個々の株主が会社に代わってその役員の責任を追及する訴訟を提起することができる制度です。

乙及び丁がこの不安を解消するための手段には、相続放棄ないし限定承認の手続があります。ただし、限定承認をするとみなし譲渡課税が生じることになるため、事前に税額のシミュレーションをしたうえで限定承認を実行するか否かを慎重に判断する必要があります。

なお、役員等の会社に対する損害賠償責任は、役員等が職務を行うにつき善意でかつ重大な過失がないときは、一定の手続をとったうえで、最低責任限度額まで制限することを認めています（会法425）。また、非

業務執行取締役及び全監査役の場合には、事前対策として、会社と役員が責任限定契約を締結しておくことも検討すべきです。

1 株主代表訴訟

株主代表訴訟（責任追及等の訴え）とは、個々の株主が会社に代わってその役員の責任を追及する訴訟を提起することができる制度です。6カ月前から引き続き株式を有している株主は、会社に対して書面により役員の責任を追及する訴えの提起を請求できます。なお、譲渡制限会社（公開会社でない会社）では、原告適格の6カ月の株式継続保有要件は不要です（会法847②）。

株主代表訴訟は、会社法で規定する会社に対してのいっさいの責任及び債務がその対象とされていると解されています。

なお、株主代表訴訟を提訴した株主が勝訴した場合、提訴株主は、会社に対し、訴訟に関し必要な費用及び弁護士報酬額のうち相当額を請求することができます（会法852①、③）。

2 限定承認と相続放棄の概要

(1) 概要

限定承認は、相続人が、相続によって得た財産の限度においてのみ被相続人の債務及び遺贈の弁済をすべきことを留保して、相続の承認をするという制度です（民法922）。

相続放棄は、相続人が相続開始によって当然発生する相続効果が自己に及ぶことを全面的に放棄する制度です（民法939）。相続を放棄すれば、財産、債務ともにいっさい承継しません。相続放棄と限定承認の概要は、次のとおりです。

	限定承認	相続放棄
メリット	・相続財産の範囲内のみで債務を負えば足りる ・被相続人が債務超過の状態にある場合に、相続人は自己の固有の財産を保護できる	・相続の効力が自己に及ばないようにすることができる ・被相続人が債務超過の状態にある場合に、相続人は自己の固有の財産を保護できる ・手続が簡易
デメリット	・被相続人から相続人への相続財産の時価による譲渡とみなされ含み益は譲渡所得として課税（所法59） ・手続が煩雑	・積極財産もいっさい相続権を失う
適用	・被相続人が債務超過の状態にあるか否か不明な場合 ・相続財産の譲渡とみなされても課税が生じない場合	・被相続人が債務超過の状態にあることが明らかな場合

(2) 株主代表訴訟等への対応

① 限定承認

　相続人が限定承認をした場合には、相続によって取得した財産（積極財産）を限度として、相続によって承継する債務の責任を負えば足ります。残債務を自己の固有の財産で弁済する必要はありません。被相続人に対して株主代表訴訟が提訴され、損害賠償の責任を問われたとしても、限定承認をしておけば、相続によって取得した財産の範囲でその責を負えば足ります。

② 相続放棄

　相続人が相続放棄をした場合には、その者にはそもそも相続人としての地位そのものがないものとみなされるため、積極財産を取得することも、債務を負担することもありません。被相続人に対して株主代表訴訟が提起され、損害賠償の責任を問われたとしても、相続放棄をしておけばその者はこれに対する責を負担しません。

(3) 限定承認と相続放棄の手続

限定承認、相続放棄ともにその申立期限は、相続人が相続の開始があったことを知ったときから3カ月以内です（民法915）。

限定承認及び相続放棄は、財産に関する非常に重要な法律行為ですので、十分に検討する必要があります。相続の開始があったことを知ったときから3カ月以内に相続財産の状況を調査してもなお、相続を承認するか放棄するかを判断する資料が得られない場合には、家庭裁判所への申立てにより、その期間を伸長することができます。これを熟慮期間の伸長といいます。

期間満了までにいずれの申立てもしなかったときは、単純承認したものとみなされます（民法921二）。

申立てを行う家庭裁判所は、被相続人の住所地の家庭裁判所です。いったん相続の承認及び放棄がなされると、申立期間であっても原則としてこれを撤回することはできません（民法919①）。

	限定承認	相続放棄
申立て	・相続人全員が共同で申述（民法923）	・各相続人単独でも可
財産目録	・財産目録を作成し、家庭裁判所に提出（民法924）	・不要
公告	・限定承認後5日以内に、すべての相続債権者及び受遺者に対し、限定承認をしたこと及び一定の期間（最短2カ月間）内にその請求の申出をすべき旨の公告（民法927）	・原則不要 ・相続人の全員が相続放棄をしたことにより相続人が存在しない場合には、利害関係者等の請求により、家庭裁判所が相続財産管理人を選任するとともにこれを公告（民法952） ・相続財産管理人は、すべての相続債権者及び受遺者に対し、一定の期間（最短2カ月間）内にその請求の申出をすべき旨の公告（民法957）

被相続人の相続人が数人いる場合には、限定承認はその全員が共同して行わなければなりません（民法923）。相続人のうち一人が相続財産管理人に選任され、相続財産の管理及び債務の弁済に必要ないっさいの行為を行います（民法936）。限定承認者は、相続債権者及び受遺者に対する公告及び催告、弁済などを行います。限定承認者は、限定承認をした後5日以内に、すべての相続債権者及び受贈者に対し、一定の期間（最短2カ月間）内に請求の申出をすべき旨を公告します（民法926〜932）。申出期間満了後、限定承認者は、相続財産をもって、申出期間内に申出をして債権者、その他知れている債権者に、それぞれその債権の割合に応じて弁済しなければなりません（民法929）。

　なお、相続人の全員が相続放棄をしたことにより相続人が存在しない場合には、家庭裁判所が選任した相続財産管理人が相続債権者及び受遺者に対する公告及び催告、弁済などを行います（民法952）。相続財産管理人は、すべての相続債権者及び受贈者に対し、一定の期間（最短2カ月間）内に請求の申出をすべき旨を公告し、その後弁済手続を行います（民法957、927②〜④、928〜935）。

3　税務上の取扱い

(1)　限定承認

　限定承認をした場合は、相続財産を被相続人から相続人へその時における価額により譲渡したものとみなされます（所法59）。

　これにより生じる譲渡所得は、被相続人の相続開始日の翌日から4カ月以内に、被相続人の準確定申告において申告し、課税所得が生じればこれに対する税額を納付する必要があります。申告及び納税は相続人が行います。準確定申告の納付税額は、被相続人の相続税の課税価格の計算上、債務として控除することができます。

300　第9章　相続発生後の実務

限定承認により譲渡所得課税が生じなかったとしても、限定承認をすると、相続財産の含み損の活用ができなくなってしまうというデメリットもあります。

　相続財産の取得費は、被相続人の取得費を引き継ぐことが原則です。相続財産に含み損があれば、含み損を抱えたまま被相続人から相続人に財産を移転させることができます。相続により取得した株式に含み損があり、相続人が相続前から自己の財産として固有の含み益のある株式を有している場合には、これらを同時に実現させ損益を通算するなど、この含み損を活用することができます。しかし、限定承認をしてしまうと、相続財産の取得費はそのときの時価となってしまうため、含み損がすべて切り捨てられてしまいます。

(2)　相続放棄

　相続を放棄した場合に、相続税の申告上留意すべき点は、次のとおりです。

	留意点
相続を放棄した者	・民法915条から917条までに規定する期間内に民法938条の規定により家庭裁判所に申述して相続放棄をした者だけをいう ・正式に放棄の手続をとらずに事実上相続により財産を取得しなかったにとどまる者はこれに含まれない（相基通3－1） ・民法919条2項の規定により放棄を取消しをした者はこれに含まれない
相続を放棄した者の財産の取得	・生命保険金・死亡退職金はもともと相続財産でないため、たとえその者が相続を放棄していても取得することができる ・みなし相続財産を取得した場合には、その財産は遺贈により取得したものとみなされる（相基通3－3） ・被相続人の債権者は、相続を放棄した者が生命保険金を取得した場合に、その者に債務の弁済を要求することはできない

保険金の非課税限度額	・相続の放棄をした者が取得した保険金には、保険金の非課税金額の規定の適用はない（相基通12－8、相法12①五）
退職手当金等の非課税金額	・相続を放棄した者が取得した退職手当金等の非課税金額の規定の適用はない（相基通12－10）
債務控除	・相続を放棄した者には、債務控除の規定の適用はない（相法13） ・その者が現実に被相続人の葬式費用を負担した場合には、その負担額は、その者の遺贈によって取得した財産の価額から債務控除することができる（相基通13－1、相法13）
遺産に係る基礎控除の相続人の数	・相続の放棄があった場合等における遺産に係る基礎控除に規定する相続人の数は、相続の放棄がなかったものとしてカウントする（相法15②、相基通15－2）
相続開始前3年以内に贈与を受けた財産	・相続開始前3年以内に係る被相続人から贈与により財産を取得した者が被相続人から相続又は遺贈により財産を取得しなかった場合には、その者が相続開始前3年以内に贈与により取得した財産を相続財産に加算しない（相法19、相基通19－3）
相続時精算課税制度適用者の相続税	・相続時精算課税制度によって受贈した財産は、相続によって取得した財産とみなす（相法21の16①）
配偶者に対する相続税額の軽減	・配偶者が相続を放棄した場合であっても、配偶者が遺贈により取得した財産があるときは適用できる（相基通19の2－3）
未成年者控除	・財産を取得した者が相続を放棄したことにより相続人に該当しないこととなった場合にも、その者が無制限納税義務者で20歳未満の者に該当し、かつ、被相続人の民法第5編第2章の規定による相続人（相続の放棄があった場合には、その放棄がなかったものとした場合における相続人）に該当するときは適用される（相法19の3①、相基通19の3－1）

相次相続控除	・相続を放棄した者は、たとえその者が遺贈により取得した財産がある場合でも、相次相続控除の規定は適用されない（相基通20－1）
相続を放棄した者の贈与税の課税価格	・相続開始の年に、被相続人からの贈与により財産を取得した者が被相続人からの相続又は遺贈により財産を取得しなかった場合には、贈与により取得した財産の価額は、相続税の課税価格に算入されず、贈与税の課税価格に算入される（相基通21の2－3、相法21の2④）

4 株主代表訴訟に対する責任軽減

(1) 株主総会特別決議による賠償額の一部免除

株主総会の特別決議で役員等の会社に対する損害賠償責任の一部を免除することができます。

役員等は、その任務を怠ったときは、会社に対し、これによって生じた損害を賠償する責任を負います（会法423）。ただし、役員等が職務を行うにつき善意で、かつ重大な過失がないときは、賠償の責任を負う額から一定の額（最低責任限度額）を控除して得た額を限度として、株主総会の決議によって役員等の会社に対する損害賠償責任を免除することができます（会法425①）。

一定の金額（最低責任限度額）とは、次の(イ)及び(ロ)の合計額にＡを乗じて得た額とハとの合計額をいいます（会法425①一、会規113）。

(イ)	役員等がその在職中に報酬、賞与その他の職務執行の対価として会社から受け、又は受けるべき財産上の利益の額の一定の事業年度ごとの合計額のうち最も高い額
(ロ)	次のａの額をｂの数で除して得た額

303

a ・その役員等が会社から受けた退職慰労金の額
・使用人兼務役員の場合に取締役等としての退職慰労金又は使用人としての退職手当のうち役員等を兼務していた期間の職務執行の対価である部分の額 の合計額
・これらの性質を有する財産上の利益の額

b その役員等がその職に就いていた年数（以下のAを限度）
Aは役員等の区分に応じ、それぞれ次の数字とする

代表取締役、代表執行役	6
代表取締役以外の取締役（業務執行取締役等に限る）又は代表執行役以外の執行役	4
上記以外の取締役、監査役又は会計監査人	2

(ハ) その役員等が有利発行による新株予約権を付与されている場合（会法425①二、会規114）

a 就任後に新株予約権を行使した場合
$\{$行使時株式時価 － (行使価額 ＋ 新株予約権払込金額)$\}$ × 株式数

b 就任後に新株予約権を譲渡した場合
(譲渡価額 － 新株予約権払込金額) × 譲渡した新株予約権の数

取締役は、この責任の一部免除に関する決議の株主総会において、①責任の原因となった事実及び賠償の責任を負う額、②免除することができる額の限度及びその算定の根拠、③責任を免除すべき理由及び免除額を開示しなければなりません（会法425②）。

取締役は、責任の免除に関する議案を株主総会に提出するには、各監査役（委員会設置会社であれば各監査委員）の同意を得なければなりません（会法425③）。

(2) 取締役会の決議による免除に関する定款の定め

事前対策として、取締役会の決議による免除に関する定款の定めを設けておくことも検討すべきです。

定款に定めることにより、役員等の会社に対する損害賠償責任について、一定の額（最低責任限度額）を限度として取締役会の決議によって免除することができます（会法426①）。これは、その役員等が職務を行うにつき善意で、かつ重大な過失がない場合において、責任の原因となった事実の内容、その役員等の職務の執行の状況その他の事情を勘案して特に必要と認められるときに限られます。なお、この定款の定めは、取締役による恣意的な免除を防止するため、監査役設置会社、監査等委員会設置会社又は指名委員会等設置会社しか設けることができません。

　定款を変更してこの定款の定めを設ける議案を株主総会に提出する場合、定款の定めに基づく責任の免除について取締役の同意を得る場合及びその責任の免除に関する議案を取締役会に提出する場合には、各監査役（監査等委員会設置会社であれば各監査等委員、指名委員会等設置会社においては各監査委員）の同意を得なければなりません（会法426②、425③）。

　この定款の定めに基づいて役員等の責任を免除する旨の取締役会の決議を行ったときは、取締役は、遅滞なく①責任の原因となった事実及び賠償の責を負う額、②免除することができる額の限度及びその算定の根拠、③責任を免除すべき理由及び免除額、④責任を免除することに異議がある場合には一定の期間内（1カ月以上）に異議を述べるべき旨を公告し、又は株主に通知しなければなりません（会法426③）。

　総株主の議決権の3％以上の議決権を有する株主が一定の期間内に異議を述べたときは、会社は、この定款の定めに基づく免除をすることはできません（会法426③⑦）。

9-2 遺産分割と株主順位

事 例

　上場会社Ａ社のオーナーであり代表取締役社長であった甲が急逝しました。相続人は、配偶者乙、長男丙、二男丁です。甲の相続財産の大部分はＡ社の株式であり、相続のいかんによっては、Ａ社の株主順位が大きく移動することが予想されます。甲は、生前から、相続後における相続人の株主順位及び後継者の会社の支配に必要な議決権の確保を非常に気にしていました。

　なお、丙はすでにＡ社の取締役に就任しており、甲の死亡後、甲の後継者としてＡ社の代表取締役社長に選定されています。

解決策

　上場会社オーナーはとりわけ、筆頭株主は誰か、株主順位はどうなっているかを意識します。これは相続人であっても同様です。さらに、投資家も、筆頭株主、大口株主の株式数の異動に注視しています。

　遺産分割は、遺産分割後の相続人それぞれの株式保有割合及び株主順位を検討したうえで行うことが肝要です。納税資金を捻出するために、相続により取得した株式の一部を売却あるいは物納するのであれば、売却（物納）後の株式保有割合及び株主順位も検討する必要があります。

　本事例では、遺留分を害さない範囲で、代表取締役社長に選定された丙にＡ社株式を集中的に相続させ、個人筆頭株主となるように遺産分割を行うことにしました。

1　遺産分割と遺留分

　遺留分とは、相続人に最低限の相続財産を相続できることを保証したものです。遺留分権利者は、兄弟姉妹以外の相続人です（民法1028）。

　遺留分は、直系尊属のみが相続人の場合には被相続人の財産の3分の1、その他の場合には被相続人の財産の2分の1です。

　遺留分は、被相続人が相続開始の時に有していた財産の価額に、相続開始前の1年間に贈与した財産の価額を加え、その額から債務の全額を控除して算定します（民法1029①、1030）。当事者双方が遺留分権利者に損害を加えることを知っていて贈与したときは、1年前の日より前にしたものについても、この財産の価額に含まれます。条件付きの権利又は存続期間の不確定な権利は、家庭裁判所が選定した鑑定人の評価に従って、その価格を定めます（民法1029②）。

　遺留分権利者とその承継人は、遺留分を保全するのに必要な限度で、遺贈・贈与の減殺を請求することができます（民法1031）。

　なお、相続の開始前に家庭裁判所の許可を受ければ、遺留分の放棄をすることができます（民法1043①）。無用な遺産分割トラブルを避けるのであれば、後継者以外の相続人に生前において十分に、場合によっては過分に財産の移転をするとともに、遺留分の放棄をしてもらうことも検討すべきでしょう。

2　会社支配に必要な議決権の確保

　後継者による経営の安定的な遂行のためには、能力の育成や社内体制の整備という人的承継に加えて、一定比率以上の議決権の確保という物的承継を成功させる必要があります。

　株式会社を支配するためには、取締役や監査役の選・解任に対する影響力をある程度維持することが必要です。取締役等の選・解任は、株主総会の普

307

通決議事項です（会法329①、339①）。議決権の過半数を確保すれば、役員等の選・解任権を行使して会社を支配することができます。取締役の選任は、累積投票制度の採用が可能ですが（会法342）、上場会社は通常、定款で累積投票によらない旨を定め、この制度の採用を排除しています。

　また、敵対的買収に対する防衛策としての議決権の確保も念頭に置くべきです。一族で40％程度の議決権を確保できていれば敵対的買収の標的にはされにくいでしょう。

　さらに、相続税の納税資金を確保するために上場株式の一部売却や、物納など、大量の上場株式を手放さざるを得なくなることもあります。後継者の経営支配権確保を検討するに当たっては、相続後の相続税の納税方法あるいは納税資金の捻出方法も十分に考慮する必要があります。

〈株式会社運営上重要な事項の決定に必要な議決権比率〉

決議事項	会社法条文	定款による要件緩和	総株主の同意	3/4以上（特殊）	2/3以上（特殊）	2/3以上（特別）	1/2超（普通）	1/3超	1/10以上	3/100以上	1/100以上
定款変更	309②十一 466					○	●	●			
種類株式発行会社以外の会社が発行する全部の株式について取得条項を設定する定款変更	110 107①三		○	●	●	●	●	●	●	●	●
株主ごとに異なる権利内容を設ける場合の定款変更	109② 309④			○	●	●	●	●			
基本的事項　発行する全部の株式の内容として譲渡制限規定を設ける場合の定款変更	309③一				○	●	●	●			

			可										
	資本金の額の減少	309②九 447①②					○	●	●				
	会社継続	309②十一 473					○	●	●				
	合併	309②十二 783 795① 804					○	●	●				②
	分割						○	●	●				②
	株式交換						○	●	●				②
	株式移転						○	●	●				②
	解散	309②十一					○	●	●				
	解散請求	833①	可				◎	◎	◎	◎			③
事業譲渡	事業の全部又は重要な一部の譲渡	309②十一 467①一二					○	●	●				
	事業全部の賃貸	309②十一 467①四					○	●	●				
	事業全部の譲受け	309②十一 467①三					○	●	●				
役員	役員の選任	329①					○	○					
	役員の解任	339① 341					○	●	●				④
	役員の解任請求	854①	可				◎	◎	◎	◎	◎		③
株主総会等	株主総会の議案提案	303	可				◎	◎	◎	◎	◎	◎	⑤
	総会検査役の選任請求	306①②	可				◎	◎	◎	◎	◎	◎	
	株主総会の招集請求	297①②	可				◎	◎	◎	◎	◎		
	株主総会の延期・続行	317					○	○					
	剰余金の配当	454①					○	○					⑥
	自己株式の取得（特定の株主からの取得を除く）	156①					○	○					
	譲渡等承認請求に係る譲渡制限株式の買取り及び指定買取人の指定	140②⑤					○	●	●				

分類	項目	条文											備考
株式・新株予約権	特定の株主からの株主との合意による自己株式取得	156①160①					○	●	●				⑧
	全部取得条項付種類株式の取得	171①					○	●	●				
	相続人等に対する売渡しの請求	175					○	●	●				
	株式併合	180②					○	●	●				
	募集株式の募集事項の決定（非公開会社）	199②					○	●	●				
	募集株式の募集事項の決定の取締役（会）への委任	200①					○	●	●				
	株主割当を行う場合の募集事項等の決定	202③四					○	●	●				
	譲渡制限株式を募集する際の割当の決定	204②					○	●	●				
	新株予約権の募集事項の決定	238②					○	●	●				
	新株予約権の募集事項の決定の委任	239①					○	●	●				
	募集新株予約権の株主割当の決定	241③四					○	●	●				
	募集新株予約権の目的である株式が譲渡制限株式である場合等の割当の決定	243②					○	●	●				
その他	役員報酬決定	361①					○	○					
	役員等の損害賠償責任の一部免除	425①					○	●	●				⑦
	会計帳簿の閲覧	433①	可				◎	◎	◎	◎	◎		③
	検査役選任請求	358①	可				◎	◎	◎	◎	◎		③
	新株の有利発行	199②					○	●	●				
	特別清算申立て	511①					◎	◎	◎	◎	◎	◎	
	組織変更	776①		○	●	●	●	●	●	●	●	●	

○可決できる　　●否定できる　　◎請求できる

① 定足数につき、定款で３分の１まで引き下げることができるだけでなく、決議要件を３分の２以上に引き上げることも可能（会法309②）

② 簡易組織再編、略式組織再編の際に総会決議は不要（会法784、796、805）。また、一定の場合には、特殊決議が必要（会法309③二、三）

③ 議決権ベースのみならず、株式（出資）ベース（自己株式を除く）で３％以上を有する株主も閲覧・謄写請求が可能。

④ 監査役及び累積投票で選任された取締役の解任は、特別決議が必要（会法309②七）

⑤ 取締役会を設置しない会社では、単独株主権

⑥ 一定の条件（会計監査人設置会社＋取締役の任期が１年を超えない＋監査役会設置会社又は委員会設置会社）のもと、剰余金の配当等に係る一定の事項を取締役会の決議で行うことができる旨の定款の定めをおくことが可能（会法459①）。ただし、配当財産が現物配当である場合には、株主に金銭分配請求権を与える場合を除き、株主総会の特別決議によることが必要（会法454④、309②十、459①四ただし書）

⑦ 総株主の同意を得ることによって、発起人、役員等、業務執行者等の責任の免除をすることが可能（会法55、120⑤、462③ただし書、464②、465②）

⑧ 総株主の同意を得ることによって、株式の発行後に売主の追加提案（特定の株主から取得する場合に他の株主が特定の株主に自己をも加えたものを株主総会の議案とすることの請求規定）を適用しない旨の定款の定めの設定又は変更が可能（会法160②③、164②）

〈株主総会での決議の種類とポイント〉

決議の種類	定足数	決議要件
普通決議	・定款に別段の定めがある場合を除き、議決権を行使できる株主の議決権の過半数を有する株主の出席	・出席株主の議決権の過半数
特別決議	・株主総会で議決権を行使できる株主の議決権の過半数（3分の1以上の割合を定款で定めた場合は、その割合以上）を有する株主が出席	・出席株主の議決権の3分の2（これを上回る割合を定款で定めた場合はその割合）以上
特殊決議（その1）		①頭数 ・株主総会で議決権を行使できる株主の半数以上（これを上回る割合を定款で定めた場合はその割合以上） かつ ②議決権 ・株主総会で議決権を行使できる株主の議決権の3分の2（これを上回る割合を定款で定めた場合はその割合）以上
特殊決議（その2）		①頭数 ・総株主の半数以上（これを上回る割合を定款で定めた場合は、その割合以上） かつ ②議決権 ・総株主の議決権の4分の3（これを上回る割合を定款で定めた場合はその割合）以上

コラム

遺言書と異なる財産の分割

　遺言書は、生前に残した本人の意志で、遺産分割の現場で最も尊重されるものです。しかし、まれに遺言書どおりに分割すると大きな問題が生じることがあります。

　たとえば、主要資産である株価の大きな変動が想定されておらず、遺言書どおりに相続すると遺言書作成時の故人の主旨が達成できなかったり、遺言書どおりに分割すると極端に税負担が増え、ファミリー全体に損失が生じる場合などが該当します。

　この場合、遺言書に書かれた内容と異なる遺産分割をする必要があります。相続人全員が同意して新たに遺産分割協議書を作成するのです。相続人「全員」の同意が必要ですので、特定の相続人への利益誘導はできないのはもちろん、誰にとっても不合理な内容が含まれている場合などに限定されます。

9-3 資産保全会社の代表取締役の選任

事 例

　上場会社Ａ社のオーナー甲が急逝しました。甲は、資産保全会社Ｂ社を有しており、かつ、その代表取締役にも就任していました。このＢ社の代表取締役は甲のみでした。

　親族は、Ｂ社の後任代表取締役に、甲の長男乙を就任させたいと思っています。

解決策

　上場会社オーナーの死は周囲に衝撃を与え、しばしば組織の機能不全を引き起こすことさえあります。Ａ社はもちろん、Ｂ社の代表取締役を速やかに選定しないと法的不安定が生じる可能性があります。後任の代表取締役の選定は、重要な事後処理との認識が必要です。速やかに株主総会あるいは取締役会を開催し、後任の代表取締役を選定します。

1 取締役の選定

　取締役が死亡すると、その時点をもってその取締役は退任となります。

　取締役である者のなかからの代表取締役の選定は、会社の株主及び役員構成、会社の機関設計により手続が異なります。代表取締役候補は、子、嫁婿、配偶者あるいは兄弟から選出することが考えられます。

　取締役が死亡した場合には、退任登記が必要です。登記した事項に変更を生じたときは、当事者は遅滞なく変更の登記をする必要があります（会法909）。本店の所在地において２週間以内に変更の登記をしなければなりません（会法915①）。これを怠ったときは、100万円以下の過料に処される可能

314　第９章　相続発生後の実務

性もあります（会法976①一）。

2　株主構成・役員構成別の代表取締役選定手続

　B社の代表取締役の選定は、B社の株主及び役員の構成、会社の機関設計により手続が異なります。また、事業承継を行ううえでのリスクも異なります。生前に後継者をB社の取締役に選任しておくことや、B社の支配権の移動を行っておくことは非常に重要です。

株主	役員構成	手　続	事業承継におけるリスク
100％被相続人	被相続人のみ	・株主総会により新たに取締役を選任する（※1） ・会社法の定め（※2）に従い、代表取締役を選定する（当然に代表取締役になるわけではない）	・遺産分割協議が終了していない場合、株主総会における権利行使者を指定し、会社に通知しなければならない ・権利行使者の選定は、共有者の多数決となるため、後継者が選定されないこともある（※3）
	被相続人、後継者	・会社法の定め（※2）に従い、代表取締役を選定する（当然に代表取締役になるわけではない）	・代表取締役の選定が株主総会によらなければならない場合で、遺産分割協議が終了していない場合には上記と同様のリスクがある
	後継者のみ	・特に手続は必要ない	・遺産分割の結果によっては、その後の株主総会等によって、後継者が取締役を解任されるリスクがある

50％超後継者	被相続人のみ	・株主総会により新たに取締役を選任する（※1） ・会社法の定め（※2）に従い、代表取締役を選定する（当然に代表取締役になるわけではない	・特になし
	被相続人、後継者	・会社法の定め（※1）に従い、代表取締役を選定する（当然に代表取締役になるわけではない）	・特になし
	後継者のみ	・特に手続は必要ない	・特になし

（※1）会社の取締役が被相続人1人であった場合

　会社の取締役が被相続人1人であった場合には、相続の発生により会社の取締役が1人もいないことになります。この場合に、裁判所は、必要があると認めるときは、利害関係人の申立てにより、一時役員の職務を行う者を選任することができます（会法346②）。

　株主総会の招集は、原則として取締役が行う（会法296③）、あるいは、一定の議決権個数・保有期間等を満たす株主が取締役に対し、株主総会の招集を請求し、請求後遅滞なく招集の手続が行われない場合には、裁判所の許可を得てその株主が行うことができる（会法297④）とされています。つまり、裁判所が選定した一時役員か、一定の議決権個数・保有期間等を満たす株主が株主総会を招集し、この株主総会で取締役を正式に選任します。

（※2）代表取締役の選定方法の会社法の定め

　取締役会設置会社の代表取締役の選任は、取締役会の決議によります（会法362③）。一方、取締役会設置会社以外の会社は、取締役は、会社を代表します。取締役が2人以上ある場合には、取締役は各自、株式会社を代表しますが、①定款、②定款の定めに基づく取締役の互選、③株主総会の決議のい

ずれかにより代表取締役を定めることができ、この場合には、代表取締役と定めた者が会社を代表します（会法349③）。

（※3）遺産分割協議が終了していない場合

　株式は、法定相続分に応じて当然に分割されるのではなく、遺産分割手続終了まで、相続人共有の状態にあります。株式が共有に属するときは、共有者である共同相続人は単独で権利を行使することはできず、株式についての権利を行使するためには、権利行使者1名を定め、会社に対し、その者の氏名（名称）を通知する必要があります（会法106）。ただし、会社がこの権利を行使することに同意すれば、その通知がない場合でも、共有者の1人に権利行使を認めることができます。なお、議決権の行使は共有物に該当する事項であるため、通常は共有者全員で協議をしたうえで、持分の過半数によって、どのように議決権を行使するかを決定しますが、被相続人が保有していた株式につき、議決権の不統一行使（会法313①）により、相続人が法定相続分に応じた議決権の行使をすることもできます（相澤哲・葉玉匡美・郡谷大輔「論点解説新会社法千問の道標」商事法務、492頁）。

3　合同会社における留意点

　合同会社を資産管理会社とする場合には、定款の設計に留意する必要があります。

　持分会社（合同会社・合名会社・合資会社）の社員が死亡した場合には、原則として合同会社の財産が払い戻されます。社員が1名の場合には、合同会社は解散することになります。ただし、定款に相続人その他の一般承継人が社員の持分を承継する旨を定めた場合には、持分の承継が可能となります。定款での記載例は次のとおりです。

317

（法定退社等）

第×条　各社員は、会社法第607条第1項に定める事由により、退社する。

　　2　前項の規定にかかわらず、社員が死亡した場合又は合併により消滅した場合は、当該社員の相続人その他の一般承継人は、当該社員の持分を承継し、当会社の社員となる。この場合においては、退社に伴う持分の払戻しは行わない。

コラム

兼職していた役職

　上場会社オーナーは、様々な人に頼まれ、また、かつては会社の設立に7人以上の発起人が必要であったことなどから、他の法人・団体の役員に名を連ねていることが少なくありません。しかし、生前就任していた他の組織の役職を家族がすべて知っていることはまずないでしょう。会社の秘書であっても、網羅的には知らない場合が多く見られます。これは相続発生後の実務で支障となります。

　たとえば、兼職調査から役員に就任していた会社の株式発起人として名義貸しをした際の株式など、大きな資産が見つかる場合もあります。だからこそ、外部のプライベート・バンカーや顧問である専門家が、事あるごとに社外活動について聞いておくなどの気概を持つことは重要なことです。

第10章

相続発生後の納税資金対策

10-1 上場株式の換金化

事　例

　上場会社Ａ社のオーナー甲が逝去しました。遺産の大部分がＡ社株式であり、その総額は300億円に上ります。

　相続税を納税するために、甲の相続人はＡ社株式の一部を手放さざるを得ません。甲の相続人は、Ａ社の経営及び株価が安定すること、相続税の納税後もオーナー一族の持株比率をできるだけ高い水準に保つことを希望しています。

解決策

　上場会社オーナーの遺産の大部分は、自社の上場株式である場合がほとんどです。相続税の納税資金の原資が自社株に限られる場合は、相続発生後の自社株の株価推移は非常に重要です。株価推移に応じて、相続税の納税方法を選択することにより、納税後の自社株の持株比率をある程度コントロールすることができます。

1　株価推移に応じた納税方法の選択

　相続開始日から相続税の納税期限日までの自社株の株価推移に応じて、相続税の納税方法を選択します。

株価の推移		納税方法
下　落		物納、物納後自社株買付け
横ばい	取得原価＜時価	物納
	取得原価＞時価	売却（ブロックトレード・自社株買付け）
上　昇		売却（ブロックトレード・自社株買付け）

322　第10章　相続発生後の納税資金対策

(1)　株価が下落した場合

相続後株価が大幅に下落し、回復の見込みもない場合には、自社株を物納することが考えられます。物納財産の収納価額は、相続税の課税価格計算の基礎となった財産の価額によることとなっているからです（相法43①）。

自社株に含み益がある場合、売却により換金化すると、その含み益に対する譲渡所得課税が生じるため、税金分だけ手取額が目減りしてしまいます。一方、個人が相続財産を物納した場合には、譲渡所得の計算上、財産の譲渡がなかったものとみなされます（措法40の3）。物納をした場合には、たとえ自社株に含み益があったとしても、譲渡所得課税は生じません。そのため、自社株に含み益があるときには、自社株を売却により現金化したうえで納税するより、物納したほうが有利といえます。

物納後、財務省は物納財産の処分を行いますので、自社株は、売り圧力にさらされます。物納後、財務省から上場会社が自己株式の買付けを行うことも考えられます。会社法上の規制があるものの、上場会社オーナーからの自己株式の買取りより、財務大臣からの自己株式の買付けのほうが、一般投資家の評価（レピュテーション）は悪くないでしょう。

(2)　株価が横ばいに推移した場合

①　「取得価額＜時価」の場合

被相続人の自社株の取得価額が相続発生時の株価よりも低い場合には、自社株を売却すると譲渡益が生じてしまいます。これを避けるため、自社株を物納することが考えられます。

なお、相続により財産を取得した個人が、相続開始日の翌日から相続税の申告期限の翌日以後3年を経過する日までに相続財産を譲渡した場合には、相続税額のうち一定の方法で計算した額を、譲渡所得の計算上取得費に加算することができます（措法39、措令25の16）。これを「相続財産を譲渡した場合の取得費の特例」といいます。

323

上場株式等を譲渡した場合の取得費に加算される相続税額は、次のとおりです。

$$
\text{その者の相続税額} \times \frac{\text{譲渡資産の価額（相続税の課税価格）}}{\text{その者の相続税の課税価格（債務控除前）}}
$$

　上場会社オーナーの相続人は、相続により自社株を取得しますが、すでに自社株を保有していることがほとんどです。相続により取得した自社株と、すでに自己が保有していた自社株とが渾然一体となります。相続人が相続後に自社株を譲渡した場合には、相続により取得した自社株を譲渡したのか、すでに自己が保有していた自社株を譲渡したのかが判然としません。

　相続財産を譲渡した場合の取得費の特例の計算上においては、相続等により取得した株式から優先的に譲渡したものとして適用しても差し支えないものとされています（措通39－12）。

②　取得価額＞時価の場合

　被相続人の自社株の取得価額が相続発生時の株価よりも高い場合には、自社株を売却すると譲渡損が生じることになります。相続人に他の株式の譲渡所得等があれば、これと通算することにより節税が可能となります。

　なお、相続財産を譲渡した場合の取得費の特例で取得費に加算することのできる金額は、譲渡資産の譲渡益相当額が限度とされています（措令25の16①ただし書）。したがって、譲渡損失が発生する場合に本特例を利用し、譲渡損失を増加させるようなことはできません。ただし、すでに本特例を適用して取得費に加算された相続税額がある場合には、その金額を控除した額となります。

(3)　株価が上昇した場合

　相続後に株価が大幅に上昇した場合には、自社株を物納するよりも売却により換金化し、金銭で納付するほうが有利です。株式の売却方法には、機関投資家あるいは資産保全会社などへのブロックトレード、発行会社に対する

譲渡（発行会社による自社株買付け）があります。機関投資家へのブロックトレードは、上場会社オーナー一族の持株比率を直接的に引き下げる効果があります。発行会社による自社株買付けは、総議決権個数も減少することからオーナー一族の実質的な持株比率の引下げを相対的にやわらげることができます。

① ブロックトレード

ブロックトレードにより、大量の株式を一括で譲渡します。ブロックトレードは、立会外取引などを利用することが多いようです。投資信託や年金基金等の機関投資家へのブロックトレードは、機関投資家にブローカー（証券会社等）から個別に、前日の終値から数％のディスカウントでオファーします。譲渡価額は、通常、時価から数％をディスカウントした価格となります。

また、後継者の意思と同様の議決権行使が予定されるような親族や親族の資産保全会社は、上場会社の安定株主対策として、ブロックトレードの相手先候補の一つに挙げられます。

ブロックトレードの利用によって、市場への影響を最小化しつつ、大量の自社株を一時に換金化することが可能となります。

② 発行会社の自社株買付け

発行会社の自社株買付けには、市場買付けによる方法と公開買付けによる方法があります。

発行会社による自己株式の取得は、会社法上の手続（会法155〜165）、財源規制（会法461）、インサイダー取引規制（金商法166）及び相場操縦規制（金商法162の２）などの遵守のみならず、上場会社オーナー一族からの自己株式の取得に対する一般投資家のレピュテーション・リスクをも考慮する必要があります。

イ．市場買付け

市場買付けとは、金融商品取引市場での株式の買付けをいいます。その主な方法には、一般的な市場買付けと自己株式立会外買付取引（ToSTNeT−3）

による買付け（東京証券取引所の場合）があります。ToSTNeT－3による買付けは、一般的な市場買付けと比べ短期間にある程度まとまった数の買付けができます。

市場買付けは、金融商品取引所の適時開示や、金融商品取引法24条の６第１項に基づく自己株券買付状況報告書の提出といった自己株式の取得に係る諸手続が必要です。

なお、発行会社が自己株式を相対で取得した場合には、その株式を譲渡した株主に、原則、みなし配当が生じるとともに（法法24①四、所法25①四）、有価証券の譲渡所得が生じることになります。ただし、発行会社が市場から自己株式を取得した場合には、例外としてみなし配当課税は生じません（法法24①四、法令23③、所法25①四、所令61①）。つまり、発行会社に自己株式を譲渡した者については、譲渡所得のみが発生することになります。

ロ．自社株TOB（公開買付け）

自社株TOB（公開買付け）とは、不特定かつ多数の者に対し、自社株の買取りを表明・勧誘を行い、取引所金融商品市場外で自社株の大量の買付けを行うことをいいます。上場株券等の発行会社が取引所金融商品市場外での自己株式の取得による買付け等は、原則として公開買付けによらなければなりません（金商法27の22の２①本文）。

公開買付けは、一般的な市場買付けと比べて、短期間での大量の買付けを可能とするものの、一方で、公開買付開始公告、公開買付届出書、公開買付報告書等の提出といった公開買付規制に係る諸手続が必要になります（金商法27の22の２～27の22の４）。

2 金融商品取引法等の手続

① 大量保有報告書（変更報告書）の提出

上場会社の発行済株式総数の５％を超えて実質的にその株式を取得した者

は、原則として取得日から5日以内に内閣総理大臣に対して大量保有報告書を提出しなければなりません（金商法27の23①、金商令14の5）。

大量保有報告書を提出した者は、その保有割合が1％以上変動した場合には、変更報告書を提出しなければなりません（金商法27の25①、金商令14の7の2、大量保有府令9の2第1号様式記載上の注意(1)d）。

大量保有報告書提出者であった上場会社オーナーの相続人の相続による取得、相続人による物納などによりその保有割合が変動した場合には、大量保有報告書（変更報告書）の提出が必要となります。

②　臨時報告書の提出（主要株主の移動）

有価証券報告書提出会社は、その主要株主に異動があった場合には、金融商品取引法24条の5第4項並びに企業内容等の開示に関する内閣府令19条2項4号の規定に基づき、臨時報告書を提出しなければなりません。主要株主とは、自己又は他人（仮設人を含む）の名義をもって発行済株式総数の10％以上の株式を有している株主をいいます（金商法163①）。

③　適時開示制度

証券取引所に上場している会社の主要株主又は主要株主である筆頭株主の異動があった場合には、証券取引所規則に基づき、直ちにその内容を開示しなければなりません（東京証券取引所・有価証券上場規程402(2)b）。

コラム

相続人の連帯納付義務

　長男が相続手続を総括したケースです。

　適正な相続手続・申告納税が終わったと、他の相続人は報告を受けていました。しかし、その後、税務署から各相続人に対して相続税の支払の督促が来て驚きました。実は、上場株式を含めた最大の財産承継者である長男が、個人的な理由によって相続税の納付をしなかったのです。

　一般的には知られていませんが、相続税法上、相続人全員は相続税の支払に関して相互に連帯納付義務を負っています。そのため、長男が払わなかった相続税に対して、他の相続人に支払の催促がされることになったのです。

　平成24年4月以降、相続税の連帯納付義務に関しては、税務署長が履行を求めず申告期限から5年経過した場合、延納又は納税猶予の適用を受けた場合などに連帯義務が解除されることになりましたが、制度の本質は変わっていません。

10-2 資産保全会社の株式の換金化

事 例

　上場会社オーナー甲が逝去しました。相続人乙は、資産保全会社Ｂ社の株式を相続しました。相続人乙は、相続税の納税資金が不足しており、Ｂ社株式の換金化をしたいと思っています。

解決策

　相続税の納税資金を捻出するには、相続人が相続した資産保全会社の株式をその資産保全会社（発行会社）に買い取ってもらうという方法もあります。資産保全会社からみれば、自己株式の取得です。

　自己株式の取得は、発行会社に譲渡した者にみなし配当と株式等の譲渡損益が生じます。ただし、相続財産に係る非上場株式をその発行会社に譲渡した場合には、みなし配当等の課税の特例を適用することにより、みなし配当課税ではなく、株式の譲渡所得課税のみで課税関係を終了させることができます。加えて、相続税の取得費加算の適用も可能です。

　なお、相続株式に関する自己株式の取得に当たっては、会社法上、相続人等からの株式の取得の特則と相続人等に対する株式売渡しの請求があることも押さえておくべきです。

1　株式を発行会社へ譲渡することによる納税資金の捻出

　資産保全会社の自己株式の取得に際し、株式を譲渡した者には、原則としてみなし配当と株式等の譲渡損益が生じます。

　配当所得は、配当控除（所得税 5 ～10％、住民税1.4～2.8％）の適用があるものの、他の所得と合算して課税される総合課税の対象となり、最高税率

329

49.44％（（所得税45％－配当控除５％）×（１＋復興特別所得税2.1％）＋（住民税10％－1.4％））の累進税率が適用されます。

　一方、非上場株式等の譲渡所得は、20.315％（所得税15.315％、住民税５％）の申告分離課税です。また、自己株式の取得時には、株式等の譲渡損失が生じる場合があります。株式等の譲渡損失が生じたとしても、株式等の譲渡所得内では通算されるものの、他の所得と通算することはできません。さらに、株式等の譲渡損失が生じる場合には、相続税の取得費加算の適用を受けることもできません。

　なお、平成28年以後は、株式等の譲渡所得は、上場株式等に係る譲渡所得等とそれ以外の株式等に係る譲渡所得等に区分し、区分ごとに内部通算するルールとなります。そのため、譲渡した株式が上場株式であれば、譲渡損失は上場株式等の配当と相殺可能となり、３年間にわたって繰り越すことも可能です。しかしながら、非上場株式等との譲渡益との相殺はできません。

　自己株式の取得にみなし配当が生じると、株式を譲渡した者の税負担が重くなるのが一般的です。

2　みなし配当等の課税の特例

　相続財産に係る非上場株式をその発行会社に譲渡した場合には、みなし配当等の課税の特例があります（措法９の７、措令５の２、措規５の５）。

　自己株式の取得の対価としてその発行会社から受ける交付金銭等の額が、その発行会社の資本金等の額のうちその交付の基因となった株式に対応する部分の金額を超えるときは、その超える部分の金額には、みなし配当が生じるのが原則です。相続財産に係る非上場株式をその発行会社に譲渡した場合には、このみなし配当が生じないというのが本特例です。

　交付金銭等の額を株式等に係る譲渡所得等に係る収入金額とみなして、株式等に係る譲渡所得等の課税の特例を適用するため、みなし配当が生じず、

すべて株式の譲渡所得とされるため、株式を譲渡した者の税負担が軽減されます。

本特例は、相続又は遺贈により財産の取得をした個人で、その相続又は遺贈につき納付すべき相続税がある者が、その相続税額に係る課税価格の計算の基礎に算入された非上場株式をその発行会社に譲渡した場合に適用を受けることができます。留意すべきは、納付する相続税額が「0円」の場合には、本特例の適用が受けられないことです。あくまでも、株式会社における株式についてのみ適用が受けられ、合名会社、合資会社、合同会社等の持分会社の持分については適用が受けられません。

適用の対象となるのは、その相続の開始があった日の翌日からその相続税の申告書の提出期限の翌日以後3年を経過する日までの間に譲渡した非上場会社の株式です。

本特例の適用に当たっては、株式を譲渡した者が、その非上場株式を発行会社に譲渡する時までに「相続財産に係る非上場株式をその発行会社に譲渡した場合のみなし配当課税の特例に関する届出書」を発行会社に提出します。発行会社は、譲渡日の属する年の翌年の1月31日までにこの届出書を所轄の税務署に提出し、届出書の写しを5年間保存しなければなりません。

3 会社法における相続株の制度

(1) 自己株式の取得の財源規制

発行会社の自己株式の有償取得は、交付金銭等の帳簿価額の総額が、取得の効力発生日における分配可能額を超えてはならないとの財源規制があります（会法461）。このため、発行会社に分配可能額がなければ、そもそも発行会社の自己株式の有償取得ができません。

また、後継者の経営権が脅かされないよう、自己株式の取得後の後継者の議決権割合などを十分に考慮したうえで、自己株式の取得を実行する必要が

あります。

(2) 相続人等からの取得の特則

　会社が特定の株主からの自己株式の取得を決議する場合には、他の株主は、自己をも売主に加えることを請求する売主追加請求権を行使することができます（会法160③）。ただし、譲渡制限会社における相続人等からの自己株式の取得は、原則として他の株主の売主追加請求権は排除されています（会法162）。なお、他の株主の売主追加請求権が排除されるのは、相続人が、株主総会においてその株式についての議決権を行使していない場合に限られています（会法162二）。

(3) 相続人等に対する株式売渡しの請求

　あらかじめ定款で定めておけば、譲渡制限株式を相続その他の一般承継によって取得した者に対して、その株式を会社に売り渡すことを請求することができます（会法174）。相続人等が株主になることを認めないのであれば、会社はその相続人等に対して株式売渡し請求をします（会法175、176）。株主は、この請求を拒むことはできません。

　なお、この売渡し請求に基づく株式の買取りについても財源規制は課されており、株式の買取りによる金銭等の支払が分配可能額を超える場合には株式売渡し請求をすることはできません（会法461①五）。

　会社が相続人に対して株式売渡し請求をするには、そのつど、株主総会の決議が必要となります（会法175①）。売渡し請求の対象となる株式の数、その株式を有する者の氏名を決議することになり、売渡し請求の対象となる株式を有する者は、この決議において議決権を行使することはできません（会法175②）。

　会社は、売渡し請求の対象となる株式の数を明らかにしたうえで、売渡し請求の対象となる株式を有する者に対してその株式を自社に売り渡すことを

請求します（会法176①②）。会社が売渡し請求できるのは、相続等があったことを知った日から1年以内とされています（会法176①ただし書）。そして、会社は、いつでも、この売渡し請求を撤回することができます（会法176③）。

　株式の売買価格は、会社と売渡し請求の対象となる株式を有する者との協議によって決定するのが原則です（会法177①）。両者の協議が調えば、その価格が株式の売買価格となります。両者の協議が調わなければ、売渡し請求日から20日以内に、裁判所に対して売買価格の決定の申立てをすることができます（会法177②）。裁判所は、請求時の会社の資産状況その他いっさいの事情を考慮して株式の売買価格を決定し、裁判所が決定した金額が株式の売買価格とされます（会法177③④）。両者の協議が調わず、かつ、売渡し請求日から20日以内に両者から売買価格の決定の申立てが行われなければ、売渡し請求は効力を失い（会法177⑤）、相続人が株主となります。

4　金庫株と物納の税金比較

　相続等により取得した資産保全会社の株式を発行会社へ譲渡することにより換金化し、その金銭をもって納税に充てる場合には、相続財産に係る非上場株式をその発行会社に譲渡した場合のみなし配当課税の特例や相続財産を譲渡した場合の取得費の特例を適用したとしても、非上場株式の譲渡益に対して20.315%の課税が発生します。

　これに対して、資産保全会社の株式をいったん物納し、物納有価証券を発行法人が自己株式として買い受ける場合には、物納に際し相続人に株式の譲渡益課税が発生しないことから、物納のほうが有利といえます。

　また、相続人に孫がいる場合には、資産保全会社の株式を孫に遺贈することも検討すべきでしょう。孫には納税資金がないことを理由に、資産保全会社の株式をいったん物納し、最終的には、発行会社（資産保全会社）が随意契約者として資産保全会社の株式を買い受けます。この方法によれば、社外

333

に株式が分散されることなく、直系卑属に対する早期の財産移転も可能となり、さらには発行会社（資産保全会社）に相続税相当額を負担させることができます。

10-3 上場株式の物納・延納の担保提供

事 例

　上場会社Ａ社のオーナー甲が逝去し、長男乙は、Ａ社株式を相続開始時の相続税評価額10億円（１株１万円）で相続しました。この相続財産に対する相続税４億円につき、Ａ社株式を譲渡して換金化したうえで、金銭で納付する予定でした。ところが、100年に一度の未曾有の金融危機により、Ａ社株式の相続税の納付時の時価評価額が２億円（１株２千円）にまで下落してしまいました。このため、Ａ社株式をすべて譲渡して換金化しても相続税に納税不足が生じてしまいます。

　なお、乙以外に相続人はおらず、相続財産はＡ社株式のみです。

　また、乙個人の固有の財産はなく、生活するのに必要最低限の年金所得があるのみです。

解決策

　相続税は、申告期限までの金銭による一括納付が原則ですが、延納制度や、物納制度が設けられています。本事例では、納付資力がなく、かつ、延納によっても金銭納付が困難であることから、Ａ社株式を物納申請します。

　物納申請財産の収納価額は、原則として相続開始時の相続税評価額であることから、Ａ社株式を４億円分（４万株×１万円）を物納します。

　なお、株券電子化により上場株式の延納の担保提供及び物納の手続は、電子化以前と比べて非常に簡便になっています。

335

1　延納・物納のための検討事項

(1)　延納

①　延納とは

延納とは、相続税を納期限又は納付すべき日までに金銭で納付することを困難とする事由がある場合に、その納付を困難とする金額を限度として年賦で納める制度です（相法38）。

②　延納の要件（相法38①④、39①）

イ　申告・更正又は決定による税額が10万円を超えること

ロ　金銭で納付することが困難な金額とされる一定の範囲内であること

ハ　担保を提供すること（延納税額が100万円以下で、かつ、延納期間が3年以下である場合は担保提供する必要はない）

ニ　延納申請書及び担保提供関係書類を期限内に提出すること（延納申請期限までに担保提供関係書類を提供することができない場合は、「担保提供関係書類提出期限延長届出書」を提出することにより、1回につき3カ月を限度として、最長6カ月まで担保提供関係書類の提出期限を延長することができる（相法39⑥～⑨））

---

③　延納の審査期間

相続人は、延納を求めようとする相続税の納期限までに、延納申請書に担保提供関係書類を添付して納税地の所轄税務署長に提出する必要があります（相法39①）。

税務署長は、申請書の提出期限の翌日から起算して3カ月以内に許可又は却下の判断をします（相法39②）。税務署長が延納の許可をする場合に、申請者の提供しようとする担保が適当でないと認めるときは、その変更を求めることができます。その他、延納担保などの状況によっては、税務署長が延

336　第10章　相続発生後の納税資金対策

納の許可又は却下までの期間を最長で6カ月まで延長する場合があります（相法39㉒）。

④　担保提供資産

相続又は遺贈により取得した財産に限らず、相続人の固有の財産や共同相続人又は第三者が所有している財産であっても担保として提供することができます。

延納の担保提供財産は、次に掲げるものに限られています。

　イ　国債及び地方債

　ロ　社債、その他の有価証券で税務署長が確実と認めるもの

　ハ　土地

　ニ　建物、立木、登記された船舶などで保険に付したもの

　ホ　鉄道財団、工場財団などの財団

　ヘ　税務署長が確実と認める保証人の保証

なお、取引相場のない株式の延納担保は、次のいずれかに該当する事由があるときには認められます（相基通39-2）。

　イ　相続もしくは遺贈又は贈与により取得した財産のほとんどが取引相場のない株式であり、かつ、その株式以外に延納の担保として提供すべき適当な財産がないと認められること

　ロ　取引相場のない株式以外に財産があるが、その財産が他の債務の担保となっており、延納の担保として提供することが適当でないと認められること

337

⑤　延納に係る必要担保額の具体的な計算方法

| 担保財産の見積価額 | ＞ | 延納税額 | ＋ | 第1回目の分納税額の利子税の額×3〔第1回目の分納期間が1年に満たないときは1年として計算した額〕 |

⑥　担保の見積価額

イ　国債…………………原則として、券面金額

ロ　有価証券…………地方債、社債及び株式その他の有価証券については、評価の8割以内において担保提供期間中に予想される価額変動を考慮した金額

ハ　土地…………………時価の8割以内において適当と認める金額

ニ　建物・立木及び各種財団…時価の7割以内において担保提供期間中に予想される価額の減耗等を考慮した金額

ホ　保証人の保証…延納税額が不履行（滞納）となった場合に、保証人から徴収（保証人の財産を滞納処分の例により換価することによる弁済を含む）することができると見込まれる金額

出典：国税庁平成26年1月「相続税贈与税の延納の手引」

⑦　延納期間と利子税

　相続税の延納は、5年から最長20年の延納期間が認められており、延納期間中は利子税が課されます。延納期間と利子税割合は、その相続財産に占める不動産等の割合に応じて、次のように定められています（相法38、52①一）。

338　第10章　相続発生後の納税資金対策

区　分			延納期間 （最高）	延納利子 税割合	特例 割合※
相続税	不動産等の割合が75％以上の場合	①動産等に係る延納相続税額	10年	5.4%	1.3%
		②不動産等に係る延納相続税額（③を除く）	20年	3.6%	0.8%
		③計画伐採立木の割合が20％以上の場合の計画伐採立木に係る延納相続税額	20年	1.2%	0.2%
	不動産等の割合が50％以上75％未満の場合	④動産等に係る延納相続税額	10年	5.4%	1.3%
		⑤不動産等に係る延納相続税額（⑥を除く）	15年	3.6%	0.8%
		⑥計画伐採立木の割合が20％以上の場合の計画伐採立木に係る延納相続税額	20年	1.2%	0.2%
	不動産等の割合が50％未満の場合	⑦一般の延納相続税額（⑧、⑨及び⑩を除く）	5年	6.0%	1.4%
		⑧立木の割合が30％を超える場合の立木に係る延納相続税額（⑩を除く）	5年	4.8%	1.1%
		⑨緑地保全地区等内の土地に係る延納相続税額	5年	4.2%	1.0%
		⑩計画伐採立木の割合が20％以上50％未満の場合の計画伐採立木に係る延納相続税額	5年	1.2%	0.2%
贈与税		延納贈与税	5年	6.6%	1.6%

※　延納特例基準割合が1.8％の場合

※　延納利子税の割合については、各年の延納特例基準割合が7.3％に満たない場合には、次の算式で計算する割合（特例割合）を適用

$$\text{延納利子税割合} \times \frac{\text{延納特例基準割合}}{7.3\%}$$
（0.1％未満の端数切捨て）

※　延納特例基準割合とは、財務大臣が告示する分納期間開始の日の前々年の10月から前年の9月までの各月の銀行の新規短期貸出約定平均金利の合計を12で除した割合に、1％を加えた割合を指す。平成28年分として、財務大臣が告示した割合は0.8

※　延納税額が150万円未満（②、③及び⑥に該当する場合は200万円未満）の延納期間は、延納税額を10万円で除して得た数（1未満の端数は切上げ）に相当する年数が限度

※　不動産等とは、不動産や不動産の上に存する権利、立木、事業用の減価償却資産、特定同族会社の株式や出資をいう

※　特定同族会社とは、相続や遺贈により財産を取得した人とその特別関係者の有する株式や出資の金額の合計額が、その会社の株式金額や出資金額の50％超を占めている非上場会社をいう

⑧　特定物納（延納から物納への変更）

特定物納とは、延納の許可を受けた相続税について、その後に延納を継続することが困難となった場合に、相続税の申告期限から10年以内に限り、分納期限が未到来の延納税額について、延納から物納への変更を行うことができるという制度です（相法48の2）。平成18年4月1日以後の相続開始により取得した財産に係る相続税が対象です。

特定物納に係る財産の収納価額は、特定物納に係る申請の時の価額です（相法48の2⑤）。

特定物納に係る申請をした場合には、物納財産を納付するまでの期間に応じ、当初の延納条件による利子税を納付しなければなりません（相法48の2④二）。

(2)　物納

①　物納とは

物納制度とは、相続税を納期限までに延納によっても金銭で納付することを困難とする金額（物納許可限度額）を限度として、一定の相続財産により納付する制度です（相法41①）。

② 物納の要件（相法41）

イ　納付すべき相続税額を延納によっても金銭で納付することを困難と
する事由があること

ロ　物納申請財産が、一定の種類の財産で、一定の物納の順位によって
いること

ハ　物納申請財産が物納適格財産であること

ニ　物納申請書及び物納手続関係書類を期限までに提出すること（物納
申請期限までに物納手続関係書類を提供することができない場合は、
物納手続関係書類提出期限延長届出書を提出することにより、1回に
つき3カ月を限度として、最長1年間、物納手続関係書類の提出期限
を延長することができる）

上記イを判定するに当たっては、相続財産だけではなく、納税者固有の財
産も判定の対象とします。

③　物納に充てることができる財産の種類及び順位

物納に充てることができる財産は、納税義務者の課税価格計算の基礎と
なった財産で、日本にあるもののうち次に掲げるものです（相法41②、措法
70の12）。

順　位	物納に充てることのできる財産の種類
第1順位	①　国債及び地方債 ②　不動産及び船舶 ③　不動産のうち物納劣後財産に該当するもの
第2順位	④　社債及び株式並びに証券投資信託又は貸付信託の受益証券 ⑤　株式のうち物納劣後財産に該当するもの
第3順位	⑥　動産

341

物納財産には優先順位があり、下位のものを物納する場合にあっては、上位のものについて、納税義務者が物納申請の際に現に有するもののうちに適当な価額のものがない場合に限られます（相法41⑤）。

　特定登録美術品は、物納の順位によることなく物納に充てることのできる財産とすることができます（措法70の12①、相基通41－15）。

　また、物納に充てることができる財産は、管理処分不適格財産に該当しないものであることが必要です（相法41②、相令18）。物納劣後財産を物納に充てる場合には、他に物納に充てるべき適当な財産がないことが求められます（相法41④、相令19）。

　相続財産の処分により取得した財産（いわゆる転得財産）は物納に充てることができますが、相続時精算課税を選択した贈与者からの贈与により取得する財産は物納に充てることはできません（相法41②かっこ書）。

　転得財産には、次に掲げるものを含みます（相基通41－7）。

　イ　株式の発行法人が合併した場合において、その合併によって取得した株式
　ロ　株式の消却、資本の減少によって取得した株式
　ハ　株式の発行法人が増資をした場合において、その増資によって取得した株式（ただし、収納時に旧株がある場合には、旧株式を物納税額に充当してもなお不足税額がある場合に限る）

---

④　物納の申請手続

　物納を申請するには、物納を求めようとする相続税の納期限までに、又は納付すべき日に、次の事項などを記載した物納申請書に、物納手続関係書類を添付して、納税地の所轄税務署長に提出します（相法42①）。

> イ　物納申請税額（相規22①二・三・五）
>
> ロ　延納によっても金銭で納付することを困難とする事由（同四）
>
> ハ　物納に充てようとする財産（同六）
>
> ニ　物納財産の順位によらない場合等の事由（同七・八）
>
> ホ　その他参考事項（同十）

　なお、物納申請期限までに物納手続関係書類を提出することができない場合には、物納手続関係書類提出期限延長届出書を提出することにより、1回につき3カ月を限度として、最長1年まで提出期限を延長することが可能です（相法42④⑤⑥）。

　また、物納申請書の提出後、税務署長は物納申請期限から3カ月以内に許可又は却下の判断をします（相法42②）。ただし、申請財産の状況により、税務署長が許可又は却下までの期間が最長で9カ月まで延長する場合があります（相法42⑯⑰）。

　なお、物納申請財産が、管理処分不適格財産又は物納劣後財産で、他に物納適格財産があることから却下された場合には、その却下の日の翌日から20日以内に、一度に限り、他の物件を物納財産として再申請することができます（相法45①）。

　物納申請が却下された場合に、却下の日の翌日から起算して20日以内に申請者の申請により、延納への変更も可能です（相法44①）。

⑤　物納の収納手続

　物納財産の収納価額は、相続税の課税価格計算の基礎となったその財産の価額です。ただし、収納の時までに物納財産の状況に著しい変化が生じたときは、税務署長が、収納の時の現況によりその財産の収納価額を定めることができるとされています（相法43①）。

　物納の許可を受けた税額に相当する相続税は、物納財産の引渡し、所有権

の移転の登記等第三者に対抗ができる要件を充足したときに、納付があったものとされます（相法43②）。

有価証券の物納の許可を受けた場合には、一部の例外を除き、その有価証券の物納を許可した税務署長に提出します（相令20①本文）。記名式の証券は、記名国債証券を除き、その提出前に財務大臣名義に変更します（相令20①ただし書）。株式は、記名式の証券に該当するため、あらかじめ財務大臣名義に変更したうえで所轄税務署に提出します。

2 上場株式の延納の担保提供及び物納

(1) 上場株式の延納及び物納申請に関する提出書類

延納及び物納の申請を行うには、相続税の納付期限までに、申請書類及び申請手続関係書類を提出する必要があります。

株券電子化により上場株式の延納の担保提供及び物納の手続は電子化以前と比べて非常に簡便になっています。

〈上場株式の延納担保提供及び物納の申請書類・手続関係書類表〉

延納手続	〈延納申請時に提出する書類〉 ① 相続税延納申請書 ② 担保目録及び担保提供書：有価証券 ③ 金銭納付を困難とする理由書 ④ 担保提供関係書類 　・所有者の振替口座簿の写し
物納手続	〈物納申請時に提出する書類〉 ① 相続税物納申請書 ② 物納財産目録 ③ 金銭納付を困難とする理由書 ④ 物納劣後財産等を物納に充てる理由書（不動産がある場合、上場株式より物納優先順位の財産がある場合等） ⑤ 物納手続関係書類 　・所有者の振替口座簿の写し

⑵　延納の担保の提供手続

①　株券等の担保の提供手続

有価証券を延納する際の担保とする場合には、相続人名義に変更した有価証券を供託し、「供託書正本」を所轄の税務署長へ提出する必要があります。また、株券が発行されていない場合は発行会社に対し株券の発行を請求する必要があります。この手続は次のとおりです。

イ　まず相続人が供託所に備え付けられている供託書に必要事項を記載し、正副2通作成し、これらの供託書を供託所に提出する

ロ　供託所から、1週間以内に供託物である有価証券等を日本銀行に預け入れる旨が記載された「供託書正本」及び「供託有価証券寄託書」の交付を受ける

ハ　これらの書類に有価証券を添えて、所定の期限までに供託有価証券の委託事務を取り扱う日本銀行に提出する

ニ　日本銀行から当該有価証券が納入された旨の記載された供託書正本の交付を受ける

ホ　この書類を税務署長に提出する

②　上場株式の担保の提供手続

上場株式の担保提供手続は、次のとおりです。

イ　まず、有価証券の名義変更手続を行い、被相続人が所有していた有価証券を相続人の口座に移動する

ロ　「延納申請書類」と「上場株式の所有者の振替口座簿の写し」を所轄税務署へ提出する。これにより、相続した有価証券が相続人個人の証券口座に移動したことの証明となる

ハ　税務署から証券会社に税務署長名義の質権口座が開設された旨の通

知を受ける

ニ　税務署から指示があったら、証券会社に対して、担保提供者の口座から税務署長名義の質権口座へ振替を行うよう指示する

ホ　税務署は、振替の確認を行ったうえで、「延納許可通知書」を相続人に送付する

なお、配当請求や議決権等の自益権は、相続人に帰属するため、財務局名義の担保口座は相続人1人1口座で管理されます。

(3)　株式等の物納申請手続

①　株券等の物納申請手続

株券等の物納は、物納する株券等の種類や、株券番号、数量などを詳細に伝え、相続した有価証券が相続人名義に変更されたことを証明するため有価証券の写しも添えて申請します。

上場株式の物納手続は、次のとおりです。

イ　物納申請時に、「物納しようとする上場株式の所有者の振替口座簿の写し」を提出する

ロ　税務署長から「物納許可通知書」の送付を受ける

ハ　物納しようとする株式を指定された日までに、所有者の振替口座から財務局名義の口座へ振替手続を行う

ニ　振替手続を終了した場合には、税務署に「振替を行った旨の届出書」を提出する。振替指図書の写し、口座管理簿の写し（振替の実績がわかるもの）を添付する

ホ　それを受けて、所轄税務署で確認した結果「物納財産収納済証書」が発行されて終了する

なお、上場株式を物納し、財務大臣に名義が変更になったときには、変更
報告書や臨時報告書、適時開示の手続が必要になる場合がありますので注意
が必要です（金商法24の5④、27の25①、東京証券取引所・有価証券上場規
程402⑵b)。

②　物納後の上場株式の処分事務

　財務局では、金融商品市場を通じて速やかに処分します。なお、公開買付
けが行われていて、公開買付けに応じるほうが有利である場合には、公開買
付けに応募して処分します。また、市場での処分においても、前日の終値の
90％に相当する額以上の価格で処分することを予定しています。

3　資産保全会社株式の物納

⑴　取引相場のない株式（非上場株式）の物納適格性

　取引相場のない株式は、物納不適格財産に該当しない限り、原則として物
納が可能です。次に掲げる株式については、管理処分不適格財産とされるた
め留意すべきです（相令18二）。

イ　譲渡に関して金融商品取引法その他の法令の規定により一定の手続
　　が定められている株式で、当該手続がとられていないもの（同イ）
ロ　譲渡制限株式（同ロ）
ハ　質権その他の担保権の目的となっている株式（同ハ）
ニ　権利の帰属について争いのある株式（同ニ）
ホ　共有となっている株式（ただし、共有者全員が当該株式について物
　　納する場合を除く）（同ホ）

⑵　物納申請での留意点

　物納する非上場株式は、物納申請時までに、譲渡制限を解除する定款変更

347

をし、株券不発行会社になっている場合には株券発行会社になる旨の定款変更をします。これらは登記事項であり、それぞれ登記をする必要があります。

(3) 非上場株式の物納申請手続

① 非上場株式の物納申請書類、物納手続関係書類

イ．物納申請書類

---

a　物納申請書

b　物納財産目録

c　金銭納付を困難とする理由書

ロ．物納手続関係書類

---

a　議事録の写し（物納しようとする株式につき譲渡制限がある場合に、譲渡制限を解除したことがわかる書類）

b　物納申請者に名義変更している株券の写し

c　登記事項証明書（商業登記簿謄本）

d　物納申請の日前2年間に終了した事業年度に係る決算書

e　株主名簿の写し

f　物納財産売却手続書類提出等確約書

「物納財産売却手続書類提出等確約書」には、物納許可（収納）後において、税務署長から次の行為を求められた場合には、これを履行する旨の確約を記載します。

ⅰ）　金融商品取引法その他の規定により一般競争入札に際し必要なものとして定められている書類を発行会社が税務署長に求められた日

から 6 カ月以内に提出すること

ⅱ)　株式の価額を算定するうえで必要な書類を提出すること

②　物納許可後の手続

　物納が許可されると、物納許可通知書の送付を受けます。財務大臣名義に変更した株券を所轄税務署に提出します。

　非上場株式は、原則として競争契約により処分します。特別の事情がある場合には随意契約で処分することができます。非上場株式の処分に係る随意契約適格者から買受意向が示されているもの以外は、速やかに一般入札により処分するものとされています。（改正平成25年 6 月27日付財理3092号「物納等有価証券に関する事務取扱要領について」第 6 　2(2)）。

　随意契約適格者とは、次の者をいいます（改正平成24年1月27日付財理314号「財務省所管一般会計所属普通財産の管理及び処分を行う場合において指名競争に付し又は随意契約によることについての財務大臣との包括協議について」通達の別紙 1 の第 2 の 4(1)〜(3)）。

イ　有価証券の発行法人

ロ　有価証券の発行済株式総数の10％以上を有している主要株主、有価証券を発行した法人の役員及び従業員

ハ　物納した本人

ニ　法人の主要な業務について、現に継続的取引関係にある者

　また、購入時期は、原則として収納日から 1 年以内となっています。そのため、物納時においては、将来の買い戻しについても資金計画を練る必要があります。

コラム

物納した上場株券が現金で戻る

相続税の調査時に国税局と意見が合わず、追加納税を上場株式（株価が下がっていたので）で物納したケースがありました。

その後、当然に国税不服審判所で全面勝利となり、税金が全額戻ることになりました。このときは、物納した上場株式ではなく、相続税法で評価した現金で戻ってきました。

なお、物納財産が換価されていない場合には、物納に充てた財産で還付を受けることができます。本件では、株価が相続発生時の半分以下になっていたので、納税者は換金時非課税、利子税に相当する利息収入に加えて、予期せぬ利益が生じました。しかし、株式相場の世界では、逆の場合も起こりうるので留意が必要です。

第11章

上場会社オーナーの相続税調査

11-1 相続税調査における論点

1 税務調査の論点

　上場会社オーナーの相続税額は、多額となることが予想されます。

　このため、上場会社オーナーの相続税の申告について税務調査が行われる可能性も高いといえます。上場会社オーナーの相続財産は、自社の上場株式のほか、他の上場会社株式、預金、貸付金、海外金融資産など、金融資産がほとんどです。金融資産の性質の特異性から、通常の不動産所有の資産家の相続税申告の税務調査とは、税務調査の内容や論点も異なります。

〈申告漏れ相続財産の金額の推移〉

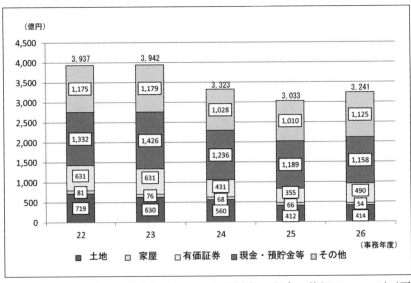

出典：国税庁「平成26事務年度における相続税の調査の状況について」（平成27年11月）

なお、資料によれば、調査に基づく平成26事務年度の申告漏れ相続財産の金額の内訳は、現金・預貯金等が1,158億円で最も多く、続いて有価証券490億円、土地414億円の順となっていると報告されています。

　さらに、申告漏れの態様及び財産を隠蔽するなどの悪質なケースとして、次の事例を挙げています。

・預貯金等の申告漏れ

・土地や株式等の評価誤り

・現金や金地金等を自宅や貸金庫等に隠匿して申告から除外

・被相続人の住所から遠隔地の金融機関の預金や不動産等を申告から除外

・財産の所在が海外であることを悪用して申告から除外

　ここでは、上場会社オーナーの税務調査において論点になりやすいものについて説明します。

2　名義預金・名義株式

　預金又は株式について、名義は上場会社オーナー以外の配偶者や子等の相続人になっているが、実質的には上場会社オーナーの所有であったものを、それぞれ名義預金あるいは名義株式といいます。このような名義預金ないし名義株式は、もちろん、上場会社オーナーが所有していた財産として相続財産に加えられます。

　税務調査の際の名義預金又は名義株式の判断基準には、次のようなものがあります。

353

```
イ　所得の状況
ロ　印鑑の使用状況
ハ　預金通帳又は株主総会招集通知などの管理状況
ニ　受取利息又は受取配当金の費消者
ホ　贈与税の申告の有無
```

さらに、次のような場合には、名義預金又は名義株式として認定される可能性が高まりますので、注意が必要です。

```
イ　相続人に預金の積立て又は株式を購入する資力がない場合
ロ　被相続人の預金口座に登録されている印鑑と相続人等の預金口座に
　　登録されている印鑑が同一である場合
ハ　預金通帳、預金証書又は株主総会招集通知などを被相続人が管理し
　　ている場合
ニ　預金から発生する受取利息又は受取配当金を、相続人の預金口座か
　　ら被相続人の預金口座に振替えて、被相続人が費消している場合
ホ　相続人名義とした預金又は株式について、贈与税の申告が行われて
　　いない場合
```

3　贈与契約と贈与税の時効

(1)　贈与契約の成立時期

　民法上、贈与は「当事者の一方が自己の財産を無償で相手方に与える意思を表示し、相手方が受託することによって、その効力を生ずる（民法549）」と規定しています。

354　第11章　上場会社オーナーの相続税調査

贈与契約は当事者間の認識が重要であり、その契約の方法は、書面による
ものばかりではなく、当事者間での口頭による意思表示でも成立します。税
務調査では、当事者間の認識があったかどうかが問われます。

(2)　贈与税における時効期間

　税務調査において、贈与税の時効が成立しているか否かが争われる場合も
あります。

　国税の徴収権の消滅時効の期間は、原則として法定納期限から5年間にわ
たり行使しないことによって消滅します（通則法72①）。ただし、贈与税の
納税義務は、原則として法定納期限から6年が経過することにより、時効に
より消滅します（相法36）。なお、徴収権の消滅時効の起算日は、原則とし
て法定納期限の翌日です（通則法73③）。

　ただし、偽りその他不正の行為によって免れ又は還付を受けた贈与税につ
いては、その徴収権の時効は、原則として法定納期限から2年間は進行しま
せん（通則法73③）。つまり、偽りその他不正の行為によって免れ又は還付
を受けた贈与税については、その徴収権は原則として法定納期限から7年間
で時効消滅です。なお、偽りその他不正の行為とは、「真実の所得を隠蔽し、
それが課税の対象となることを回避するため、所得金額をことさら過少に記
載した内容虚偽の確定申告書を提出する行為」と最高裁で判示されています。

(3)　贈与契約の成立時期と贈与税の時効期間

　贈与は、贈与者による贈与の意思表示と、受贈者による受贈の意思表示を
もって成立する契約であり、双方の意思表示をもって成立します。当事者間
の認識がなければ贈与はいまだ成立しておらず、贈与税における時効期間は
いくら経過しても成立しないことに留意すべきです。

355

4 貸付金債権等の評価と回収可能性

⑴ 貸付金債権等の評価方法

　上場会社オーナーは、個人的な付き合いから関係者に多額の資金を融通していることも多いようです。上場オーナーによっては、法人のみならず個人に貸付を行っている場合も多いと思われます。

　この貸付金債権の相続税評価額に当たって、税務調査でその回収不能等部分についての認否が争われるケースも多いようです。

　貸付金債権とは、次に掲げるものをいいます（評基通204）。

・貸付金

・売掛金

・未収入金

・預貯金以外の預け金

・仮払金

・その他これに類するもの

　評価額は、次の算式に基づいて算定されます（評基通204）。

評価額＝　　　元本の価額　　　＋　　　利息の価額

　　　　　（返済されるべき金額）　　　　（課税時期現在の既経過利息として支払を受けるべき金額）

　ただし、すでに収入すべき期限が到来した貸付金債権等の利子で、課税時期において未収となっているものは、上記の評価額には含めず、独立した財産として評価します（評基通208）。

　貸付金債権等で回収不能等部分がある場合には、財産評価基本通達においてその評価方法が定められています。評価の対象となっている貸付金債権等

の債権金額の全部又は一部が、課税時期において、次に掲げる事実に該当するとき、その他その回収が不可能又は著しく困難であると見込まれるときには、これらの金額は元本の価額から除外されます（評基本通205）。

事　　実	元本の価額から除外される金額
①　　債務者について次に掲げる事実が発生している場合 ・手形交換所において取引の停止処分を受けたとき（これに準ずる期間を含む） ・会社更生手続の開始の決定があったとき ・民事再生法（平成11年法律第225号）の規定による再生手続開始の決定があったとき ・会社の整理開始命令があったとき ・特別清算の開始命令があったとき ・破産の宣告があったとき ・業況不振のため又はその営む事業について重大な損失を受けたため、その事業を廃止し又は6カ月以上休業しているとき	その債務者に対して有する貸付金債権等の金額（その金額のうち、質権及び抵当権によって担保されている部分の金額を除く）
②　　再生計画認可の決定、整理計画の決定、更正計画の決定又は法律の定める整理手続によらないいわゆる債権者集会の協議により、債権の切捨て、棚上げ、年賦償還等の決定があった場合	これらの決定のあった日現在におけるその債務者に対して有する債権のうち、その決定により切り捨てられる部分の債権の金額及び次に掲げる金額 ・弁済までの据置期間が決定後5年を超える場合におけるその債権の金額 ・年賦償還等の決定により割賦弁済されることとなった債権の金額のうち、課税時期後5年を経過した日以後に弁済されることとなる部分の金額

357

③　当事者間の契約により債権の切捨て、棚上げ、年賦償還等が行われた場合において、それが金融機関のあっせんに基づくものであるなど真正に成立したものと認められるものであるとき	その債権の金額のうち②に掲げる金額に準ずる金額

　個人への貸付金債権等の場合も、貸付先である個人の支払能力を考慮した評価を行い、貸付金債権等の回収が不能又は著しく困難と見込まれる部分については、それらの金額は元本の価額に算入しないとすべきです。

11-2 相続税調査と重加算税

1 上場会社オーナーと相続税調査

　上場会社オーナーの場合、相続財産も多額になる場合も多く、結果として相続税額が多額となります。納税額を抑えたいという心理が働くかもしれませんが、相続税申告時には、相続財産を隠蔽するなどして課税価額を低く抑えることや相続税の納税額を抑える等の施策は講じずに、国民の義務としてしかるべき金額で申告する必要があることに留意すべきです。

　査察の対象となるような悪質な脱税に関しては、査察実施の事実がメディアを通じて公になるだけでなく、税率が高い重加算税等が課され、上場会社オーナーの社会的信用も低下してしまいます。

〈相続税の調査事績〉

項目 ＼ 事務年度	平成25事務年度	平成26事務年度	対前事務年度比
① 実地調査件数	件 11,909	件 12,406	% 104.2
② 申告漏れ等の非違件数	件 9,809	件 10,151	% 103.5
③ 非違割合（②/①）	% 82.4	% 81.8	ポイント ▲ 0.5
④ 重加算税賦課件数	件 1,061	件 1,258	% 118.6
⑤ 重加算税賦課割合（④/②）	% 10.8	% 12.4	ポイント 1.6
⑥ 申告漏れ課税価格[※]	億円 3,087	億円 3,296	% 106.8

359

⑦	⑥のうち 重加算税賦課対象		億円 360	億円 433	% 120.3
⑧		本税	億円 467	億円 583	% 124.8
⑨	追徴税額	加算税	億円 71	億円 87	% 122.5
⑩		合計	億円 538	億円 670	% 124.5
⑪	実地調 査1件 当たり	申告漏れ課税価格※ （⑥/①）	万円 2,592	万円 2,657	% 102.5
⑫		追徴税額（⑩/①）	万円 452	万円 540	% 119.4

※　申告漏れ課税価格は、申告漏れ相続財産額（相続時精算課税適用財産を含む）から、被相続人の債務・葬式費用の額（調査による増減分）を控除し、相続開始前3年以内の被相続人から法定相続人等への生前贈与財産額（調査による増減分）を加えたもの

※　各々の種類で四捨五入しているため、数値が一致しない場合がある

出典：国税庁「平成26事務年度における相続税の調査の状況」（平成27年11月）

2　税務調査の概要

(1)　税務調査の目的

税務調査の目的は、次のとおりです。

---

① 相続税は、申告納税制度を採用しているが、適正申告が行われているか確認するため

② 課税財産に申告漏れがあった場合、税務署長の更正処分等により二次的に税額確定を行うため

③ 不正が発覚した場合に厳しい処分（重加算税等）を行うため

税務調査には、任意調査と強制調査の２種類があります。

(2)　任意調査

　任意調査は、原則、国税局又は税務署によって行われ、強制力がなく、相当の理由があれば調査を断ることが可能です。任意調査の一つで、事前連絡がない抜き打ちの調査を、現況調査といいます。

　現況調査は、金庫の中、現金、机の上等、現況調査実施時に確証を入手できるものだけを調査し、翌日以降に通常の調査を行います。税務職員が現況調査に来た場合の留意点は、次のとおりです。

---

①　すぐに調査をさせない

②　税務調査官の身分、調査日時、調査場所を確認する

③　会計事務所に連絡し、税務調査官の身分を伝え、会計事務所職員に
　　立会いを依頼する

---

(3)　強制調査

　強制調査は、国税局査察部の調査官が令状を持って突然やって来て、調査を拒否することはできないという強制力があります。強制調査はマルサでお馴染みの査察のことであり、調査実施時に脱税の証拠となる資料を押収します。査察は、国税犯則取締法に基づき悪質な脱税犯に対して、最終的に通告処分、告発を目的として実施されます。査察が実施されれば、テレビ、新聞等のメディアを通じて査察実施の事実が公となります。

3 附帯税の種類

(1) 附帯税の種類

税務調査実施後に課税される附帯税には、次のものがあります。

〈附帯税の種類と負担額〉

種類		課税原因	負担額
延滞税		正規の手続によらないで、法定納期限までに本税を納税しなかった場合	法定納期限の翌日から起算して完納する日までの期間の日数に応じて、原則年率14.6％（平成26年1月1日以後は年「14.6％」と「特例基準割合※＋7.3％」のいずれか低い割合。平成27年1月1日から平成28年12月31日までの期間は、年9.1％）ただし、納期限の翌日から2カ月間は、原則7.3％（平成26年1月1日以後の期間は、年「7.3％」と「特例基準割合※＋1％」のいずれか低い割合。平成27年1月1日から平成28年12月31日までの期間は、年2.8％）（通則法60、61、措法94） なお、法定納期限から1年間経過した後に修正申告、更正・決定処分があれば、その1年を経過した日の翌日から修正申告、更正・決定の日までは計算日数に算入されない（通則法61①）
	過少申告加算税	法定申告期限内に申告書を提出した後に、更正や更正を予知した修正申告があった場合	不足税額の10％ ただし、修正申告や更正によって増加した本税額が、期限内申告額又は50万円のいずれか高い金額を超えるときは、その超える分に対して15％（通則法65）

362　第11章　上場会社オーナーの相続税調査

加算税	無申告加算税	期限後申告をした場合や決定処分があった場合・決定処分後に修正申告や公正処分があった場合	不納税額の15% ただし、平成19年1月1日以降に法定申告期限が到来する納付すべき税額が50万円を超える部分については20%（通則法66）
	不納付加算税	源泉徴収による税額をその法定納期限までに完納しなかった場合	原則として、納付しなかった税額の10%（通則法67）
	重加算税	更正・決定、期限後申告、修正申告による税額のうち、隠蔽・仮装に基づくものがあるとき	過少申告加算税に代えて35%（通則法68①） 無申告加算税に代えて40%（通則法68②） 不納付加算税に代えて35%（通則法68③）

※　特例基準割合とは、各年の前々年の10月から前年の9月までの各月における銀行の新規の短期貸出約定平均金利の合計を12で除して得た割合として各年の前年の12月15日までに財務大臣が告示する割合に、年1％の割合を加算した割合

(2) 重加算税

重加算税の賦課対象は、相続税調査件数の10％超に上っています。重加算税とは、「納税者がその国税の課税標準等又は税額等の計算の基礎となるべき事実の全部又は一部を隠蔽し、又は仮装した」場合において課される追加課税のことをいいます。

相続税・贈与税における仮装・隠蔽に該当する不正事実とは、事務運営指針として、明確にされており、次の事実をいいます（平成12年7月3日付課資2－263「相続税及び贈与税の重加算税の取扱いについて（事務運営指針）」）。

相続税	贈与税
（1） 相続人（受遺者を含む）又は相続人から遺産（債務及び葬式費用を含む）の調査、申告等を任せられた者（以下「相続人等」という）が、帳簿、決算書類、契約書、請求書、領収書その他財産に関する書類（以下「帳簿書類」という）について改ざん、偽造、変造、虚偽の表示、破棄又は隠匿をしていること	（1） 受贈者又は受贈者から受贈財産（受贈財産に係る債務を含む）の調査、申告等を任せられた者（以下「受贈者等」という）が、帳簿書類について改ざん、偽造、変造、虚偽の表示、破棄又は隠匿をしていること
（2） 相続人等が、課税財産を隠匿し、架空の債務をつくり、又は事実をねつ造して課税財産の価額を圧縮していること	（2） 受贈者等が、課税財産を隠匿し、又は事実をねつ造して課税財産の価額を圧縮していること
	（3） 受贈者等が、課税財産の取得について架空の債務をつくり、又は虚偽もしくは架空の契約書を作成していること
（3） 相続人等が、取引先その他の関係者と通謀してそれらの者の帳簿書類について改ざん、偽造、変造、虚偽の表示、破棄又は隠匿を行わせていること	（4） 受贈者等が、贈与者、取引先その他の関係者と通謀してそれらの者の帳簿書類について改ざん、偽造、変造、虚偽の表示、破棄又は隠匿を行わせていること
（4） 相続人等が、自ら虚偽の答弁を行い又は取引先その他の関係者をして虚偽の答弁を行わせていること及びその他の事実関係を総合的に判断して、相続人等が課税財産の存在を知りながらそれを申告していないことなどが合理的に推認し得ること	（5） 受贈者等が、自ら虚偽の答弁を行い又は贈与者、取引先その他の関係者をして虚偽の答弁を行わせていること及びその他の事実関係を総合的に判断して、受贈者等が課税財産の存在を知りながらそれを申告していないことなどが合理的に推認し得ること

(5) 相続人等が、その取得した課税財産について、たとえば、被相続人の名義以外の名義、架空名義、無記名等であったこともしくは遠隔地にあったこと又は架空の債務がつくられてあったこと等を認識し、その状態を利用して、これを課税財産として申告していないこと又は債務として申告していること	(6) 受贈者等が、その取得した課税財産について、たとえば、贈与者の名義以外の名義、架空名義、無記名等であったこと又は遠隔地にあったこと等の状態を利用して、これを課税財産として申告していないこと

　上場会社オーナーに重加算税が課されると、その事実はメディアにとってかっこうの餌食であり、上場会社オーナーの社会的信用が低下してしまいます。このような観点からも、風評リスクをとるタックス・プランニングの提案は避けなければならないといえるでしょう。

コラム

「名義は？」税務調査の最大争点

　上場会社オーナーの相続税調査においても、名義問題は大きな争点です。子ども（相続人）名義になっていても実質は亡くなった親の財産と認定されて相続税の対象となるからです。特に上場株式を大量に保有する資産保全会社の出資持分の帰属をめぐる争いが多く見受けられます。

　実際に、持分の帰属の争いが生じたケースで、相続人が資産保全会社の出資持分を購入したとする20年前の相続人の購入資力（所得）の証明、長年の株式の実質支配を証明する配当金の本人受領の資料、資産保全会社の持分記載のある上場審査資料などをもとに、実質所有者は相続人であるとして、更正処分を受けた事案を国税不服審判所で納税者が逆転勝利となったケースもあります。

　一方、過去の銀行口座の調査から、会社設立資金が全額、親の個人口座から振り込まれており、その後出資を移動したとする贈与契約書や贈与税の支払もなければ、名義問題はクリアできないでしょう。

　このような行政との争いが生じないようにするには、売買ならお金は実際に移動をする、子ども名義の口座を使う、売買契約書を必ず作る、贈与の場合は非課税の範囲内ではなく、納税が生じる金額で実際に納税する、贈与契約書は必ず作る、そして契約書類は公証人役場で確定日付まで入手すれば客観性が高まります。

第12章

上場会社オーナーと
金融商品取引法

12-1 上場会社オーナーと金融商品取引法

1 上場会社オーナーと金融商品取引法

　上場会社オーナーは、金融商品取引法を常に意識する必要があります。金融商品取引法の規制に抵触する意図はなくても、形式的に抵触してしまうことがあります。上場会社オーナーとして、金融商品取引法違反となってしまう軽率な行動は命取りです。税金は誤りがあっても後日修正ができますが、金融商品取引法違反は知らなかったでは許されません。マーケットにおける会社の評価に大きく影響します。金融商品取引法は、刑事責任、民事責任、課徴金制度といった行政罰により、その実効性を確保しています。

　大きなプロジェクトを行う際に、金融商品取引法に抵触しないかは、最も慎重に検討すべき事項といえます。特に、上場会社オーナーが上場会社の株式を移動させるときには、様々な規制があることに留意すべきです。

2 刑事罰

　金融商品取引法は、投資家保護の徹底及び証券市場に対する国民の信頼性を確保するといった観点から違反を行った個人に対して刑事罰を科しています。さらに、法人の代表者、代理人、使用者その他の従業者が行った法人の業務に関する違反行為があった場合には、法人に対して罰金刑を科しています。主な違反行為に対する刑事罰は、次のとおりです。

368　第12章　上場会社オーナーと金融商品取引法

不公正取引		
違反行為	個人	法人
不公正取引、風説の流布、偽計、相場操縦等（金商法197①五、207①一）	懲役：10年以下 罰金：1,000万円以下	罰金：7億円以下
インサイダー取引（金商法197の2十三、207①二）	懲役：5年以下 罰金：500万円以下	罰金：5億円以下

開示違反		
違反行為	個人	法人
重要事項に虚偽記載のある有価証券報告書等の提出（金商法197①一、207①一）	懲役：10年以下 罰金：1,000万円以下	罰金：7億円以下
重要事項に虚偽記載のある公開買付届出書等の提出（金商法197①三、207①一）	懲役：10年以下 罰金：1,000万円以下	罰金：7億円以下
有価証券報告書等の不提出（金商法197の2五、207①二）	懲役：5年以下 罰金：500万円以下	罰金：5億円以下
公開買付開始公告を行わない（金商法197の2四、207①二）	懲役：5年以下 罰金：500万円以下	罰金：5億円以下

3 行政罰

(1) 制度の概要

　金融商品取引法には、証券市場の公正性・透明性を確保し、投資家の信頼が得られる市場を確立するために、刑事罰を科すに至らない程度の違反行為について、行政上の措置として金融商品取引法に違反した者に対して金銭的負担を課す課徴金制度があります。

(2) 対象

課徴金制度の対象となる違反行為は次のとおりです。

イ　不公正取引（金商法173〜175の2）

　　（インサイダー取引、相場操縦行為（仮装・馴合売買、違法な安定操作取引等）、風説の流布又は偽計）

ロ　有価証券届出書等の不提出・虚偽記載等（発行開示義務違反）（金商法172、172の2）

ハ　有価証券報告書等の不提出・虚偽記載等（継続開示義務違反）（金商法172の3、172の4）

ニ　公開買付開始公告の不実施、公開買付届出書等の不提出・虚偽記載等（金商法172の5、172の6）

ホ　大量保有報告書等の不提出・虚偽記載等（金商法172の7、172の8）

ヘ　特定証券等情報未公表時点での特定勧誘等（金商法172の9）

ト　特定証券等情報の不提供等、虚偽記載等（金商法172の10）

チ　発行者等情報の虚偽等（金商法172の11）

リ　虚偽開示書類等の提出等を容易にすべき行為等（金商法172の12）

ヌ　未公表の重要事実の伝達等の禁止違反（金商法175の2）

---

(3) 課徴金額

違反行為を行った者に対して科せられる課徴金額は、違反行為ごとに次のように規定されています。

違反行為	課徴金額
① インサイダー取引	i）重要事実公表前6カ月以内に買付け等を行っている場合 →重要事実公表後2週間の最高値×数量－買付け等の価格×数量 ii）重要事実公表前6カ月以内に売付け等を行っている場合 →売付け等の価格×数量－重要事実公表後2週間の最安値×数量
② 有価証券届出書等の不提出・虚偽記載等	募集・売出総額×2.25％（株券等の場合は4.5％）
③－1 有価証券報告書等の不提出	直前事業年度の監査報酬相当額（該当するものがない場合は400万円）（四半期・半期報告書の場合はその2分の1）
③－2 有価証券報告書等の虚偽記載等	発行する株券等の市場価額の総額等×10万分の6又は600万円のいずれか大きい額（四半期・半期・臨時報告書等の場合はその2分の1）
④－1 公開買付開始公告の不実施	買付総額×100分の25
④－2 公開買付届出書等の不提出・虚偽記載等	対象者の公開買付開始公告日前日の終値等×買付等数量の100分の25
⑤ 大量保有報告書等の不提出・虚偽記載等	当該報告書等に係る株券等の発行者の時価総額等×10万分の1
⑥ 特定証券等情報の不提供等・虚偽等	発行価額又は売付価格の総額×2.25％（株券等の場合は4.5％）
⑦ 発行者等情報の虚偽等	600万円又は発行する株券等の市場価額の総額等×10万分の6のいずれか大きい額

4　民事責任

　金融商品取引法は、次の一定の行為に対しては、一般の不法行為責任より
加重した賠償責任を課しています。

　イ　有価証券届出書の虚偽記載（金商法17～21の2）

　ロ　有価証券報告書等の虚偽記載（金商法24の4、24の4の6）

　ハ　公開買付届出書等の虚偽記載（金商法27の19、27の20）

　一方、大量保有報告書の虚偽記載等、インサイダー取引規制違反は、金融
商品取引法において損害賠償責任が規定されていません。民法等の規定に基
づく不法行為についての損害賠償請求の対象となり得ます。

12-2 上場会社オーナーの自社株移動の開示規制

1 大量保有報告制度

(1) 概要

株券等の大量保有の状況等に関する開示制度（5％ルール）は、株券等の大量の取得、保有、放出に関する情報を迅速に投資家に開示することを目的としています。上場会社の株券等保有割合が5％を超える大量保有者は、株券等保有割合の1％以上の増減があった場合には、変更報告書を提出する必要があります。

上場会社オーナーは大量保有者に該当していることが通常であるため、自社株移動に当たっては常に変更報告書を意識する必要があります。

(2) 大量保有報告書の提出

上場株券等に係る株券等保有割合が5％を超える場合には、原則としてその日から5日以内（土、日、祝日を除く）に大量保有報告書を提出者の住所又は居所（法人については本店所在地）を管轄する財務（支）局に提出しなければなりません（金商法27の23①、大量保有府令19）。

① 保有者

大量保有報告書の提出主体を保有者といい、次の者をいいます。

イ　自己又は他人（仮設人を含む）の名義をもって株券等を所有する者（金商法27の23③）

ロ　売買その他契約に基づき株券等の引渡請求権を有する者（金商法27の23③）

ハ　株券等の売買の一方の予約を行っている者（金商令14の6一）

373

ニ　株券等の売買に係るオプションの取得をしている者（金商令14の6二）

ホ　金銭の信託契約その他の契約又は法律の規定に基づき、株券等の発行者の株主としての議決権その他の権利を行使することができる権限又はその議決権の行使について指図を行うことができる権限を有する者であって、その発行者の事業活動を支配する目的を有する者（金商法27の23③一）

ヘ　投資一任契約その他の契約又は法律の規定に基づき、株券等に投資をするのに必要な権限を有する者（金商法27の23③二）

②　株券等保有割合

この場合の株券等保有割合は、次の算式により計算されます（金商法27の23④）。

$$
株券等保有割合 = \frac{保有者の保有株式数・潜在株式数 + 共同保有者の保有株式数・潜在株式数}{発行済株式総数 + 保有者・共同保有者の潜在株式数}
$$

大量保有報告書及び変更報告書は、金融商品取引法に基づく有価証券報告書等の開示書類に関する電子開示システム（EDINET：Electronic Disclosure for Investors' NETwork）を使用して、インターネット経由で提出することが義務化されています（金商法27の30の3①）。

EDINETとは、有価証券報告書等の開示書類等の提出から開示までのすべての手続を電子化し、提出された開示情報を財務（支）局や証券取引所等に設置されたモニター画面によって公衆縦覧に供するとともに、インターネットを利用して広く一般に提供するシステムです。

共同保有者の保有する株券等も考慮する点に留意が必要です。共同保有者がいる場合には、大量保有報告書において併せて開示を行う必要があります。

共同保有者とは、次の実質共同保有者とみなし共同保有者をいいます。

イ．実質共同保有者（金商法27の23⑤）

　株券等の保有者が、他の保有者と共同してその株券等を取得し、もしく
は譲渡し、又は発行者の株主として議決権等を行使することを合意してい
る場合における他の保有者をいいます。

ロ．みなし共同保有者（金商法27の23⑥）

　夫婦の関係や一定の支配関係がある場合には共同保有者とみなされま
す。みなし共同保有者とは、次の関係にある他の保有者をいいます（金商
令14の7①、大量保有府令5の3）。

---

a　夫婦の関係

b　支配株主等（50％超議決権株式所有者）と被支配会社の関係

c　被支配会社とその支配株主等の他の被支配会社との関係

d　子会社（組合に限る）と親会社の関係

　上場会社オーナーの配偶者はもちろんのこと、上場会社オーナーの資産保
全会社も通常は上場会社オーナーの共同保有者に該当します。株券等保有割
合の計算に当たり、共同保有者の株券等保有割合を除外してしまわないよう
注意しなければなりません。

(3)　変更報告書の提出

　大量保有報告書を提出すべき者が大量保有者となった日の後に、株券等保
有割合が1％以上増減した場合や、大量保有報告書や変更報告書に記載すべ
き内容に変更が生じた場合には、その事実が生じた日から5日以内（土、日、
祝日を除く）に変更報告書を財務（支）局に提出しなければなりません（金
商法27の25①、大量保有府令19）。

　変更報告書も、EDINETによる提出が義務化されています。

375

① 大量保有報告書に記載すべき事項の変更

大量保有報告書に記載すべき事項の変更には、次の事項の変更があります。

イ　提出者の氏名又は名称、住所又は本店所在地の変更

ロ　保有目的の変更

ハ　保有株券等の内訳の変更（軽微なものを除く）

ニ　株券等に関する担保契約等重要な契約の変更

ホ　共同保有者の変更

ヘ　共同保有者の氏名又は名称、住所又は本店所在地の変更

ト　共同保有者の保有株券等の内訳の変更（軽微なものを除く）

チ　その他

共同保有者の情報も大量保有報告書の記載事項であるため、共同保有者の記載すべき事項の変更も変更報告書の提出事由に該当します。

なお、「株券等に関する担保契約等重要な契約の変更」については、株券の所有権が変わらないため失念するケースが多く、注意を要します。

② 短期大量譲渡

株式等保有割合が減少したことにより変更報告書を提出する場合で、短期間で大量の株券等を譲渡した場合（譲渡時点の株券等保有割合が、その譲渡の日前60日間における最高の株券等保有割合の2分の1未満となり、かつ、その最高の株券等保有割合から5％を超えて減少した場合）には、譲渡の相手方及び対価に関する事項を追加して記載した変更報告書を提出することが必要です（金商法27の25②、金商令14の8）。

この場合の変更報告書は、第一号様式の「第2　提出者に関する事項」の「(5)当該株券等の発行者の発行する株券等に関する最近60日間の取得又は処分の状況」に代えて、第二号様式により記載します（大量保有府令10）。

376　第12章　上場会社オーナーと金融商品取引法

〈変更報告書サンプル〉

【表紙】

【提出書類】	変更報告書×
【根拠条文】	法第 27 条の 25 第 1 項
【提出先】	××財務局長
【氏名又は名称】	××××
【住所又は本店所在地】	東京都渋谷区×××
【報告義務発生日】	平成××年××月××日
【提出日】	平成××年××月××日
【提出者及び共同保有者の総数（名）】	2 名
【提出形態】	連名
【変更報告書提出事由】	保有割合及び保有株数の変更

第 1 【発行者に関する事項】

発行者の名称	株式会社×××
証券コード	××××
上場・店頭の別	上場
上場金融商品取引所	東京証券取引所

第 2 【提出者に関する事項】

1 【提出者（大量保有者）／1】

（1）【提出者の概要】

①【提出者（大量保有者）】

個人・法人の別	個人
氏名又は名称	×× ××
住所又は本店所在地	東京都世田谷区×××
旧氏名又は名称	
旧住所又は本店所在地	

②【個人の場合】

生年月日	昭和××年××月××日
職業	会社役員
勤務先名称	株式会社×××
勤務先住所	東京都渋谷区×××

③【法人の場合】

設立年月日	

377

代表者氏名		
代表者役職		
事業内容		

④【事務上の連絡先】

事務上の連絡先及び担当者名	株式会社××××　財務経理部　部長　××××
電話番号	××-××××-××××

（2）【保有目的】

発行会社の創業者であり、経営参加を目的とした安定株主として保有しております。

（3）【重要提案行為等】

該当なし

（4）【上記提出者の保有株券等の内訳】

①【保有株券等の数】

	法第 27 条の 23 第 3 項本文		法第 27 条の 23 第 3 項第 1 号	法第 27 条の 23 第 3 項第 2 号
株券又は投資証券等（株・口）		1,500,000		
新株予約権証券（株）	A		-	H
新株予約権付社債券（株）	B		-	I
対象有価証券カバードワラント	C			J
株券預託証券				
株券関連預託証券	D			K
株券信託受益証券				
株券関連信託受益証券	E			L
対象有価証券償還社債	F			M
他社株等転換株券	G			N
合計（株・口）	O	1,500,000	P	Q
信用取引により譲渡したことにより 控除する株券等の数	R			
共同保有者間で引渡請求権等の権利が 存在するものとして控除する株券等の数	S			
保有株券等の数（総数） （O+P+Q-R-S）	T			1,500,000

378　第 12 章　上場会社オーナーと金融商品取引法

保有潜在株式の数 (A+B+C+D+E+F+G+H+I+J+K+L+M+N)	U	

②【株券等保有割合】

発行済株式等総数(株・口) (平成××年××月××日現在)	V	20,000,000
上記提出者の株券等保有割合(%) (T/(U+V)×100)		7.50
直前の報告書に記載された 株券等保有割合(%)		16.00

(5)【当該株券等の発行者の発行する株券等に関する最近60日間の取得又は処分の状況】

年月日	株券等の種類	数量	割合	市場内外取引の別	取得又は処分の別	単価
×年×月×日	株券 [普通株式]	1,700,000	8.50	市場内取引	処分	200

(6)【当該株券等に関する担保契約等重要な契約】

平成××年××月××日現在担保差入株数

××銀行 300,000株

××銀行 200,000株

××銀行 100,000株

(7)【保有株券等の取得資金】

①【取得資金の内訳】

自己資金額(W)(千円)	100,000
借入金額計(X)(千円)	
その他金額計(Y)(千円)	
上記(Y)の内訳	
取得資金合計(千円)(W+X+Y)	100,000

②【借入金の内訳】

名称(支店名)	業種	代表者氏名	所在地	借入 目的	金額 (千円)
該当なし					

③【借入先の名称等】

名称(支店名)	代表者氏名	所在地
該当なし		

2【提出者（大量保有者）／2】

（1）【提出者の概要】

①【提出者（大量保有者）】

個人・法人の別	法人
氏名又は名称	株式会社××××
住所又は本店所在地	東京都世田谷区××
旧氏名又は名称	
旧住所又は本店所在地	

②【個人の場合】

生年月日	
職業	
勤務先名称	
勤務先住所	

③【法人の場合】

設立年月日	昭和××年××月××日
代表者氏名	××××
代表者役職	代表取締役社長
事業内容	投資業、資産運用・資産管理に関するコンサルタント業、経営コンサルタント業他

④【事務上の連絡先】

事務上の連絡先及び担当者名	株式会社日本××××　財務経理部　部長　××××
電話番号	××－××－××××

（2）【保有目的】

提出者は発行会社の代表取締役×××および配偶者のプライベートカンパニーであり、安定株主として長期保有を目的としております。

（3）【重要提案行為等】

該当なし

（４）【上記提出者の保有株券等の内訳】

①【保有株券等の数】

	法第27条の23 第3項本文		法第27条の23 第3項第1号	法第27条の23 第3項第2号
株券又は投資証券等（株・口）	1,700,000			
新株予約権証券（株）	A		－　H	
新株予約権付社債券（株）	B		－　I	
対象有価証券カバードワラント	C		J	
株券預託証券				
株券関連預託証券	D		K	
株券信託受益証券				
株券関連信託受益証券	E		L	
対象有価証券償還社債	F		M	
他社株等転換株券	G		N	
合計（株・口）	O	1,700,000	P	Q
信用取引により譲渡したことにより 控除する株券等の数	R			
共同保有者間で引渡請求権等の権利が 存在するものとして控除する株券等の数	S			
保有株券等の数（総数） （O+P+Q-R-S）	T			1,700,000
保有潜在株式の数 （A+B+C+D+E+F+G+H+I+J+K+L+M+N）	U			

②【株券等保有割合】

発行済株式等総数（株・口） （平成××年××月××日現在）	V	20,000,000
上記提出者の株券等保有割合（％） （T/（U+V）×100）		8.50
直前の報告書に記載された 株券等保有割合（％）		－

（５）【当該株券等の発行者の発行する株券等に関する最近60日間の取得又は処分の状況】

年月日	株券等の種類	数量	割合	市場内外取引の別	取得又は処分の別	単価
平成××年××月××日	株券 （普通株式）	1,700,000	8.50	市場内取引	取得	200

381

（6）【当該株券等に関する担保契約等重要な契約】

該当なし

（7）【保有株券等の取得資金】
　①【取得資金の内訳】

自己資金額（W）（千円）	340,000
借入金額計（X）（千円）	
その他金額計（Y）（千円）	
上記（Y）の内訳	
取得資金合計（千円）（W+X+Y）	340,000

　②【借入金の内訳】

名称（支店名）	業種	代表者氏名	所在地	借入目的	金額（千円）
該当なし					

　③【借入先の名称等】

名称（支店名）	代表者氏名	所在地
該当なし		

第3【共同保有者に関する事項】
該当事項なし

第4【提出者及び共同保有者に関する総括表】
　1【提出者及び共同保有者】
（1）××××
（2）株式会社××

　2【上記提出者及び共同保有者の保有株券等の内訳】
　（1）【保有株券等の数】

	法第27条の23 第3項本文	法第27条の23 第3項第1号	法第27条の23 第3項第2号
株券又は投資証券等（株・口）	3,200,000		
新株予約権証券（株）	A	－	H
新株予約権付社債券（株）	B	－	I
対象有価証券カバードワラント	C		J
株券預託証券			

株券関連預託証券	D		K	
株券信託受益証券				
株券関連信託受益証券	E		L	
対象有価証券償還社債	F		M	
他社株等転換株券	G		N	
合計（株・口）	O	3,200,000	P	Q
信用取引により譲渡したことにより控除する株券等の数	R			
共同保有者間で引渡請求権等の権利が存在するものとして控除する株券等の数	S			
保有株券等の数（総数） （O+P+Q-R-S）	T			3,200,000
保有潜在株式の数 （A+B+C+D+E+F+G+H+I+J+K+L+M+N）	U			

（2）【株券等保有割合】

発行済株式等総数（株・口） （平成××年××月××日現在）	V	20,000,000
上記提出者の株券等保有割合（％） （T/（U+V）×100）		16.00
直前の報告書に記載された 株券等保有割合（％）		16.00

（3）【共同保有における株券等保有割合の内訳】

提出者及び共同保有者名	保有株券等の数（総数） （株・口）	株券等保有割合（％）
××××	1,500,000	7.50
株式会社××××	1,700,000	8.50
合計	3,200,000	16.00

2 臨時報告書・適時開示

　上場会社オーナーが自社株を移動した場合、その移動の状況によって、上場会社において、臨時報告書の提出、取引所規則による適時開示が必要となります。上場会社オーナーの自社株移動は、上場会社オーナー個人の意思のみで随時できるものではなく、上場会社と事前に情報を共有しておかなけれ

383

ばならない点に注意が必要です。

(1) 臨時報告書

　有価証券報告書提出会社は、会社に一定の事項又は一定の事実が生じた場合には、臨時報告書を提出する必要があります（金商法24の5④）。一定の事項又は一定の事実には、主要株主に異動があった場合があります（開示府令19②四）。

　主要株主とは、自己又は他人（仮設人を含む）の名義をもって総株主等の議決権の10％以上の議決権を保有している株主をいいます（金商法163①）。

　主要株主の異動とは、有価証券報告書提出会社の主要株主であった者が主要株主でなくなること又は主要株主でなかった者が主要株主になることをいいます。

臨時報告書

【提出書類】

1 【提出理由】

　当社の主要株主の異動がありましたので、金融商品取引法第24条の5第4項及び企業内容等の開示に関する内閣府令第19条第2項第4号の規定に基づき提出するものであります。

2 【報告内容】

　⑴　当該異動に係る主要株主の名称

　　　主要株主でなくなったもの　　××××

　⑵　当該異動の前後における当該主要株主の所有議決権の数及びその総株主等の議決権に対する割合

384　第12章　上場会社オーナーと金融商品取引法

	所有議決権数	総株主等の議決権に対する割合
異 動 前 （平成×年×月×日現在）	32,000個	16.00％
異 動 後 （平成×年×月×日現在）	19,000個	9.50％

（注） 当該株主の所有議決権の数は、異動前については平成×年×月×日現在の株主名簿において記載された株式数により算出

(3) 当該異動の年月日　　平成×年×月×日

(4) その他の事項

① 本報告書提出日現在の資本金の額　　　　1,000,000,000円

② 本報告書提出日現在の発行済株式総数　　20,000,000株

③ 本報告書提出日現在の総株主等の議決権の数　　200,000個

(2)　取引所規則による適時開示

上場会社は、一定の事項又は一定の事実が生じた場合には、その会社情報を投資者に対して適時に開示しなければなりません（東京証券取引所・有価証券上場規程402等）。

主要株主又は筆頭株主の異動も開示の対象となる一定の事実です（東京証券取引所・有価証券上場規程402(2) b 等）。ここでいう主要株主とは、金融商品取引法第163条第1項に規定する主要株主、つまり、自己又は他人（仮設人を含む）の名義をもって総株主等の議決権の10％以上の議決権を保有している株主をいいます。一方、筆頭株主とは、主要株主のうち所有株式数（他人（仮設人を含む）名義のものを含む）の最も多い株主をいいます。

筆頭株主である主要株主の異動に関するお知らせ

　平成××年××月××日、当社の筆頭株主である主要株主に異動がありましたので、下記のとおりお知らせいたします。

記

１．異動が生じた経緯

　　平成××年××月××日付で、当社の主要株主並びに筆頭株主である××××氏より当社株式の売却について連絡があり、以下のとおり筆頭株主である主要株主に異動がありました。

２．当該主要株主等の名称等

　　主要株主である筆頭株主であった者が、筆頭株主及び主要株主でなくなる者

　　〔氏　　名〕　××××

　　〔住　　所〕　東京都世田谷区××

３．当該株主の異動前後における所有議決権数及び総株主の議決権数に対する割合

	議決権数	総株主の議決権数に対する割合	大株主順位
異　動　前 （平成×年×月×日）	32,000個	16.00％	1位
異　動　後 （平成×年×月×日）	19,000個	9.50％	2位

４．異動年月日

　　平成×年×月×日

以上

12-3 上場会社オーナーの自社株移動（TOB規制）

事 例

　上場会社A社のオーナーである甲は、A社の株価が相対的に割安で推移していることから、このタイミングを見計らい、資産保全会社B社を設立して、甲が直接保有しているA社株式をB社に移動することを検討しています。

　A社の株主構成は次のとおりです。なお、甲と乙との間に親族関係はありません。

株主名	関　係	議決権割合
甲	A社代表取締役	34％
乙	A社取締役	10％
その他		56％

　甲は、A社株式の移動を行うに際して、TOB規制の対象とならないようにしたいと考えています。なお、B社の役員には甲のみが就任する予定です。

解決策

　B社設立後1年を経過してから自社株移動を行うことにより、TOB規制の対象とならずにA社株式の移動を行うことができます。なお、特別関係者の範囲については改正がなされているため留意が必要です。

〈B社設立後1年を経過してから自社株移動を行う〉

　甲はB社の役員となるため、B社の特別関係者に該当します。B社の買付け後の株券等所有割合は、B社の株券等所有割合（X％）に移動後の甲の株券等所有割合（34％－X％）を合算し34％となるため、TOB

規制の対象となります。

　しかし、1年間継続して形式基準の特別関係者であった者からの買付けは、TOBの規制の対象とはなりません。つまり、B社設立後1年を経過してからA社株式の移動を市場外で行う場合には、TOB規制の対象となりません。

1　TOB規制

　TOB（take-over bid、公開買付け）規制とは、会社支配権等に影響を及ぼしうるような証券取引（たとえば、上場会社の株式を大量に買い集めるような行為）について透明性・公正性を確保するために、有価証券報告書提出会社の株券等につき行う一定の買付け等は、公開買付けによらなければならないという制度です（金商法27の2①）。

　公開買付けとは、不特定かつ多数の者に対し、公告により株券等の買付け等の申込み又は売付け等の申込みの勧誘を行い、取引所金融商品市場外で株券等の買付け等を行うことをいいます（金商法27の2⑥）。買付者は、買付期間を定め、数量・価格等を開示して買付け等を行います（金商法27の2②、③）。

　取引所市場外や取引所市場内の立会外取引により株券等の大量の買付け等を行う場合に、買付者が、買付期間を定め、買付数量・買付価格等をあらかじめ開示することによって、株主に公平に売却の機会を付与するために設けられています。

　上場会社オーナーの自社株の移動行為がTOB規制の対象となる場合もあるため、常に留意する必要があります。

388　第12章　上場会社オーナーと金融商品取引法

2 TOB規制の具体的な規制

(1) TOB規制の対象取引

TOB規制の対象となる買付け等は次のとおりです。

① 市場外で買付け等後の株券等所有割合が5％を超える買付け等（金商法27の2①一）

株券等の買付け等を行う相手方の人数と、買付け等を行う日前60日間に、市場外において行った株券等の買付け等の相手方の人数の合計が10名以下である場合の買付け等は、著しく少数の者から株券等の買付け等を行うもの（特定買付け等）として、TOB規制の対象外です（金商令6の2③）。

② 市場外で買付け等後の株券等所有割合が3分の1を超える買付け等（金商法27の2①二）

著しく少数の者からの株券等の買付け等であっても、TOB規制の対象となることがあります。

買付け等前株券等所有割合が50％超の株券の特定買付け等は、TOBの適用除外ですが、買付け等後の株券等所有割合が3分の2以上となる特定買付け等は、TOBの適用除外の対象から除かれており、TOB規制の対象となります（金商令6の2①四）。

③ 市場内立会外による買付け等後の株券等所有割合が3分の1を超える買付け等（金商法27の2①三）

ToSTNeT市場等における買付け等の場合には、買付け等後の株券等所有割合が3分の1を超える場合、原則としてTOB規制の対象となります。

④ 急速な買付け等（金商法27の2①四）

3カ月以内に、10％超の株券等の取得を買付け等により行う場合であって、そのうち5％超を市場内立会外又は市場外による株券等の買付け等により行い、買付け等後の株券等所有割合が3分の1を超えるときにおける株券等の買付け等は、係る一連の取引全体が規制対象となります（金商令7②③④）。

⑤　他者の公開買付期間中における買付け等（金商法27の2①五）

　他者により公開買付けが行われている場合に、買付け等前に株券等所有割合が3分の1を超えている者が、公開買付期間中に、5％超の株券等の買付け等を行うときにおける株券等の買付け等はTOB規制の対象となります（金商令7⑤⑥）。

(2)　特別関係者

　TOB規制の対象となるか否かの判定に使用する株券等所有割合には、買付者のみならず特別関係者の所有する株券等も含めて算定します。特別関係者は、形式基準と実質基準に分類され、それぞれ次のように規定されます。

①　形式基準

　形式基準の特別関係者は、公開買付者が個人か法人かによってその範囲が異なります。それぞれの特別関係者の範囲は次のとおりです。

　イ．公開買付者が個人の場合（金商令9①）

a　その者の親族（配偶者、一親等内の血族・姻族）
b　その者（親族含む）が法人等に対して総議決権の20％以上の株式等を所有する関係（以下、「特別資本関係」という）にある場合におけるその法人等及びその法人等の役員

　ロ．公開買付者が法人の場合（金商令9②）

a　その法人の役員
b　その法人と特別資本関係のある他の法人等及びその役員
c　その法人に対して特別資本関係を有する個人及び法人等並びにその法人等の役員

390　第12章　上場会社オーナーと金融商品取引法

ここで、対象者に対して特別資本関係を有することの判定については、株券等の買付け等を行うことによって特別資本関係を有することとなる場合、形式的基準による特別関係者には該当しないこととされています（金商令9①二、②二）。

また、買付者が法人である場合の特別資本関係を有する個人については、金融庁から公表されたQ&Aにおいて、その個人の親族（配偶者並びに一親等内の血族及び姻族）も含むとする見解が示されています（「株券等の公開買付けに関するQ&A」問29）。

② 実質基準

株券等の買付け等を行う者との間で、次のいずれかに合意している者をいい、合意が生じた時点で特別関係者に該当します。

イ　共同して株券等を取得し、もしくは譲渡すること

ロ　共同して株主としての議決権その他の権利を行使すること

ハ　株券等の買付け等の後に相互に株券等を譲渡、もしくは譲り受けること

---

(3) 株券等所有割合

上記(1)における株券等所有割合は、買付者の所有する議決権数と特別関係者が所有する議決権数との合計数を、発行会社の総議決権数に買付者・特別関係者の所有する潜在株式に係る議決権数を加算した数で除して算定します（金商法27の2⑧）。

なお、TOB規制における株券等所有割合と、大量保有報告制度における株券等保有割合とは異なる概念ですので留意する必要があります。

$$
株券等保有割合 = \frac{買付者の議決権数 + 特別関係者の議決権数}{総議決権数 + \begin{array}{l}買付者・特別関係者の所有する\\潜在株式に係る議決権数\end{array}}
$$

(4) 除外規定

一定の取引はTOBによることなく株券等の買付け等を行うことができます。その主なものは、次のとおりです。

① 新株予約権を行使することにより行う株券等の買付け等

新株予約権の取得段階においてすでにTOB規制の対象となっていることから、新株予約権を行使することにより行う株券等の買付け等はTOB規制の適用除外となります（金商法27の2①ただし書）。

② 形式基準の特別関係者から行う株券等の買付け等

株券等の買付け等を行う者と、株券等の買付け等を行う日以前1年間継続して形式基準の特別関係者にある者から行う株券等の買付け等はTOB規制の適用除外です（金商法27の2①ただし書、⑦一、他社公開買付府令3①）。なお、実質基準の特別関係者であった者からの買付け等には適用除外は認められていません。

また、立会外取引により買付け等を行う場合についても適用除外とされるか否かについては、当該買付け等の相手方が株券等の買付け等を行う日以前1年間継続して形式基準の特別関係者であると特定することができる場合には、TOBは必要ないとの見解が示されています（「株券等の公開買付けに関するQ&A」問45）。

12-4 売出規制

1 売出規制とは

(1) 制度の概要

有価証券の売出しとは、すでに発行された有価証券の売付けの申込み又は買付けの申込みの勧誘のうち、適用除外取引に該当するものを除き、原則として50名以上の者を相手方として売付け勧誘等を行う場合のほか、50名未満の者を相手方とする場合であっても、適格機関投資家私売出し、特定投資家私売出し及び少人数私売出しのいずれの要件も満たさないものをいいます（金商法2④）。

	50名未満を相手方として勧誘する場合		50名以上を相手方として勧誘する場合
	多数の者に所有されるおそれが少ない	多数の者に所有されるおそれがある	
①―属性基準― 　適格機関投資家のみを相手方として行う場合で、適格機関投資家以外の者に譲渡されるおそれが少ない	私売出し （適格機関投資家私売出し）		
②―属性基準― 　特定投資家のみを相手方として行う場合で、以下の2要件を満たす場合 ・売付け勧誘を金融商品等取引業者等に委託して行う又は金融商品取引業者等が自己のために行う	私売出し （特定投資家私売出し）		

・特定投資家以外の者に譲渡されるおそれが少ない		
上記①、②以外の場合 ―勧誘対象者数基準―	私売出し （少人数私売出し）	売出し

(2) 売出しをする場合の開示規制

売出しが行われる際、発行会社は、一定の場合、有価証券届出書や有価証券通知書の提出、目論見書の作成や交付の義務を負うことになります。具体的には次のように規定されています。

① 既開示有価証券の売出しの場合

発行者関係者等が行うもので、総額1億円以上であれば有価証券通知書を所管の財務局に提出するとともに相手方に目論見書を交付する必要とされます（金商法4⑥、13①）。売出しの総額が1億円未満であれば有価証券通知書の提出義務及び目論見書の作成義務は免除されます（金商法4⑥ただし書）。

なお、当該売出しを発行者関係者等が行うものでなければ有価証券通知書提出義務や目論見書交付義務は課されません。

② 既開示有価証券以外の有価証券の売出しの場合

総額1億円以上であれば有価証券届出書を所管の財務局に提出するとともに、相手方に目論見書を交付する必要があります（金商法4①、13①）。

例外として、総額が1億円未満であれば当該義務は免除されます。ただし、1年間通算して総額が1億円以上となる売出しの場合等は、当該義務の免除はありません（開示府令2④）。なお、総額が1億円未満の売出しの場合でも、1,000万円超であれば有価証券通知書を所管の財務局へ提出しなければなりません（金商法4⑥、開示府令4⑤）。

(3) 発行者関係者等

発行者関係者等とは、次に該当するものをいいます。

イ　発行者

ロ　発行者である法人の役員又は発起人その他これに準ずる者

ハ　主要株主又は法人である主要株主の役員又は発起人その他これに準ずる者

ニ　発行者である法人の子会社その他これに準ずる法人又はこれらの役員もしくは発起人その他これに準ずる者

ホ　金融商品取引業者等

(4)　適用除外取引

　金融商品取引業者等ではない既発行有価証券の一般所有者にとって売出しの定義から除外され開示規制の適用除外となる取引としては主として次のものが挙げられます。

イ　取引所市場における取引（ToSTNeT等の立会外取引も含む）

ロ　譲渡制限のない有価証券であって発行者関係者等以外の者が所有するものの売買

ハ　私設取引システム（PTS）による有価証券の売買

ニ　譲渡制限のない有価証券の売買であってその当事者の双方が発行者関係者等である者等

(5)　上場オーナーの資産管理会社への自社株移動の場合の売出規制

　上場会社オーナーが資産管理会社へ上場自社株を移動する場合は、通常、発行者関係者等該当者から1億円以上の既開示有価証券の売付けに該当します。その場合は、適用除外取引に該当しない限り、売出しに該当して有価証

券通知書を所管の財務局に提出するとともに目論見書を作成して相手方に交付する必要があります。

　適用除外取引に該当するケースとしては、相手方の資産管理会社が主要株主に該当する場合が考えられます。また、上場会社の役員が議決権の100％を保有する資産管理会社である場合には、一般に「発行者である法人の子会社その他これに準ずる法人」に該当し適用除外になるとされています（内閣府ホームページ「国の規制・制度に関する集中受付（平成23年9月1日〜10月14日）で受け付けた提案等に対する各省庁からの回答について」金融庁からの回答、提案事項審理番号2320225）。

12-5 インサイダー取引規制

1 インサイダー取引規制とは

(1) 制度の概要

インサイダー取引規制とは、会社関係者であって、上場会社等に係る業務等に関する重要事実を知った者が、重要事実の発生後公表前に、重要事実を知りながら、上場会社等の株券等に係る売買等をすることを禁止するものです（金商法166①）。会社の業務等に関する重要事実を知った関係者及びその者から情報を受領した者に対し、その重要事実が公表されるまでの間の自社株売買を禁止しています。

重要事実を知り得る立場にある上場会社オーナーや役員等の自社株の売買は、常にインサイダー取引に該当するおそれがあるため、慎重に事前の検討をする必要があります。

(2) 規制対象者

インサイダー取引規制の対象者となる会社関係者は、次のとおりです。

上場会社オーナーが役員を退任したとしても、退任後1年間は規制対象者となるため留意が必要です。また、会社関係者から重要事実の伝達を受けた者（報道記者・証券アナリスト等）や職務上の情報受領者と同一法人の他の役員等も規制対象となります。

会社関係者	規制がかかる場合	会社関係者の具体例
① 上場会社等の役員等	その職務に関して重要事実を知った場合	役員、社員、契約社員、派遣社員、アルバイト、パートタイマーなど

397

② 上場会社等の帳簿閲覧権を有する者（法人の場合、その役員等を含む）	帳簿閲覧権の行使に関して重要事実を知った場合	総株主の議決権又は発行済株式数の３％以上を有する株主
③ 上場会社等に対して法令に基づく権限を有する者	その権限の行使に関して重要事実を知った場合	許認可の権限等を有する公務員など
④ 上場会社等と契約を締結している者又は締結交渉中の者（法人の場合、その役員等を含む）	契約の締結・交渉又は履行に関して重要事実を知った場合	取引先、会計監査を行う公認会計士、増資の際の元引受証券会社、顧問弁護士など
⑤ 同一法人の他の役員等（②、④が法人の場合）	その職務に関して重要事実を知った場合	銀行の融資部門から投資部門への伝達など

出典：日本取引所自主規制法人「こんぷらくんのインサイダー取引規制 Q&A」

(3) 重要事実

重要事実とは、会社の株価に重大な影響を与えるおそれのある会社情報のことで、具体的には次のとおりです。

分　類	重要事実の項目例	数値基準
① 決定事実 （金商法166②一）	・株式の募集	募集払込金額の総額１億円以上
	・自己株式の取得	なし（すべて重要事実）
	・株式分割	増加割合10％以上
	・減資 ・株式移転 ・解散　等	なし

398 第12章　上場会社オーナーと金融商品取引法

② 発生事実 （金商法166②二）	・業務遂行の過程で生じた損害	損害額が純資産の3％以上
	・債権者による債務の免除	免除額が債務総額の10％以上
③ 決算情報 （金商法166②三）	業績予想の大幅な修正 ・売上高	変動率10％以上
	・経常利益	変動率30％以上かつ変動額が純資産の5％以上
	・当期純利益	変動率30％以上かつ変動額が純資産の2.5％以上
④ その他（バスケット条項） （金商法166②四）	①～③のほか、上場会社の運営、業務又は財産に関する重要な事実であって投資者の投資判断に著しい影響を及ぼすもの	
⑤ 子会社に係る重要事実 （金商法166②五～八）	①～④に対応 （子会社の情報であっても企業集団全体の経営に大きな影響を与えるものは重要事実となる （たとえば、純粋持株会社の場合））	

出典：日本取引所自主規制法人「こんぷらくんのインサイダー取引規制Q&A」

　重要事実は、資本金の額の減少、合併、事業譲渡又は譲受け、新製品又は技術の企業化など多岐にわたっています。重要事実には、主要株主の異動も含まれます（金商法166②二ロ）。

　このほかに、上場会社等の売上高、経常利益もしくは純利益（売上高等）もしくは配当又は上場会社等の属する企業集団の売上高等について、公表された直近の予想値に比較して、上場会社が新たに算出した予想値又は当事業年度の決算において差異が生じたことも、重要事実に該当します（金商法166②三）。毎年定期的に発生する重要事実は、この決算情報の公表です。こ

399

のため上場会社の役員等は、決算発表前に自社株を売買せず、四半期決算公表後のおおむね2週間以内に売却するケースがよく見受けられます。

なお、インサイダー規制の対象となる取引は、売買に限らず、交換、代物弁済、現物出資等も含まれるため、留意が必要です。

(4) 除外規定

公表前の重要事実を知っている会社関係者の行う株券の売買等取引であっても、規制対象とならないものもあります（金商法166⑥）。

新株予約権を有する者が新株予約権を行使することにより株券を取得する場合（ただし、行使により取得した株券の売却は規制対象）、上場会社等の役員又は従業員が、他の役員又は従業員と共同して株券の買付けを行う場合であって、その買付けが一定の計画に従い、個々の投資判断に基づかず、継続的に行われる場合（取引規制府令59①四）（ただし、引出し後の売却は規制対象）等があります。

また、規制対象者に該当する者の間において、売買等を取引所金融商品市場によらないでする場合、つまり、重要事項を知っている者の間の取引である場合で、売買等を相対で行う場合も、インサイダー取引規制の対象となりません。会社関係者又は情報受領者として上場株券等の売買等が禁止される場合であっても、そのような者の間、すなわち、発行会社の未公表の業務等に関する重要事実を知っている者との間で、証券市場によらずいわゆる相対で取引を行うのであれば、通常、証券市場の公平性と健全性に対する投資家の信頼を害することはないと考えられることから、インサイダー取引規制の適用対象外としたものです。ただし、法律上は直接規制の対象とならなくても、レピュテーションリスクの観点から、一般株主への影響を常に意識する必要があります。

400　第12章　上場会社オーナーと金融商品取引法

2　公開買付者等関係者のインサイダー取引規制

　公開買付者等関係者は、上場株式等の公開買付けもしくはこれに準ずる行為をする者の公開買付け等の実施又は中止に関する事実を知った場合には、その事実の公表前にその公開買付け等に係る上場株券等の買付け等をすることが一部禁じられています（金商法167）。

　なお、公開買付けに準ずる行為として、金融商品取引所に上場されている株券等を買い集める者が自己又は他人の名義をもって買い集める株券等に係る議決権の数の合計が会社の総株主等の議決権の5％以上である場合におけるその株券等を買い集める行為を規定しています（金商令31）。上場会社オーナーが親族又は自身もしくは親族の資産保全会社に総議決権の5％以上の自社株を売却することを検討している場合には、この規定にも留意する必要があります。

3　インサイダー取引の未然防止

(1)　役員・主要株主に対する規制

　役員及び主要株主は上場会社の秘密を取得しうる職務又は地位にあるため、会社の秘密を不当に利用し短期間に売買益を生じさせることを防止すべく、役員及び主要株主に対し①短期売買利益の返還義務と、②売買報告書の提出義務が課されています。

　上場会社オーナーは、上場会社の役員又は主要株主に該当するため、これらの規定に留意する必要があります。

(2)　短期売買利益の返還請求

　上場会社等の役員又は主要株主が、上場会社等の株券等について、自己の計算において買付け等をした後6カ月以内に売付け等をし、又はその売付け

401

等をした後6カ月以内に買付け等をして利益を得た場合には、会社は、その利益を会社に提供すべきことを請求することができます（金商法164①）。

短期売買利益は、株券等の売付け等の価額から買付け等の価額を控除した額のうち、売買合致数量に係る手数料の金額を超える部分の金額です。

複数の買付け等と売付け等を行ったと認められる場合には、複数の売付け等又は買付け等のうち最も早い時期に行われたものから順次売買合致数量に達するまで割り当てて、短期売買利益を算定します（取引規制府令34）。

日付	取引	数量	単価
4 / 1	購入	50株	100,000円
5 /1	購入	50株	150,000円
8 /31	売却	40株	200,000円
9 /30	売却	30株	250,000円
12/30	売却	30株	300,000円

・8 /31売却分：40株×（200,000円－100,000円）＝4,000,000円

・9 /30売却分：10株×（250,000円－100,000円）＋20株×（250,000円－150,000円）＝3,500,000円

・12/30売却分：売却前6カ月以内に購入していないため短期売買利益の返還義務はない

なお、主要株主に対する短期売買利益の返還請求の規制は、あくまでもすでに10%以上の議決権を保有する主要株主になっている者に対する規制であり、主要株主が買付け等をし、又は売付け等をしたいずれかの時期において主要株主でない場合には、適用はありません（金商法164⑧）。

(3)　役員及び主要株主の売買報告書の提出

　上場会社等の役員及び主要株主は、自己の計算においてその会社等の株券等に係る買付け等又は売付け等をした場合には、その売買その他の取引に関する報告書を売買等があった日の属する月の翌月15日までに、管轄する財務（支）局に提出しなければなりません（金商法163①）。

　なお、株券の売買を証券会社に委託して行った場合には、役員又は主要株主の売買報告書は、証券会社を経由して提出するものとされています。売買の相手方が証券会社であるときも同様です（金商法163②）。

12-6 その他の金融商品取引法規制

1 親会社等の開示規制

　上場会社オーナーが所有する自社株を資産保全会社に移動させることにより、資産保全会社の上場会社に対する持株比率が高くなると、資産保全会社が上場会社の親会社等に該当してしまう場合があります。

　該当すると、親会社等状況報告書の提出、財務諸表等規則の親会社等概念に基づく有価証券報告書における開示及び取引所規則に基づく非上場の親会社等の会社情報に関する適時開示が必要となります。

2 親会社等状況報告書

　親会社等状況報告書の対象となる親会社等は、財務諸表等規則における支配力基準ではなく、議決権の過半数を所有しているか否かという持株基準に基づいて判定されます（金商法24の7①）。

　親会社等状況報告書の提出が義務づけられる親会社等は、次のとおりです（金商法24の7①⑥、金商令4の4①、4の7）。

イ　有価証券報告書を提出しなければならない会社（提出子会社の総株主数等の議決権の過半数を自己又は他人の名義をもって所有する会社）

ロ　会社とその会社が総株主等の議決権の過半数を自己又は他人の名義をもって所有する場合のその法人等が合わせて提出子会社の総株主等の議決権の過半数を自己又は他人の名義をもって所有する場合のその会社

404　第12章　上場会社オーナーと金融商品取引法

3 有価証券報告書における財務諸表等規則に基づく開示

資産保全会社がオーナー個人の純然たる持株会社にすぎず、実体がないと認められる場合には、例外的に資産保全会社を親会社等に該当しないものと考えるとしており（「連結財務諸表における子会社及び関連会社の範囲の決定に関する監査上の留意点」についてのQ&A Q10参照）、資産保全会社が上場会社の議決権の過半数を所有している場合でも、財務諸表等規則の親会社等概念に基づく有価証券報告書における開示については、不要と判断される場合もあると思われます。

なお、有価証券報告書の「提出会社の親会社等の情報」における親会社等は金融商品取引法第24条の7第1項に規定する親会社等とされています（開示府令 第三号様式記載上の注意）。

4 取引所規則に基づく支配株主等の会社情報に関する適時開示

取引所規則に基づく支配株主等の会社情報に関する適時開示は、親会社等の概念につき財務諸表等規則を借用しているため（東京証券取引所・有価証券上場規程2(3)、411）、資産保全会社が上場会社の議決権の過半数を所有している場合でも、不要と判断される場合もあると思われます。

第13章

上場会社オーナーの
フロー面の検討

13-1 上場株式等の譲渡所得等

1 上場株式等の譲渡益・配当課税について

　上場株式等の譲渡益や配当に係る課税は、平成28年1月1日より大幅に変更され、上場会社オーナーの資産管理実務において大きな影響が生じる可能性があり、しっかりとした知識と確認が必要です。

　具体的には、平成28年1月1日以後、株式等は「上場株式等」と「一般株式等」に区分したうえで、別々の課税制度が適用されます。そのため、これまで認められていた上場株式と非上場株式の譲渡損益の通算はできなくなりました。一方、上場株式等には、国債や上場公社債などの特定公社債等が含まれるようになり、上場株式と特定公社債等の譲渡損益の通算が可能となりました。

2 上場株式等の譲渡損失と配当所得との損益通算

　上場株式等の譲渡損失と上場株式等の配当所得との損益通算が認められています（措法37の12の2①）。ただし、損益通算の対象となる上場株式等の配当所得は、申告分離課税を選択したもののみです。つまり、上場株式等に係る配当所得について、総合課税を選択して申告した年分には、この損益通算制度を利用することはできません。また、大口株主が受ける上場株式等の配当所得の場合、そもそも申告分離課税を選択できませんので、損益通算の対象となりません。

　なお、申告分離課税の対象となる上場株式等に係る配当所得の金額は、損益通算適用後の金額です（措法37の12の2⑤）。

408　第13章　上場会社オーナーのフロー面の検討

3 上場株式等に係る譲渡損失の繰越控除

損益通算してもなお控除しきれない上場株式等に係る譲渡損失の金額は、その年分の翌年以後3年内の各年分の上場株式等に係る譲渡所得等の金額及び上場株式等に係る配当所得の金額から繰越控除することができます（措法37の12の2⑥）。

上場株式等の譲渡益、配当に係る税率、損益通算の可否についてまとめると次の表のようになります。

所得の内容	所得区分	課税方式		税率	損益通算
配　当	配当所得	選択	申告不要	20.315%	不可
			申告分離		上場株式等の譲渡損益、特定公社債等の利子、譲渡・償還損益と通算可
			総合課税	最高 49.44%※	不可
譲渡損益	譲渡所得	申告分離課税		20.315%	・上場株式等の配当、特定公社債等の利子、譲渡・償還損益と通算可 ・損益通算してもなお控除しきれない譲渡損失は、翌年以後3年間の繰越控除が可能

※　配当控除適用後の値（（45％－5％）×1.021＋（10％－1.4％））

上場株式等の配当の課税については、20.315%の申告分離課税の選択が可能ですが、大口株主等が支払を受けるものについては、総合課税の対象とされます。大口株主等が受け取る上場株式等の配当等は、20.42%（所得税

409

20％、復興特別所得税2.1％、住民税なし）の税率により源泉徴収が行われたうえ、確定申告不要制度の適用もなく、総合課税の対象になります（措法8の4①一、8の5①二、9の3）。

なお、大口株主等とは、配当等の支払に係る基準日において、法人の発行済株式総数の3％以上の数の株式を有する個人をいいます。

4 株式等の譲渡に係る収入金額の収入とすべき時期

(1) 株式等の譲渡に係る収入金額の収入とすべき時期

株式等に係る譲渡所得等の総収入金額の収入とすべき時期は、原則としてその株式等の引渡しがあった日（引渡日）によります（措法37の10①、措通37の10-1）。ただし、納税者の選択により、その株式等の譲渡に関する契約の効力発生の日（約定日）により総収入金額に算入して申告することも認められます。引渡日基準にするか、約定日基準にするかは、納税者の選択に委ねられています。

(2) 株式等の取得をした日

株式等を取得した日は、原則としてその株式等の引渡し（受渡し）があった日（引渡（受渡）日）によります。ただし、納税者の選択により、その株式等の取得に関する契約の効力発生の日（約定日）を、取得をした日として申告することも認められています。

5 株式の取得価額

金銭の払込みにより取得した株式等の取得価額は払込みをした金銭の額、購入した株式等の取得価額は購入の代価です（所令109①四）。

株式等の譲渡による収入金額の5％（概算取得費）を取得価額とすること

410 第13章 上場会社オーナーのフロー面の検討

もできます（措通37の10-14）。株式等を長期間保有しているため取得価額が不明となってしまった場合や所有期間中での売買や増資の引受けによる払込み等により取得価額がわからなくなってしまった場合の取扱いとして定められたものです。実際の取得価額がわかっている場合であっても、実際の取得価額をもとに計算した取得価額と概算取得費とを比較して、概算取得費のほうが高ければ、概算取得費を取得価額とすることができます。

　上場会社オーナーは、株式を会社の設立時から保有していることからその取得価額もかなり低いのが通常であり、実際の取得価額を利用せず、概算取得費を取得価額として譲渡所得を計算したほうが有利となる局面も多いでしょう。

　また、過去の税制改正の直前にクロス取引により簿価上げを行っているケース、特定口座入庫時にみなし取得価額を付しているケース、一般口座と特定口座で保管している株式が同じ銘柄でも簿価が異なるケース等も想定されます。

　上場会社オーナーの自社株の取得価額を把握するに当たっては、このような制度の背景も考慮し慎重に確認すべきでしょう。

6　金融所得一体課税

(1)　金融所得一体課税の概要

　少子高齢化によって貯蓄率が低下し、家計金融資産に占める株式や株式投資信託の割合も低い一方で、家計金融資産の効率的活用が経済活力維持の鍵とされる「貯蓄から投資」の流れの政策的要請を背景に、税制についても、金融商品間の課税の中立性、わかりやすい税制、投資リスクの軽減を図るべく金融・証券税制は見直しが行われてきました。

　平成28年1月1日より適用開始となっている金融所得一体課税の概要をまとめると、次のとおりです。

- 公社債等の譲渡益及び償還差益が、株式等の譲渡益等と同様に、申告分離課税となる
- 公社債等は「特定公社債等」と「一般公社債等」に区分する
- 株式等は「上場株式等」と「一般株式等」に区分する
- 「特定公社債等」は「上場株式等」に、「一般公社債等」は「一般株式等」に含められ、別々の分離課税制度となる
- 上場株式等の譲渡損失との損益通算の範囲に、特定公社債等の利子所得等及び譲渡所得等が追加される
- 特定公社債等の譲渡損失について、当年度に控除しきれなかった額は、確定申告を行うことで翌年以降３年間の繰越控除が可能となる
- 割引債の課税方式が、発行時源泉徴収から償還時源泉徴収となる

(2) 株式の課税

株式は、上場株式等と一般株式等に区分し、次のように課税されます。

	所得の内容	所得区分	課税方式		税率	損益通算
上場株式等	配　当	配当所得	選択	申告不要	20.315%	不　可
				申告分離		上場株式等の譲渡損益、特定公社債等の利子、譲渡・償還損益と通算可
				総合課税	最高 49.44%	不　可

					上場株式等の配当、特定公社債等の利子、譲渡・償還損益と通算可
一般株式のうちの非上場株式等	譲渡損益	譲渡所得	申告分離課税	20.315%	
	配当	配当所得	総合課税 少額配当は所得税について申告不要の選択可	最高で49.44%	不可
	譲渡損益	譲渡所得	申告分離課税	20.315%	一般公社債の譲渡・償還損益、私募公社債投信の償還損及び私募株式投信の償還損※との通算可

※ 私募公社債投信等の償還益は利子と、私募株式投信等の償還益は配当と同様の課税になるため、他の非上場株式等の譲渡損益との通算はできない

(3) 公社債等の課税

公社債は、特定公社債等と一般公社債等に分類されます。

特定公社債等の対象とされるものは、特定公社債、公募公社債投資信託の受益権、証券投資信託以外の公募投資信託の受益権、特定目的信託の社債的受益権で公募のものをいいます。特定公社債とは、国債、地方債、公募公社債や上場公社債、発行時に同族会社に該当する会社が発行した社債を除く平成27年以前に発行した公社債等が対象となります。

特定公社債等と一般公社債等の課税方式は、次のとおりです。

① 特定公社債等の課税方式（新措法9の3の2①、37の11、37の12の2、41の12の2）

内　容	所得区分	課税方式	税　率	損益通算
利　子	利子所得	申告分離課税 源泉徴収が行われるものについては申告不要の選択も可	20.315％	可 上場株式等の配当、譲渡損益との通算も可能
譲渡損益	譲渡所得	申告分離課税 譲渡損失の3年間の繰越し可能 割引債の償還益については、償還時に源泉徴収	20.315％	
償還損益				

② 一般公社債等の課税方式（新措法3①、37の10）

内　容		所得区分	課税方式	税　率	損益通算
利　子	同族会社が発行した社債で、その同族会社の株主等が支払を受けるもの	利子所得	源泉分離課税	20.315％	不　可
			総合課税	最高で55.945％	不　可
譲渡損益		譲渡所得	申告分離課税 譲渡損失の3年間の繰越し不可 割引債の償還益については、償還時に源泉徴収	20.315％	可 一般株式等の譲渡損益との通算も可能
償還損益 （一般公社債※）					

414　第13章　上場会社オーナーのフロー面の検討

| 同族会社が発行した社債で、その同族会社の株主等が償還を受けるもの | 雑所得 | 総合課税 | 最高で55.945％ | 不　可 |

※　私募公社債投信等の償還差益は利子と同様の課税となる

⑷　損益通算の範囲

　平成27年までは上場株式等の譲渡損益は、非上場株式の譲渡損益と申告分離課税を選択した上場株式等の配当等と通算が可能でした。平成28年1月以後の損益通算の範囲は、次のように大幅に見直しがされています。

		インカムゲイン	キャピタルゲイン
	上場株式等	配当	譲渡損益
	特定公社債等	利子	譲渡損益、償還損益
	一般株式等	配当 私募株式投信の償還益	譲渡損益 私募株式投信の償還損
	一般公社債等	利子 私募公社債投信の償還益	譲渡損益、一般公社債の償還損益、私募公社債投信の償還損
	同族会社が発行した社債で、その同族会社の株主等が支払を受けるもの	利子	譲渡損益
			償還損益

　点線で囲んだ部分が、損益通算が可能な範囲となります。

　上場株式等は、インカムゲインとキャピタルゲインの通算が可能ですが、

415

一般株式等ではそれができません。また、一般株式等は、同族会社が発行する社債で、その同族会社の株主等が支払を受けるものの償還損益を除き、キャピタルゲイン内での損益通算は可能ですが、インカムゲイン内ではそれができません。

13-2 大口株主等の配当課税

事　例

　上場会社Ａ社のオーナー甲は、すでに代表取締役社長の座を降り、後継者乙に代表権及び株式の大部分を譲り渡しています。現在の甲のＡ社株式の持株比率は、発行済株式総数の４％です。甲は、発行済株式総数の３％以上の株式を所有しているため、大口株主等としてＡ社からの配当は総合課税の適用を受けています。受け取った配当につき20.315％の源泉徴収のみで課税を終了させたいと思っています。

解決策

　甲のＡ社に対する持株比率を発行済株式総数の３％未満になるように、３％を超える部分の株式を売却します。

　株式の売却が市場の株式の需給関係を著しく悪化させないと想定されるのであれば、市場での売却でもよいでしょう。安定株主が保有する株式数を維持するという観点からは、同族関係者や甲の資産保全会社などへの売却も検討します。

　甲の株式の持株数が増加あるいは減少した場合には、上場会社等の役員及び主要株主等における特定有価証券等の売買に関する報告書、大量保有報告書（変更報告書）など、発行会社における臨時報告書等の金融商品取引法に基づくディスクロージャー資料の提出などが必要となるため、金融商品取引法や取引所規制も念頭においた検討が必要です。

1　上場株式等の配当課税

(1)　上場株式等の配当課税

　配当所得とは、株主が法人から受ける剰余金の配当、利益の配当、剰余金の分配、基金利息並びに投資信託（公社債投資信託及び公募公社債等運用投資信託以外のもの）及び特定受益証券発行信託の収益の分配に係る所得をいいます（所法24①）。

　配当所得は、原則として総合課税の対象です。

　上場株式等の配当は、20.315％（所得税15.315％、住民税５％）の税率による源泉徴収のうえ、申告分離課税又は確定申告不要制度の適用を選択できます（措法８の４、８の５）。確定申告不要制度とは、配当所得のうち、一定のものは確定申告をしなくてもよいとするものであり、１回に支払を受けるべき配当等の額ごとに選択することができます。つまり、上場株式等の配当は、確定申告をせず、20.315％（所得税15.315％、住民税５％）の源泉徴収で課税を完結させることも可能です。

　大口株主等が支払を受ける上場株式等の配当等は、これらの制度の対象となりません。大口株主等が受け取る上場株式等の配当等は、20.42％（所得税20.42％、住民税なし）の税率により源泉徴収が行われたうえ、確定申告不要制度の適用もなく、総合課税の対象になります。

　大口株主等とは、発行済株式総数の３％以上の株式を有する個人をいいます。その持株割合は、同意者や親族等を含めず各人で判断します。たとえば、長男２％、その配偶者が２％の持株割合であれば、長男も、その配偶者も申告分離課税又は確定申告不要制度の適用ができます。

(2)　税額のシミュレーション

　上場会社オーナーが株式を売却し、大口株主等から外れることにより、申告分離課税又は確定申告不要制度の適用を受けることでどのくらいの効果が

あるのかを試算してみます。

　ある上場会社オーナーの所得が、給与所得5,000万円、配当所得3,000万円、合計8,000万円であるとします。計算の便宜上、各種控除は配当控除のみ考慮し、比較の便宜上、源泉徴収税率の特例、確定申告不要制度の適用を受ける前後で配当所得の額は同額とします。

　なお、配当所得が剰余金の配当等に係る配当所得のみの配当控除の額は、次の算式によって算定します。

---

①　課税総所得金額が1,000万円以下

　　剰余金の配当等に係る配当所得×10％（住民税2.8％）

②　課税総所得金額が1,000万円超

　　A[※]×10％（住民税2.8％）＋（剰余金の配当等係る配当所得−A）×5％（住民税1.4％）

　　※A＝剰余金の配当等に係る配当所得−（課税総所得金額−1,000万円）

　　　　　　　　　　　　　　　　　　　〔Aがマイナスとなる場合は0〕

	大口株主等	大口株主等以外
給与所得	50,000千円	50,000千円
配当所得	30,000千円	−
課税総所得金額	80,000千円	50,000千円
所得税額	31,204千円[※1]	17,704千円[※2]
配当控除	1,500千円[※3]	−
差引所得税額	29,704千円	17,704千円
復興特別所得税額	623千円	371千円

419

住民税額	8,000千円[※4]	5,000千円[※5]
配当控除	420千円[※6]	－
差引住民税額	7,580千円	5,000千円
配当所得の源泉徴収税額	－	6,094千円
税額合計	37,907千円	29,169千円

※1　(給与所得50,000＋配当所得30,000)×45％(税率)－4,796(控除額)
　　＝31,204

※2　給与所得50,000×45％(税率)－4,796(控除額)＝17,704

※3　配当所得30,000－(課税所得80,000－10,000(控除額))＝▲40,000＝0
　　0×10％(配当控除率)＋(配当所得30,000－0)×5％(配当控除率)＝1,500

※4　課税所得80,000×10％(税率)＝8,000

※5　課税所得50,000×10％(税率)＝5,000

※6　配当所得30,000－(課税所得80,000－10,000(控除額))＝▲40,000＝0
　　0×2.8％(配当控除率)＋(配当所得30,000－0)×1.4％(配当控除率)＝420

　持株比率を減少させることにより大口株主に該当しなくなれば、申告分離課税又は確定申告不要制度の適用を受けることができます。これにより、年額の税額が8,738千円も減少します。総合課税の税率は累進税率であり、高額所得者は55％の最高税率（さらに所得税額に対して2.1％の復興特別税）が適用されます。配当所得が総合課税の対象となる場合には、この最高税率が適用されてしまいます。

　一方、申告分離課税又は確定申告不要制度の適用を受けることにより、配当所得を20.315％の源泉徴収で完結させることができます。8,738千円の税額の減少は、配当所得に係る部分に対する税率を55％（配当控除後約48.6％。さらに所得税額に対して2.1％の復興特別税）から20.315％に引き下げることによる効果によるものです。

2　株式の移動の可否及び売却方法についての検討

　上場会社オーナーの持株割合を発行済株式総数の3％未満になるまで株式を移動することの可否及び売却方法について検討します。

　持株数を減少させる方法（移動の方法）には、次の方法があります。

---

①　後継者・従業員への贈与

②　売却

　イ　市場売却

　ロ　後継者・従業員への売却

　ハ　資産保全会社への売却

③　資産保全会社への現物出資

　上場会社オーナーの経営権、持株の移動なども考慮して、移動の方法を検討すべきです。上場会社オーナーが現在の株価は低いと考えているのであれば、市場で売却するという選択をせず、同族関係者もしくはインセンティブプランとして従業員に贈与・売却するのもよいでしょう。

①　後継者に支配権を承継できている場合

　すでに後継者に株式の移動ができているのであれば、たとえ上場会社オーナー自身が所有する株式を市場で売却したとしても、一族による会社支配は引き続き可能です。

②　後継者に代表権を譲っているものの、上場会社オーナーが発行済株式総数の30％程度の株式を保有している場合

　単に申告分離課税や確定申告不要制度適用のメリットを享受するために、大量の株式を市場に放出するというのは現実的ではありません。

　持株割合を30％から3％未満にまで減らすというのは、市場への影響があまりにも大きすぎます。

上場会社オーナーが資産保全会社を設立し、資産保全会社に上場株式を売却もしくは現物出資することによって、上場会社オーナー自身の持株数を減らすことを検討します。ただし、資産保全会社に上場株式を保有させるに当たって、留意すべき点があります。上場会社オーナーが上場株式を直接保有している場合にはすぐに換金可能ですが、間接保有の場合には、換金に伴い法人における譲渡益課税、個人における配当所得課税が生じる場合があり、換金した額が目減りしてしまいます。直接保有と間接保有のポートフォリオを十分検討したうえで、資産保全会社への株式の移動を実行すべきです。

③　上場会社オーナーの持株割合が３％を少し上回る程度の場合

　上場会社オーナーの持株割合が４〜５％など、３％を少し上回る程度ならば、上場会社オーナーの株式の売却はスムーズに実行でき、上場会社オーナーは申告分離課税ないし確定申告不要制度の適用の恩恵を受けられるでしょう。現在の後継者に対して早いうちに株式を渡しておきたいという考えに基づき、後継者に対して株式を贈与あるいは譲渡するなどして、上場会社オーナー自身の持株割合を３％未満に下げるというのであれば、ある程度の合理性があると考えられます。

　本事例においては、甲の持株割合は４％ですので、３％未満に引き下げる株式の売却はスムーズに実行できるものと考えられます。これにより、甲は申告分離課税ないし確定申告不要制度の適用のメリットを受けることが可能です。

　なお、上場会社オーナー本人に限らず、上場会社オーナーの一族の持株割合も検討すべきです。たとえば上場会社オーナーの配偶者の持株割合が３％を少し上回る程度であるのであれば、３％未満にすることで、配偶者は申告分離課税又は確定申告不要制度の適用を受けることができます。

　すなわち、大口株主に該当するか否かの検討に当たっては、上場会社オーナー本人のみならず、上場会社オーナー一族も、併せて検討する必要があります。

3 金融商品取引法の手続

　上場会社オーナーの持株数が増加あるいは減少した場合には、金融商品取引法及び取引所規則に基づく手続が生じますので留意が必要です。

　上場会社等の役員及び主要株主等は、特定有価証券等の売買に関する報告書、大量保有報告書（変更報告書）の提出が必要となります。発行会社は、金融商品取引法に基づく臨時報告書等の提出、取引所規則による重要な会社情報の適時開示が必要です。

　上場会社オーナーは通常内部者（インサイダー）に該当しますので、株式を移動するに当たり、インサイダー取引規制にも十分注意する必要があります。

13-3 上場会社オーナーと税制適格ストックオプション

事 例

上場会社オーナー甲は、税制適格ストックオプションを保有しています。甲は、次の場合に、税制適格ストックオプションの課税上の取扱いがどのようになるか懸念しています。

(1) 権利行使により株式を取得した後、保管の委託又は管理等信託されている口座から、他の金融商品取引業者の口座に株式を移管する場合

(2) 年間の権利行使価額が1,200万円を超えてしまう場合

解決策

ストックオプション（新株予約権）とは、将来の一定の期間内に、一定の価格で自社株等を取得することができる権利をいいます。ストックオプションは、自社株等が将来値上りすることによって新株予約権者に利益が生じるものです。企業の業績向上によるインセンティブ報酬としての性格を有し、人材確保などに利用されています。上場会社オーナーが保有するケースも多く見受けられます。

税制適格ストックオプションの要件を当初は満たしていたとしても、権利行使した後に一定の要件を満たしていないと予想外の課税が生じてしまうケースがあります。

本事例の課税上の取扱いは、次のとおりです。税制適格要件の見落としによる予想外の課税がないよう、留意する必要があります。

① その時点で現実の譲渡がなされていないにもかかわらず、株式の譲渡益課税がなされてしまう

② 1,200万円を超えてしまう権利行使時点から、給与所得等による課

税がなされてしまう

1 ストックオプションの課税上の取扱い

(1) 原則的取扱い（非適格ストックオプション）

　新株予約権の権利行使により株式を取得した時点で、取得した株式の行使の日の価額（時価）から、新株予約権の取得価額に権利行使価額を加算した額を控除した額が、その権利に係る収入金額として課税されます（所令84）。

　ストックオプション（新株予約権）の取得価額は通常無償であることから、権利行使により取得した株式の取得価額は、権利行使価額となるのがほとんどです。その収入金額は、給与所得として総合課税の対象となり、他の所得と合算のうえ、累進税率が適用されるため、税負担が大きいことが予想されます。

〈非適格ストックオプションの課税〉

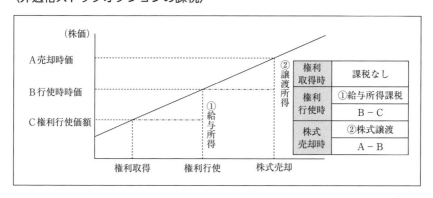

　権利行使により取得した株式の譲渡が実現する前に、給与所得等として課税され、担税力がないにもかかわらず、納税負担を負います。

　権利行使により取得した株式の譲渡時には、株式の譲渡時の株式の価額（時価）と取得価額の差額が、株式の譲渡益として課税されます。

425

(2) 税制適格ストックオプション

　税制適格ストックオプションは、一定の税制適格要件を満たすことにより、行使により取得した株式を譲渡するまで課税が繰り延べられ、株式の譲渡時に株式の譲渡価額と取得価額（権利行使価額）の差額が株式の譲渡益として課税されるというものです。金融商品取引業者を通じた上場株式等の譲渡所得は、申告分離課税で適用税率は20.315％（所得税15.315％、住民税5％）と低く、新株予約権者にとっては非適格ストックオプションと比べると課税上大変有利であるといえます。

　税制適格ストックオプションとは、次の税制適格要件を満たすストックオプションのことをいいます（措法29の2）。

---

① 人的（付与対象者）要件

　イ　会社法第238条第2項等の決議により新株予約権等を与えられる者とされた付与決議のあった株式会社又はその株式会社がその発行済株式（議決権のあるものに限る）総数の100分の50を超える数の株式等を直接もしくは間接に保有する関係その他一定の関係にある法人の取締役、執行役又は使用人である個人

② 契約要件

　イ　新株予約権等の行使は、新株予約権に係る付与決議の日後2年を経過した日から付与決議の日後10年を経過する日までの間に行わなければならないこと

　ロ　新株予約権等の行使に係る権利行使価額の年間の合計額が、1,200万円を超えないこと

　ハ　新株予約権等の行使に係る1株当たりの権利行使価額は、新株予約権等に係る契約を締結した株式会社の株式の契約の締結の時における1株当たりの価額に相当する金額以上であること

　ニ　新株予約権については、譲渡をしてはならないこととされている

426　第13章　上場会社オーナーのフロー面の検討

こと

ホ　新株予約権等の行使に係る株式の交付が、交付のために付与決議がされた会社法第238条第1項等に定める事項に反しないで行われるものであること

ヘ　新株予約権等の行使により取得する株式につき、行使に係る株式会社と金融商品取引業者等との間であらかじめ締結される新株予約権等の行使により交付される株式会社の株式の振替口座簿への記載もしくは記録、保管の委託又は管理等信託に関する取決めに従い、取得後直ちに、株式会社を通じて、金融商品取引業者等の振替口座簿に記載もしくは記録を受け、又は金融商品取引業者等の営業所等に保管の委託又は管理等信託がされること

2　税制適格ストックオプションの権利行使により取得した株式の取得費

ストックオプション（新株予約権）の取得価額は通常無償であることから、ストックオプションの権利行使により取得した株式の取得価額は、権利行使価額になります。

税制適格ストックオプションの権利行使により取得した株式の取得価額が売却時の時価の5％未満のときは、売却収入の5％を株式の取得価額とすることができます（概算取得費）。

（例）前提：権利行使価額1,000円、売却収入10,000,000円の場合の税額

行使価額を取得価額	売却収入の5％を取得価額
$(10,000,000 - 1,000) \times 10\%$ $= 999,900$円	$(10,000,000 - 10,000,000 \times 5\%) \times 10\%$ $= 950,000$円

売却収入の5％（概算取得費）を取得価額としたほうが49,900円だけ譲渡所得を圧縮できます。

3 株式取得後の税制適格要件の取扱い

⑴ 権利行使により株式を取得した後、他の金融商品取引業者等の振替口座等に株式を移管する場合

権利行使時には税制適格であったとしても、権利行使後に金融商品取引業者等の振替口座から他の金融商品取引業者等の振替口座等に移管、あるいは、金融商品取引業者等の営業所等の保管の委託に係る口座から他の金融商品取引業者等の営業所等の保管の委託に係る口座に移管してしまうと、税制適格要件を満たさなくなってしまいます。株式の移管時の課税上の取扱いは、次のとおりです。

---

① 株式の移管時における株式の時価で株式を譲渡したものとみなす
② 株式の移管時における株式の時価で株式を取得したものとみなす

移管時の株式の時価と新株予約権の権利行使価額との差額に対して株式等の譲渡所得に係る所得税が課されるとともに、株式の取得価額は移管時の株式の時価に付け替えられます。

株式等の譲渡所得として取り扱われ、20.315％（所得税15.315％、住民税5％）の税率が適用されますが、損失が生じている場合の繰越控除等はできません。

したがって、税制適格要件を満たしている新株予約権の行使により取得した株式を市場で売却する前に、他の金融商品取引業者等の振替口座等に移管しようとする場合には、次のようなデメリットを考慮する必要があるでしょう。

① 株式の移管時の株式の時価＞権利行使価額

・売却前にもかかわらず、移管時に課税が生じてしまう

② 株式の移管時の株式の時価＜権利行使価額

・取得価額が低くなってしまう

・譲渡損失につき繰越しができないため、消滅してしまう可能性がある

(2) 年間の権利行使価額が1,200万円を超えてしまう場合

　上場会社オーナーによっては、他の上場会社の非常勤取締役等に就任しており、2以上の上場会社からストックオプションが付与されていることもよくあります。この場合、年間権利行使価額は1,200万円以内であるとの要件を見落とさないよう、留意すべきです。

　4月にＡ社のストックオプションを500万円、同年5月にＢ社のストックオプションを900万円権利行使したとします。

　この場合、Ｂ社のストックオプションの権利行使のすべてにつき、課税の繰延べの適用は受けられず、その経済的利益につき給与所得として課税されます。Ａ社のストックオプションの権利行使は課税の繰延べの適用が受けられますが、Ｂ社のストックオプションの権利行使は1,200万円に達するまで課税を繰り延べられるということではなく、1,200万円を超えてしまう権利行使時点であるＢ社のストックオプションの権利行使のすべてにつき課税の繰延べの適用を受けることができないのです。これは、その権利行使をすることにより1,200万円を超えることとなるものから、この税制特例が適用されないとされているためです。

　ストックオプションの権利行使をする際には、他のストックオプションと合計して年間の権利行使価額が1,200万円以内を超えないよう、計画的に権

429

利行使を行うことが必要です。

4　非適格ストックオプションにおける発行会社の課税上の取扱い

　ストックオプションは、役員や従業員の役務提供の対価として発行することから、会計上はそのストックオプションの公正な評価額を適正に評価し、対象勤務期間（ストックオプションと報酬関係にあるサービスの提供期間であり、付与日から権利確定日までの期間）の各会計期間で費用計上することが義務づけられています（企業会計基準第8号「ストック・オプション等に関する会計基準」5）。

　一方、法人税法上は、個人から受ける役務の提供の対価として新株予約権を発行した場合に、その個人においてその役務の提供につき所得税法等の規定による給与等課税事由が生じた日に、その役務提供を受けたものとして、損金に算入されます（法法54①）。税制適格ストックオプションは給与等課税事由が生じず、譲渡時に株式の譲渡等とされるため、法人側ではストックオプション費用は損金算入されません（法法54②）。

　すなわち、被付与者が非適格ストックオプションを権利行使した時点で損金に算入されます。法人税法上の損金算入のタイミングと、会計上の費用計上のタイミングは異なるため、注意が必要です。

13-4 エンジェル税制

> 事 例
>
> 　上場会社オーナー甲は、ベンチャー企業への積極的な投資を惜しみません。ベンチャー企業への投資に対する税制上の優遇措置に興味があります。

解決策

　ベンチャー企業への投資を促進することを目的として、エンジェル税制という税務上の優遇措置が政策的に設けられています。

　エンジェル税制とは、一定のベンチャー企業が発行する株式を金銭の払込みにより取得した個人が、その投資時点や譲渡時点において税務上の優遇措置を受けられる制度です。個人投資家はエンジェル税制を積極的に活用することで、税務上のメリットを享受できます。

　なお、個人投資家がエンジェル税制の適用を受けるには、投資先企業が、一定の要件を満たすことにつき経済産業局等の確認を受ける必要があります。

1　エンジェル税制の優遇措置

エンジェル税制には、ベンチャー企業株式への投資時点の優遇措置と売却時点の優遇措置があります。

(1)　ベンチャー企業への投資時点の優遇措置

ベンチャー企業への投資時点での優遇措置には、次の二つがあり、これらのうちいずれかを選択することができます。

431

① （ベンチャー企業への投資額[1] − 2,000円）をその年の総所得金額等から控除
② ベンチャー企業への投資額[2]の全額を、その年の他の株式譲渡益から控除
　※1　投資額の上限は、総所得金額等の40％と1,000万円のいずれか低い額
　※2　投資額の上限はなし

(2)　ベンチャー企業の株式の売却時点の優遇措置

　ベンチャー企業の株式を払込みにより取得した場合に、ベンチャー企業の設立の日から発行した株式に係る上場等の日内に、その有するその払込みにより取得をした株式を発行した株式会社が解散をし、その清算が結了したこと、破産法の規定による破産手続開始の決定を受けたという事実が発生したときは、その株式を譲渡し、譲渡したことにより損失が生じたものとみなされます。

　その年に通算しきれなかった損失は、翌年以降3年にわたって繰り越し、他の株式の譲渡益と通算することができます（措法37の13の2⑦、措令25の12の2）。

2　エンジェル税制の対象となるベンチャー企業

　エンジェル税制の対象となるベンチャー企業は、次のとおりです。

〈全体像〉

優遇措置		要件
ベンチャー企業への投資時点の優遇措置	（ベンチャー企業への投資額−2,000円）をその年の総所得金額等から控除	A
	ベンチャー企業への投資額の全額を、その年の他の株式譲渡益から控除	B
ベンチャー企業の株式の売却時点の優遇措置		AとBのいずれか

〈AとBの要件〉

A	B
① 創業（設立）3年未満の中小企業者であること	① 創業（設立）10年未満の中小企業者であること
② 設立経過年数ごとに定められた下記の要件のいずれかを満たすこと	
③ 外部（特定の株主グループ以外）からの投資を6分の1以上取り入れていること	
④ 大規模会社の子会社でないこと	
⑤ 未登録・未上場の株式会社であること	
⑥ 風俗営業等を行っていないこと	

〈設立経過年数ごとの要件〉

設立経過年数（事業年度）	A	B
1年未満	−	研究者あるいは新事業活動従事者が2人以上かつ常勤の役員・従業員の10％以上

最初の事業年度未経過	研究者あるいは新事業活動従事者が2人以上かつ常勤の役員・従業員の10％以上	－
最初の事業年度経過	研究者あるいは新事業活動従事者が2人以上かつ常勤の役員・従業員の10％以上で、直前期までの営業キャッシュフローが赤字	－
1年以上～2年未満	試験研究費等（宣伝費、マーケティング費用を含む）が売上高の3％超で直前期までの営業キャッシュフローが赤字。又は研究者あるいは新事業活動従事者が2人以上かつ常勤の役員・従業員の10％以上で、直前期までの営業キャッシュフローが赤字	試験研究費等（宣伝費、マーケティング費用を含む）が収入金の3％超。又は、研究者あるいは新事業活動従事者が2人以上かつ常勤の役員・従業員の10％以上
2年以上～3年未満	試験研究費等（宣伝費、マーケティング費用を含む）が収入金額の3％超で直前期までの営業キャッシュフローが赤字。又は、売上高成長率が25％超で直前期までの営業キャッシュフローが赤字	試験研究費等（宣伝費、マーケティング費用を含む）が収入金額の3％超。又は、売上高成長率が25％超
3年以上～5年未満	－	
5年以上～10年未満	－	試験研究費等（宣伝費、マーケティング費用を含む）が収入金額の5％超

3　エンジェル税制の対象となる個人の要件

エンジェル税制の対象となる個人の要件は、次のとおりです。

①　金銭の払込みにより、対象となる企業の株式を取得していること
②　ベンチャー企業が同族会社である場合に、同族会社の判定の基礎となる上位3位までの株主グループに属していないこと

4　エンジェル税制を利用するに当たっての留意点

エンジェル税制を利用するに当たって、いくつかの留意点があります。

①　投資家とベンチャー企業が締結する投資契約書に盛り込むべき一定の事由が定められており、エンジェル税制を意識した投資契約書を締結しないと、経済産業省からエンジェル税制確認書が交付されない
②　投資時点での優遇措置は、所得税のみに認められており、住民税は認められていない

13-5 ふるさと納税

> 事 例
>
> 　上場会社オーナー甲は、高校卒業後に田舎から東京に移り、その後、自分が設立した会社を上場させました。東京で充実した日々を過ごしながらも自分が幼少期世話になった田舎に恩返しをしたいとの思いを捨て切れません。

事例

解決策

　今は都会に住んでいても、自分を育んでくれたふるさとなどに、自分の意思で、多少なりとも納税したいという思いを実現させる趣旨の制度として、ふるさと納税制度があります。

1 ふるさと納税制度の概要

　ふるさとに貢献したい、ふるさとを応援したいという納税者の思いを活かすことができるよう、都道府県・市区町村に対する寄附金税制としてふるさと納税制度があります。

　ふるさと納税制度は、地方税法に定める寄附金税額控除対象の寄附金のうち（任意の）都道府県、市町村又は特別区に対する寄附金を支出した場合に、所定の手続を行うことにより、所得税における寄附金控除に加え、現住所地に納める住民税所得割を一定額減額する制度です（所法78、地法37の2、314の7）。ただし、寄附者がその寄附によって設けられた設備を専属的に利用することや、その他特別の利益が寄附者に及ぶと認められる寄附金に関しては、ふるさと納税を適用することはできません（地法37の2①一、314の7①一）。

436　第13章　上場会社オーナーのフロー面の検討

複数の都道府県・市区町村に対し寄附を行った場合には、その寄附金の合計額で控除額を計算します。

都道府県・市区町村によっては、寄附金の使い道を寄附者が選択できるようにしたり、記念品を贈呈したりするなど、寄附を集めるための活動を行っています。

2 住民税所得割の控除額

(1) 計算方法

都道府県・市区町村に寄附をした場合に、住民税から実際に控除される税額は、次のステップにより計算されます（地法37の2、314の7、地法附則5の5）。

Step1．寄附金の合計額は総所得金額等の30%以内か

支出した寄附金の合計額が支出した年の総所得金額、退職所得金額及び山林所得金額の合計額（以下、「総所得金額等」という）の30％を超える場合には、その超える金額（支出寄附金額－総所得金額等の30％）は住民税の税額控除の対象となりません。

Step2．住民税の基本控除額の算定

ふるさと納税制度における住民税所得割控除額は、基本控除額と特例控除額により構成されます。そのうち、住民税の基本控除額は、次の計算式により算定します。計算式中の寄附金には、Step1で対象外となった金額は含まれません。以下、同じです。

住民税の基本控除額＝（寄附金－2千円）×10％

Step3．住民税の特例控除額の算定

①　住民税の特別控除額における一定の割合の算定

　住民税の特例控除額は、都道府県、市町村又は特別区に対して支出した寄附金の額の合計額のうち2千円を超える金額に一定の割合を乗じた金額です。

　一定の割合は、課税総所得金額から人的控除差調整額を控除した金額ごとに定められた割合になります。

　なお、人的控除差調整額とは、個人住民税の人的控除額と所得税の人的控除額との差額をいいます（地法37一イ）。

課税総所得金額 − 人的控除差調整額[※1]		割合[※2]
	195万円以下	85（84.895）％
195万円超	330万円以下	80（79.790）％
330万円超	695万円以下	70（69.580）％
695万円超	900万円以下	67（66.517）％
900万円超	1,800万円以下	57（56.307）％
1,800万円超	4,000万円以下	50（49.160）％
4,000万円超		45（44.055）％

※1　「課税総所得金額−人的控除差調整額」がゼロ未満となるケースは除く
※2　（　）は、復興特別所得税に応じて平成26年から平成50年まで適用される

②　住民税の特例控除額の算定

　住民税の特例控除額は、Step3−①の一定の割合をもとに算定した、次のイとロのいずれか小さい金額です。

438　第13章　上場会社オーナーのフロー面の検討

イ （寄附金 − 2 千円）×一定の割合

ロ 住民税所得割×20％（平成28年度分以後、従来の10％から引上げ）

(2) 設例

総所得金額が100,000千円の個人が東京都に500千円の寄附をした場合と寄附がない場合をシミュレーションすると次のとおりです。なお、計算の簡便化のため、寄附金控除以外の所得控除は考慮しません。

（単位：千円）

	寄附がない場合	寄附をした場合
総所得金額	100,000	100,000
寄附金控除	−	498
課税総所得金額	100,000	99,502
所得税額（①）	41,048	40,819
住民税所得割	10,000	10,000
寄附金基本税額控除	−	49.8
寄附金特例控除	−	219.3
控除後住民税所得割（②）	10,000	9,731
税額合計（①＋②）	51,048	50,550

〈住民税控除額の計算方法〉

Step 1. 寄附金の合計額

・総所得金額100,000千円×30％＝30,000千円＞寄附金額500千円

Step 2. 住民税の基本控除額の算定

・住民税基本控除額＝（寄附金額500千円 − 2 千円）×10％＝49.8千円

Step 3．住民税の特例控除額の算定
　　　イ　住民税特例控除額＝（寄附金額500千円－2千円）×44.055％
　　　　　　　　　　　　　　＝219.3千円
　　　ロ　住民税所得割×20％＝10,000千円×20％＝2,000千円
　　　・住民税特例控除額　219.3千円＜2,000千円
　　　∴219.3千円

3　ふるさと納税制度を適用する際の手続

(1)　寄附の方法や手続

　都道府県・市区町村であれば寄附の対象はどこでも構いません。寄附の方法は、寄附先の都道府県・市区町村によって異なるため、あらかじめ寄附先の都道府県・市区町村のホームページや広報誌などで寄附の方法や手続を確認しておく必要があります。

(2)　寄附金控除に関する申告

　寄附金控除を受けるには、原則として寄附を行った年の翌年3月15日までに最寄りの税務署に所得税の申告を行わなければなりません。

　この際、寄附を行った際に受領した領収書を申告書に添付する必要があります。ただし、所得税の電子申告（e-Tax）を利用する場合には領収書の添付は省略できますが、3年間自ら保存することを要します。

　なお、平成27年4月1日以後に行われる寄付については、本来確定申告が不要であって寄附先が5自治体以内であれば、年末調整のみでふるさと納税制度を利用できる、ふるさと納税ワンストップ制度も導入されています。

440　第13章　上場会社オーナーのフロー面の検討

13-6 貸付金の認定利息と回収不能額

> **事 例**
>
> 　上場会社オーナー甲は、資産保全会社や個人に多額の資金を貸し付けています。貸付金の額が多額であるため、利息条件等は貸付時に十分検討しておかないと、税務調査で、多額の認定利息がなされることがあると顧問税理士からアドバイスを受けました。
>
> 　また、数年前に友人に資金を貸し付けたのですが、友人は事業に失敗し、返済を受けることができそうもありません。

解決策

　①貸付金の認定利息、②貸付金利息の収入時期のずれによる申告漏れ、貸付金の未収利息、③貸付金利息が回収不能となった場合の処理に留意する必要があります。

1 上場会社オーナーから同族会社に対する無利息貸付

　法人から個人に対して無利息貸付を行った場合には、金利相場相当額が収入利息及び寄附金として認定されます。一方、個人が法人に対して無利息貸付を行ったとしても、原則として課税関係が生じることはありません。なぜなら、法人は常に経済的合理性に基づき行動するものと考えますが、個人は常に経済的合理性に基づき行動するわけではないと税法上は考えているからです。

　ところが、個人がその個人の同族会社に対して無利息貸付を行った場合に、同族会社の行為計算否認（所法157）を適用し利息を認定すると言い渡した判決があります（最高裁第3小法廷、平成11年（行ヒ）第169号、平成16年

441

7月20日判決）。同族会社の行為計算否認は、所得税の負担を不当に減少させる結果になると認められるものに適用するとしていますが、裁判所は、次の事情がない限り、無利息貸付が同族会社の行為計算否認の対象となると判断し、個人に対して利息収入を認定するとの課税処分を是認しました。

---

① その金額、期間等の融資条件が同族会社に対する経営責任、経営努力、社会通念上許容される好意的援助と評価できる範囲である場合
② その法人が倒産すれば株主が多額の貸倒れや信用の失墜により損失を被る場合

個人がその個人の同族会社に対して無利息貸付を行う場合には、合理的な事情がない限り、それが税務上問題とされ、認定利息を受ける可能性があることに留意すべきです。

2　個人間の貸付における貸付金利息の収入時期

個人間の貸付において、貸付契約書で利払日を明確に記載している場合に、利息収入を、現金主義により認識するか、発生主義により認識するかが問題となります。

貸付利息は、雑所得に分類されます。雑所得の収入金額又は総収入金額の収入すべき日は、公的年金等以外のものは、その収入の態様に応じ、他の所得の収入金額又は総収入金額の収入すべき時期の取扱いに準じて判定するものとされています（所基通36-14(2)）。事業所得の金銭の貸付による利息でその年に対応するものに係る収入金額の収入すべき時期は、その年の末日（貸付期間の終了する年にあっては、その期間の終了する日）が原則です（所基通36-8(7)）。ただし、継続して適用することを条件に所得税基本通達36-5(1)に掲げる日も認められています。

所得税基本通達36－5(1)は、不動産所得の総収入金額の収受すべき時期を定めている通達です。収入すべき時期につき、契約又は慣習により支払日が定められているものについてはその支払日、支払日が定められていないものについてはその支払を受けた日（請求があったときに支払うべきものとされているものについては、その請求の日）としています。つまり、支払（予定）日をもって収入を認識することも認めるというものです。

この通達に従い、貸付契約書で利払日を明確に記載しているのであれば、利払（予定）日をもって収入すべき時期とするのもよいでしょう。利払（予定）日をもって収入すべき時期とする場合には、現実に利払がなされなくとも、利払（予定）日に貸付利息を収入計上しなければならないことに留意すべきです。

3 回収不能額の取扱い

事業所得を生ずべき事業について、その事業の遂行上生じた債権の貸倒れにより生じた損失の金額は、その損失の生じた日の属する年分の事業所得に係る必要経費に算入します（所法51②）。

一方、貸付利息などの事業所得以外の所得の収入金額が回収不能となった場合には、その回収不能額は、所得の金額の計算上、なかったものとみなします（所法64①、所令180②）。回収不能となった日の属する年分ではなく、回収不能となった収入金額が発生した日の属する年分に遡及して、更正の請求をしなければなりません。

貸付利息が生じている貸付金の元本が回収不能となったときには、その回収不能額は雑所得の基因となる資産の損失の金額に該当するため、その損失が生じた日の属する年分の雑所得の金額を限度として、雑所得に係る必要経費に算入します（所法51④）。なお、雑所得の金額ではなく、同一種類の所得つまり貸付利息の範囲でのみ雑所得の必要経費を認めるとする説もありま

443

す。また、損失を雑所得内で通算することはできますが、他の所得と損益通算することはできません（所法69）。

コラム

個人への貸付は贈与

　上場会社オーナーになると、様々な人がお金の工面にやってきます。事業が苦しいから資金を一時的に融通してくれと土下座をされ、やむなくお金を貸さなくてはならないといったケースもあります。

　「命掛けて頑張ると言っているんだから必ずや事業を復活させるだろう」「貸付金の額の5割程度は回収できるだろう」と考えてしまうようなところに、オーナーの貸金回収についての見通しの甘さが多く見てとれます。

　しかしながら、実際に回収できる貸付金の額は数%といわれ、何十件もの個人への貸付金が全滅のケースも珍しくありません。

　金融機関からの資金調達ができず、親戚、知人まで声がけした後のお金の工面ですから、すでに事業は破綻しており、貸したお金は数カ月の延命か、既存の借入金への返済など、事業再生と無関係の使われ方をしていると考えなければなりません。

　個人貸付は回収可能性が低いため、当初から贈与として資金提供したものとの認識が必要なのかもしれません。

　なお、契約書に金利や遅延損害金の条項が明確に記載されているために、一度も金利、元本回収がないのに個人の所得税が課されてしまうケースもあります。

445

13-7 馬、趣味嗜好品の売買

| 事 例 |

　好奇心旺盛で、多彩な趣味を持つ上場会社オーナー甲は、趣味に投資することを惜しみません。甲は競走馬を保有しているだけでなく、高級ワインや書画、骨董、貴金属などの動産の蒐集の趣味も持ち合わせています。

| 解決策 |

　投資対象が事業用として認められるかどうか、生活に通常必要なものかどうかにより税務上の取扱いが異なります。趣味の一環としても、可能な範囲内で節税を図ることができるよう事前に確認しておくことが肝要です。

1　競走馬

(1)　競走馬の保有による所得区分

　競走馬の保有によって利益が出ることはまれです。損失が出ることを前提として、他の所得と損益を通算できるようにするには、競走馬の保有に係る所得の区分を事業所得としておくのがよいでしょう。

　競走馬の保有に係る所得は、その保有頭数等に応じて、事業所得又は雑所得になります。

　競争馬の保有に係る所得が事業所得に該当するか否かは、その規模、収益の状況その他の事情を総合勘案して判定します（所令178①一）。具体的には、次のいずれかに該当する場合には、その年の競走馬の保有に係る所得は、事業所得に該当するものとしています（所基通27－7）。

446　第13章　上場会社オーナーのフロー面の検討

① その年において、競馬法第14条（馬の登録）（同法第22条（準用規定）において準用する場合を含む）の規定による登録を受けている競走馬（以下「登録馬」という）で、その年における登録期間が6月以上であるものを5頭以上保有している場合
② 次のイ及びロの事実のいずれにも該当する場合
　イ　その年以前3年以内の各年において、登録馬（その年における登録期間が6月以上であるものに限る）を2頭以上保有していること
　ロ　その年の前年以前3年以内の各年のうちに、競走馬の保有に係る所得の金額が黒字の金額である年が1年以上あること

　また、近年の個人馬主においては、競馬賞金等の上昇等に伴い、多頭数の競走馬を保有するよりも、血統、馬格等のよい高資質馬をレベルの高い施設のなかで調教し、確実に出走させることにより収益を上げていくといった経済性を重視する傾向にあります。これにかんがみ、平成15年分所得税の確定申告から、「その年以前3年間の各年において競馬賞金等の収入があり、その3年間のうち、年間5回以上（2歳馬については年間3回以上）出走している競走馬を保有する年が1年以上ある場合」には、競走馬の保有に係る所得は、所得税法施行令第178条に規定する規模、収益の状況等に照らし、事業所得に該当するとしています（国税庁個人課税課長「競走馬の保有に係る所得の税務上の取扱いについて（通知）」課個5－5平成15年8月19日）。

　この取扱いにつき、日本中央競馬会、地方競馬全国協会及び都道府県等地方競馬主催者が、個人馬主ごとに、その保有する競走馬の出走回数及び競馬賞金収入の額等を記載した証明書類を作成・交付することとされており、個人馬主は、確定申告に際して、この証明書類を確定申告書に添付することとされています。

⑵ 競走馬の譲渡による損益

各種所得の金額の計算上生じた損失の金額がある場合には、他の各種所得の金額との損益通算をすることができます（所法69①）。

しかし、生活に通常必要でない資産に係る所得の金額の計算上生じた損失の金額は、原則として生じなかったものとみなされ、その損失は他の各種所得の金額との損益通算はできません（所法69②）。

生活に通常必要でない資産とは、主として個人の趣味や娯楽又は保養のために所有している資産をいい、競走馬は、その規模、収益の状況その他の事情に照らし事業と認められるものの用に供されるものを除き、生活に通常必要でない資産に該当します（所法62①、所令178）。

ただし、事業に至らない競争馬の譲渡に係る譲渡所得の金額の計算上生じた損失の金額は、競争馬の保有に係る雑所得の金額から控除することができます（所法69②、所令200②）。控除してもなお控除しきれないものは、生じなかったものとみなされます。

競走馬の保有に係る所得を雑所得として申告しているのであれば、競走馬の譲渡による損失は競走馬の保有に係る雑所得と損益通算することができます。

一方、競走馬の保有に係る所得を事業所得として申告しているのであれば、競走馬の譲渡による損失は、他の各種所得の金額との損益を通算をすることができます。

つまり、競走馬の譲渡による損失は、競走馬の保有に係る所得を事業所得として申告しているのであれば給与所得等他の各種所得と損益を通算することができ、一方、競走馬の保有に係る所得を雑所得として申告しているのであれば、競走馬の保有に係る雑所得の範囲内でしか損益を通算することができません。

448　第13章　上場会社オーナーのフロー面の検討

2 趣味嗜好品

高級ワインや書画、骨董、貴金属などの動産が、生活に通常必要な動産に該当するか否かにより、税務上の取扱いが異なります。

所得の分類			譲渡益課税	損益通算
生活用動産	生活に通常必要な動産	下記以外	非課税（所法9①九）	不可（所法9②一、33③）
		単価30万円超の貴金属、書画、骨董等	課税（所令25）	不可（所法69②、所令178）
	生活に通常必要でない資産（ゴルフ会員権等も含む）		課税	
営業用動産			課税	可

いずれにしても、生活用動産の譲渡による損失は、他の各種所得の金額との損益通算をすることはできません。

ただし、貴金属等の動産の譲渡による損失と他の譲渡所得とは、損益を通算することができます。譲渡所得内であれば損益の通算は可能です。

一方、譲渡益が非課税とされる生活に通常必要な動産の譲渡による損失は、資産の譲渡による収入金額がその資産の取得費等の金額に満たない場合におけるその不足額はないものとみなされることから（所法9②一）、他の譲渡所得と損益を通算することはできません。

なお、生活に通常必要でない資産かどうかの判定は、雑損控除の適用においても重要です。災害又は盗難もしくは横領によって資産について損失が生じた場合に、一定の金額の所得控除を受けることができるというのが雑損控除です。そのため、生活に通常必要でない資産について災害、盗難や横領による損失が生じたとしても、雑損控除の対象となりません（所法62①、72①、所令206）。

449

13-8 投資形態による課税の取扱い

事 例

　近年では、投資家の多様なニーズに応えるために、各種のスキームが考案されるなど、投資方法も非常に多様化しています。投資形態としては、匿名組合契約、任意組合、投資事業有限責任組合、リミテッド・パートナーシップ、合同会社（LLC）などです。

　上場会社オーナー甲は、投資に当たりどのような投資形態を採用すべきか迷っています。

解決策

　各種投資形態によって税務上の取扱いが異なるため、投資を検討するに当たっては、事前に税務上の検討をしておくことが肝要です。

1　匿名組合契約

(1)　課税の仕組み

　匿名組合契約とは、当事者の一方が相手方の営業のために出資をし、その営業から生ずる利益を分配することを約する契約であり、営業者は匿名組合員に対して利益を分配する義務を負います（商法535）。

　匿名組合契約に基づく匿名組合営業について生じた損益は、一義的には営業者に帰属します。しかし、匿名組合契約はその契約の特殊性から、税法上、匿名組合員に分配すべき損益は、営業者である法人又は個人の課税対象から除外されています（法基通1－1－1、14－1－3、所基通2－5、36・37共－21の2）。営業者は、匿名組合契約に基づく匿名組合営業について生じた損益につき、法人税又は所得税が課されることはありません。

450　第13章　上場会社オーナーのフロー面の検討

一方、匿名組合契約によって分配された匿名組合営業による損益は、各匿名組合員の損益として、法人税又は所得税の課税対象になります。

以上のように、匿名組合契約では、いわばパス・スルー課税が実現しているといえます。

(2)　個人匿名組合員の損益分配時の課税上の取扱い

匿名組合契約に基づき個人匿名組合員が営業者から受ける利益の分配は、原則として、雑所得となります（所基通36・37共－21本文）。これは、「匿名組合契約における匿名組合員は法制上組合財産の共有持分を有さないとする法的性質を有すること及び近年の匿名組合契約は、営業者が主導権を持って複数の匿名組合契約を締結し多くの匿名組合員から事業資金の出資を募る手段として用いられる出資・投資の対価という側面が強いこと」が理由として挙げられています（後藤昇・阿部輝男・北島一晃「所得税基本通達逐条解説」（財団法人大蔵財務協会、初版、平成21年））。

雑所得は、他の所得と損益通算できないことから、匿名組合契約により負担すべき損失が生じたとしても、他の所得と損益を通算することができません。

ただし、匿名組合員が匿名組合契約に基づいて営業者の営む事業に係る重要な業務執行の決定を行っているなど、組合事業を営業者とともに経営していると認められる場合には、匿名組合員が営業者から受ける利益の分配は、営業者の営業の内容に従い、事業所得又はその他の各種所得とされます（所基通36・37共－21ただし書）。

なお、所得税法第36条は、所得金額の計算の基礎となる収入金額又は総収入金額を収入すべき金額と規定しており、収入した金額とはしていません。現実の収入がなくとも、収入すべき金額が確定していれば、その金額は収入金額として認識します。

また、匿名組合契約に基づき営業者の営む事業に損失が生じた場合には、

その損失の分担額は課税上、個人匿名組合員が負担する損失の価額は各計算期間においていまだ確定していないため（匿名組合契約の終了時に確定する）、損失の分担額をその計算期間の各種所得の計算上必要経費に算入することはできません（国税庁「平成17年度税制改正及び有限責任事業組合契約に関する法律の施行に伴う任意組合等の組合事業に係る利益等の課税の取扱いについて」Ⅲ質疑応答問23）。

2 任意組合

(1) 課税の仕組み

任意組合は、各当事者が出資をして共同の事業を営むことを約する組合契約により成立する組合です（民法667①）。任意組合事業から生じる所得は、原則としてパス・スルー課税（構成員課税）です（法基通14－1－1、所基通36・37共－19）。

(2) 個人組合員の損益分配時の課税上の取扱い

各個人組合員の各種所得の金額の計算上、総収入金額又は必要経費に算入する利益の額又は損失の額は、次の①の方法により計算します。ただし、継続適用を条件として、②又は③の方法によることも認められています（法基通14－1－2、所基通36・37共－20）。

① 収入支出・資産負債分配方式（総額方式）

組合事業に係る収入金額、支出金額、資産、負債等を、その分配割合に応じて各組合員のこれらの金額として計算する方法です。

② 収入・費用分配方式（中間方式）

組合事業に係る収入金額、その収入金額に係る原価の額及び費用の額並びに損失の額をその分配割合に応じて各事業年度のこれらの金額として計算する方法です。この方法による場合には、各組合員は、組合事業に係る取引等

について、法人組合員は受取配当等の益金不算入、所得税額の控除等、個人組合員は非課税所得、配当控除、確定申告による源泉徴収税額の控除等に関する規定の適用はありますが、引当金の繰入れ、準備金の積立て等に関する規定の適用はありません。

③ 利益・損失分配方式（純額方式）

組合事業について計算される利益の額又は損失の額をその分配割合に応じて各組合員に分配又は負担させることとする方法です。この方法による場合には、各組合員は、組合事業に係る取引等について、法人組合員は受取配当等の益金不算入、所得税額の控除、引当金の繰入れ、準備金の積立て等、個人組合員は非課税所得、引当金、準備金、配当控除、確定申告による源泉徴収税額の控除等に関する規定の適用はありません。

各個人組合員に按分される利益の額又は損失の額は、組合事業の主たる事業の内容に従い、不動産所得、事業所得、山林所得又は雑所得のいずれか一の所得に係る収入金額又は必要経費となります。

つまり、純額方式による場合は、組合事業で株式や社債への投資に伴う配当金や社債利息があったとしても、個人組合員は配当所得や利子所得として所得を区分することはできません。

3 投資事業有限責任組合

(1) 課税の仕組み

投資事業有限責任組合とは、投資事業有限責任組合契約に関する法律（以下「ファンド法」という）に基づき組成された組合をいいます。

ファンド法は、事業者に対する投資事業を行うための組合契約であって、無限責任組合員と有限責任組合員との別を約するものに関する制度を確立することにより、事業者への円滑な資金供給を促進し、その健全な成長発展を図り、わが国の経済活力の向上に資することを目的として制定されています。

ファンド法は、民法上の任意組合に特則を設けたもので、任意組合に関する規定が各種準用されていますが、その目的から大きな違いもあります。一つ目は、投資事業有限責任組合は、その法律名のとおり、事業者への投資・融資を行うことを目的としなければならないという点です。有限責任事業組合（LLP）ともこの点で異なっています。二つ目は、無限責任組合員と有限責任組合員との別を約することができるという点です。任意組合は、一部の組合員を有限責任とすることは当事者間では有効ですが、善意の第三者に対抗することはできません。

　税務上は、任意組合と同様、投資事業有限責任組合においては課税されず、構成員である組合員が損益を取り込み課税されるパス・スルー課税（構成員課税）が実現されています。

(2)　損益分配時の課税上の取扱い

　損益分配時の課税上の取扱いは、任意組合と同様です。

　ところで、個人投資家が得た株式等の譲渡による所得が、事業所得もしくは雑所得に該当するか、又は譲渡所得に該当するかは、株式等の譲渡が営利を目的として継続的に行われているかどうかにより判定します（措通37の10－2）。

　ベンチャー投資等を行う投資組合は、組合存続期間にわたって、複数のベンチャー企業等に対して投資及びその回収を行っており、営利を目的として継続的に株式の譲渡を行っているものと考えられます。したがって、次のすべての要件が充足され、かつ、投資組合契約等に記載されている場合には、個人投資家がその投資組合を通じて得た株式等の譲渡に係る所得は、株式等の譲渡による雑所得又は株式等の譲渡による事業所得に該当します（国税庁・文書回答事例「投資事業有限責任組合及び民法上の任意組合を通じた株式等への投資に係る所得税の取扱いについて」）。

454　第13章　上場会社オーナーのフロー面の検討

①	株式等への投資を主たる目的事業としていること
②	各組合員において収益の区分把握が可能であること
③	民法上の任意組合が前提とする共同事業性が担保されていること
④	投資組合が営利目的で組成されていること
⑤	投資対象が単一銘柄に限定されていないこと
⑥	投資組合の存続期間がおおむね5年以上であること

なお、株式等の譲渡所得、株式等の譲渡による雑所得、株式等の譲渡による事業所得との所得区分による大きな違いは、次のとおりです。雑所得、事業所得のほうが必要経費の控除が多く認められています。

	譲渡所得	雑所得・事業所得
必要経費の範囲	取得費 譲渡に要する費用	取得費 譲渡に要する費用 販売費・一般管理費
特例	相続税の取得費加算特例（措法39） 保証債務履行の非課税（所法64②）	－

4　合同会社（日本版LLC）

(1)　課税の仕組み

合同会社は、法人格を有しており、事業体課税として合同会社に対して法人税が課されます。

(2)　損益分配時の課税上の取扱い

社員が合同会社から受ける剰余金の分配は、配当所得として区分されます（所法24）。

5　リミテッド・パートナーシップ（LPS）

(1)　課税の仕組み

　米国などで組成されている組織形態であるリミテッド・パートナーシップ（LPS：Limited Partnership）は、1名以上のジェネラル・パートナー（GP：General Partner）と、1名以上のリミテッド・パートナー（LP：Limited Partner）により構成されます。GPは、業務を執行し、かつ、無限責任を負うのに対し、LPは、業務を執行せず、出資額を限度として責任を負います。

　米国では、LPSに対する課税は、パス・スルー課税（構成員課税）とされています。

(2)　日本における米国LPSの取扱い

　LPSが日本の「私法上の法人」に該当するかどうか、またLPがLPSから受けた分配額の所得区分は従来から争いがありました。

　LPSの法人該当性について争われた二つの訴訟については、最高裁まで争われています。

　一つは、2015年7月17日に最高裁が米国デラウェア州法に基づき設立されたLPSについて、名古屋地裁、高裁では納税者の主張が認められ、本件LPSは日本の租税法上は法人に該当しないとされていた原判決を破棄し、本件LPSは法人に該当すると判断したものです。

　もう一つは、バミューダ諸島の法律に基づいて設立されたLPSについて、東京地裁、高裁で納税者の主張が認められ本件LPSは法人に該当しないとされていたケースについて国が上告受理申立てしていたのが、最高裁によって不受理決定されたものです。不受理では、最高裁の判断が示されたとはいえず、納税者の主張を是認したものとはいえません。少なくとも、LPSの所得区分について明確になったとはいえません。

　金融庁は、平成28年度税制改正要望に、「海外の組織体（パートナーシッ

プ等）を通じた投資の円滑化に資するための措置」を盛り込み、LPSのような日本に存在しない組織体を通じた投資にかかる課税上の取扱いの明確化に乗り出しています。

6 米国のLLC

(1) 課税の仕組み

米国のLLC（Limited Liability Company）は、米国の税務上、事業体ごとに、法人課税を受けるか、その出資者を納税主体とするパス・スルー課税（構成員課税）を受けるかの選択が認められています。

(2) 日本における米国のLLCの取扱い

米国各州が判定するLLC法（Limited Liability Company Act）に基づいて設立された米国のLLCは、次の理由などから、原則的には日本の私法上、外国法人に該当するものと考えられます（国税庁・質疑応答事例「米国LLCに係る税務上の取扱い」）。

---

① LLCは、商行為をなす目的で米国の各州のLLC法に準拠して設立された事業体であること
② 事業体の設立に伴いその商号等の登録（登記）等が行われること
③ 事業体自らが訴訟の当事者等になれるといった法的主体となることが認められていること
④ 統一LLC法においては、「LLCは構成員（member）と別個の法的主体（a legal entity）である」、「LLCは事業活動を行うための必要かつ十分な、個人と同等の権利能力を有する」と規定されていること

したがって、LLCが米国の税務上、法人課税又はパス・スルー課税のいず

457

れの選択を行ったかに関わらず、原則的には日本の税務上、外国法人として取り扱われます。

第14章

上場会社オーナーの海外取引

14-1 海外不動産の贈与

事 例

　上場会社オーナー甲は、従来から所有していた米国所在の不動産を子乙に贈与しました。甲と乙は、日本国籍を有しており、かつ、日本に住所を有しています。乙は日本で贈与税の申告をしています。この贈与につき顧問税理士に相談したところ、甲が米国で税金を納める必要があるといわれました。

　米国での贈与税申告の手続の概要を教えてください。その際、贈与した国外不動産はどのように評価すべきでしょうか。また、日米両国での二重課税の救済策はないのでしょうか。

解決策

　米国にある不動産を日本の居住者に贈与した場合、日本では受贈者に贈与税が課されます。一方、米国では、相続・贈与税の課税方式につき遺産課税方式を採用しているため、贈与者に贈与税（Gift tax）が課されます。日米における二重課税排除のため、日本における受贈者の贈与税申告の際に、日本の相続税法に基づき計算した贈与税額から贈与者が米国に納付した税額を控除することができます（相法21の8）。この贈与税額の控除を考慮すると、日本所在財産の贈与よりも米国所在財産の贈与のほうが、受贈者における実効税率が有利になることもあります。

　米国所在の不動産には、当然路線価又は倍率は付されていませんので、米国所在の不動産の贈与における評価に当たっては、不動産鑑定評価を米国の不動産鑑定業者に依頼するのが無難でしょう。

　本事例では、すでに乙が日本で贈与税の申告をしているため、米国で甲の贈与税の申告を行った後、日本において乙の贈与税の更正の請求を

460　第14章　上場会社オーナーの海外取引

行えば、甲が米国で課せられた贈与税額相当額の還付を受けることができます。

1 米国での贈与税申告の手続

(1) 贈与・相続に関する米国の税制の概要

米国の贈与税と相続税は、両税が連邦統一移転税の一環となっています。つまり、遺産税（相続税）の計算上、過去に贈与した財産の価額の合計を遺産金額に合算した金額を課税標準として税額を計算し、計算した税額から、過去に納付した贈与税額を控除して最終的な遺産税額を求めます。贈与税や遺産税の計算においては、2税共通の税率が適用されます。

〈日米資産税の比較表〉

		米国	日本
Gift tax 贈与税	納税者	贈与者	受贈者
	申告期限	翌年4月15日	翌年3月15日
	最高税率	40％	55％
	非課税枠	非居住者　　　　：2014年年間　 \$14,000 居住者・市民：2014年年間　 \$14,000 ただし、生涯非課税贈与枠\$5,340,000 まで非課税	年間110万円
	課税範囲	非居住者　　　　：米国有形資産 居住者・市民：全世界資産	本章473ページ図表参照
Estate（遺産）tax 相続税	納税者	被相続人（遺産財団の管理人）	相続人
	申告期限	9カ月	10カ月
	最高税率	40％	55％
	非課税枠	非居住者　　　　：　　 \$60,000 居住者・市民：\$5,340,000	3,000万円＋法定相続人×600万円

461

	課税範囲	非居住者　　：米国有形資産 居住者・市民：全世界資産	本章473ページ 図表参照

(2) 贈与税の納税義務者の確認

　米国の贈与税の納税義務者は贈与者です。ただし、贈与者が米国市民でも米国居住者でもない場合には、米国所在財産（無形財産は除く）を贈与した場合にのみ納税義務者になります。

　甲は日本国籍を有しており日本に住所を有しているため、米国市民でも米国居住者でもありません。ただし、米国所在の不動産を贈与したため、甲は米国での贈与税の納税義務者となります（内国歳入法（＝InternalRevenue Code：IRC）Sec.2501(a)）。

(3) 不動産の評価

　贈与した不動産の評価は、贈与した時点における時価（Fair Market Value）で行います。

　本事例では、現地の複数の不動産鑑定業者から鑑定書を入手し、その評価額の平均に基づくことにし、鑑定結果の平均評価額は500千ドルでした。

(4) 申告書の提出

　米国市民でも米国居住者でもなく、かつ米国の社会保障番号（Social Security Number：SSN）も取得していない者が米国で納税するためには、個人納税者番号が必要です。

　納税者番号の申請書（Application for IRS Individual Taxpayer Identification：Form W－7）に最初に提出する申告書を添付し、ITIN（Individual Taxpayer Identification Number）UNITに送付します。2012年6月以降、ITINの申請には、パスポートの原本の送付が必要になりました。ITINを申請する場合には、ITIN発行に4～6週間程度かかるため、時間に余裕を持っ

462　第14章　上場会社オーナーの海外取引

た申告準備が肝要です。

なお、Form W－7は、内国歳入庁（Internal Revenue Service：IRS）の
ホームページ（http://www.irs.gov）からダウンロードして入手することが
できます。

〈米国での税額〉

計算項目	金　額	計算過程
贈与財産の価額	$500,000	
年間非課税枠	$14,000	インフレ調整が加えられる
課税標準	$486,000	※1
贈与税額	$151,040	※2（速算表より）

※1　課税標準＝贈与財産の価額－年間非課税枠
　　　　　　＝$500,000－$14,000
　　　　　　＝$486,000
※2　贈与税額＝（課税標準－Column A）×Column D＋Column C
　　　　　　＝（$486,000－$250,000）×34％＋$70,800
　　　　　　＝$151,040

〈米国連邦贈与税の速算表〉

Column A	Column B	Column C	Column D
Taxable amount over （以上）	Taxable amount not over （未満）	Tax on amount in Column A 〔Column Aの額に対する税額〕	Rate of tax on excess over amount in Column A 〔Column Aを超える額に対する税率〕
－	$10,000	－	18％
$10,000	$20,000	$1,800	20％

463

Column A	Column B	Column C	Column D
$20,000	$40,000	$3,800	22%
$40,000	$60,000	$8,200	24%
$60,000	$80,000	$13,000	26%
$80,000	$100,000	$18,200	28%
$100,000	$150,000	$23,800	30%
$150,000	$250,000	$38,800	32%
$250,000	$500,000	$70,800	34%
$500,000	$750,000	$155,800	37%
$750,000	$1,000,000	$248,300	39%
$1,000,000	－	$345,800	40%

(2014 Instruction for Form 709)

2 日本の税法

(1) 納税義務者の確認

贈与により財産を取得した個人でその財産を取得したときにおいて日本に住所を有する者（相法1の4一）は、その者が贈与により取得した財産の全部に対し、贈与税が課されます（相法2の2①）。

本事例では、乙は日本に住所を有していますので、米国所在財産の贈与であっても、贈与を受けた乙に贈与税が課されます。

(2) 不動産の評価

国外にある財産の価額についても、財産評価基本通達に定める評価方法により評価するのが原則です（評基通5－2本文）。なお、財産評価基本通達

の定めによって評価することができない財産については、財産評価基本通達に定める評価方法に準じて、又は売買実例価額、精通者意見価格等を参酌して評価します（評基通5－2なお書）。

日本での宅地の評価は、路線価方式又は倍率方式で行いますが（評基通11）、米国所在の不動産には当然路線価又は倍率は付されていないため、精通者意見価格等の情報の入手が必要です。

本事例では、現地の複数の不動産鑑定業者から鑑定書を入手し、その評価額の平均に基づくことにしました。

(3) 外貨建資産評価の換算

国外にある財産の邦貨換算は、納税義務者の取引金融機関が公表する課税時期における最終の対顧客直物電信買相場（Telegraphic Transfer Buying：TTB）によるのが原則です（評基通4－3）。

本事例では、鑑定結果の平均評価額500千ドルに贈与日のTTB110円／ドルを乗じた55,000千円で邦貨換算しました。

(4) 外国税額の控除額、控除額の換算

贈与により外国にある財産を取得し、その財産について外国で贈与税に相当する税が課せられたときに、受贈者が日本において納付すべき贈与税額は、日本の贈与税の計算により算出した額からその外国で課せられた税額を控除した全額です（相法21の8）。

この外国税額控除の要件は、贈与財産について外国において贈与税が課せられたことが要件であり、その課税対象者が誰なのかは問われていません。国外において贈与者に課せられた贈与税に相当する税であっても、日本における受贈者に対する贈与税額の計算上、控除することができます。つまり、甲が米国に納税した贈与税額は、乙が日本で贈与税の申告をする際に贈与税額から控除できます。

なお、控除税額の対象となる外国税額は、納付すべき日における電信売相場（Telegraphic Transfer Selling：TTS）により邦貨に換算した金額によります（相基通21の8−1、20の2−1）。ただし、送金が著しく遅延して行われる場合を除き、国内から送金する日の対顧客直物電信売相場によることもできます。

〈日本での納税額〉

計算項目	金　額	計算過程
贈与財産の価額	55,000千円	$500,000×110円／＄（贈与日時点）
基礎控除	1,100千円	
課税標準	53,900千円	※1　（千円未満切捨て）
贈与税額	23,245千円	※2　（速算表より）
外国税額控除	15,104千円	$151,040×100円／＄（米国納税時点）
納付贈与税額	8,141千円	※3

※1　基礎控除後の課税価格＝贈与財産の価額−基礎控除
　　　　　　　　　　　　　＝55,000千円−1,100千円
　　　　　　　　　　　　　＝53,900千円
※2　贈与税額＝基礎控除後の課税価格×税率−控除額
　　　　　　　＝53,900千円×55％−6,400千円
　　　　　　　＝23,245千円
※3　納付贈与税額＝贈与税額−外国税額控除
　　　　　　　　　＝23,245千円−15,104千円
　　　　　　　　　＝8,141千円

〈日本の贈与税（暦年課税）の速算表〉
一般税率：特例税率適用以外

基礎控除後の課税価格	税　率	控除額
200万円以下	10％	−
300万円以下	15％	10万円

466　第14章　上場会社オーナーの海外取引

400万円以下	20%	25万円
600万円以下	30%	65万円
1,000万円以下	40%	125万円
1,500万円以下	45%	175万円
3,000万円以下	50%	250万円
3,000万円超	55%	400万円

特例税率：直系尊属からその年の１月１日で20歳以上の直系卑属へ贈与

基礎控除後の課税価格	税　率	控除額
200万円以下	10%	－
400万円以下	15%	10万円
600万円以下	20%	30万円
1,000万円以下	30%	90万円
1,500万円以下	40%	190万円
3,000万円以下	45%	265万円
4,500万円以下	50%	415万円
4,500万円超	55%	640万円

(5)　外国税額の還付手続

　本事例では、すでに乙が日本で贈与税の申告をしているため、甲の米国への贈与税の申告後、日本において、乙の贈与税の更正の請求の手続により甲が米国で課せられた贈与税額相当額の還付を行いました（通則法23①）。

　乙の贈与税の更正の請求には、米国の申告書、IRSの収受印のある小切手の写し及び為替レートに関する資料を添付しました。

　甲が米国で課せられた贈与税額相当額15,104千円が、乙に還付されました。

467

3 日米財産の贈与における実効税率の比較

米国所在財産を日本の居住者間で贈与する場合と、国内財産を日本の居住者間で贈与する場合とで、移転財産額に対する実効税率を比較してみます。

(1) 米国所在財産を日本の居住者間で贈与する場合

① 甲から乙への移転財産額＝不動産＋還付税額

$$= 55,000千円 + 15,104千円$$

$$= 70,104千円$$

② 甲と乙の合計税額＝15,104千円＋（23,245千円－15,104千円）

$$= 23,245千円$$

③ 実効税率＝②/①＝33.15％

(2) 国内財産を日本の居住者間で贈与する場合

一方、今回のケースにおける移転財産額と同額の国内財産を贈与する場合の実効税率は次のとおりです。

計算項目	金　額	計算過程
贈与財産の価額	70,104千円	－
基礎控除	1,100千円	－
課税標準	69,004千円	千円未満切捨て
贈与税額	31,552千円	速算表より

468　第14章　上場会社オーナーの海外取引

① 甲から乙への移転財産額＝70,104千円

② 乙の税額＝31,552千円

③ 実効税率＝②／①＝45.00％

　米国所在財産を日本の居住者間で贈与すれば、贈与税の負担の一部を贈与者がすることになり、実効税率を低く抑えた資産の移転が可能です。

4　受贈者の資金負担額の比較

　乙からみて、米国所在財産の贈与を受ける場合と、日本所在財産の贈与を受ける場合における資金負担額を比較すると、次のとおりです。

		米国所在財産	日本所在財産
受贈資産	不動産	55,000千円	55,000千円
	現預金	－	15,104千円
還付税額		15,104千円	－
移転財産合計		70,104千円	70,104千円
贈与税		23,245千円	31,552千円
乙の資金負担額		▲8,141千円	▲16,448千円

　日本所在財産の贈与を受ける場合に、乙の資金負担額が、本事例と同額となるようにするためには、還付税額の２倍以上の現預金を贈与する必要があります。

		米国所在財産	日本所在財産
受贈資産	不動産	55,000千円	55,000千円
	現預金	−	33,564千円
還付税額		15,104千円	−
移転資産合計		70,104千円	88,564千円
贈与税		23,245千円	41,705千円
乙の資金負担額		▲8,141千円	▲8,141千円

14-2 受贈者の海外移住による贈与

事例

　甲は、東証１部上場会社Ａ社の創業社長です。今年度の定時株主総会をもって代表取締役社長を辞任し、Ａ社の経営から身を引きました。

　甲が保有していたＡ社株式の大部分はすでに換金済みであり、その代金を日本の証券会社のMRF口座（証券総合口座）に預け入れています。

　甲には、米国に在住し現地企業に勤務する長男乙がいます。乙は５年前に米国永住権（グリーンカード）を取得しましたが、国籍は日本国籍のままです。

　甲はMRF口座に預け入れている資金を乙に承継させたいと考えています。ただし、MRF口座に預け入れている資金をそのまま乙に贈与すると、乙に日本の贈与税の納税義務が多額に生じてしまいます。

解決策

　財産の所在の変更、種類の変更をします。具体的には、MRF口座に預け入れている資金を米国所在の無形資産とします。

　次に、贈与当事者の居住地等の変更をします。具体的には、①乙が米国市民権を取得して日本国籍を放棄し、甲も海外で住所を持つか、②甲、乙ともに５年超日本国外に居住します。そのうえで、甲から乙へ贈与を実行すると、日本の贈与税は課されません。

　ただし、居住地等の変更は、贈与当事者の生活スタイルに大きく影響を及ぼしますので、慎重な検討が必要です。

471

1 贈与税の納税義務者と課税対象

⑴ 日本における贈与税の納税義務者と課税対象

日本の贈与税は、受贈者が納税義務者となります。

贈与税の納税義務者と課税財産の範囲は、次のとおりです（相基通1の3・1の4共－3）。

	定義（相法1の4）	課税財産の範囲（相法2の2）
居住無制限納税義務者	贈与により財産を取得した個人で、その財産を取得した時において、日本に住所を有する者	その者が贈与により取得した財産の全部
非居住無制限納税義務者	贈与により財産を取得した時において、日本に住所を有しない個人で、次に掲げる者 ・受贈者等又は贈与者等が贈与の日前5年以内に国内に住所を有したことがある日本国籍を有する者 ・受贈者が日本国籍を有しておらず、贈与者が日本に住所を有している者	
制限納税義務者	贈与により日本にある財産を取得した個人で、その財産を取得した時において、日本に住所を有しない者（②に該当する者を除く）	その者が贈与により取得した財産で日本にあるもの

472　第14章　上場会社オーナーの海外取引

〈相続税・贈与税の納税義務者の範囲の概要〉

相続人・受遺者 受贈者　　　　被相続人 贈与者	国内に 住所あり	国内に住所なし		
		日本国籍あり		日本国籍 なし
		国外居住 5年以下	国外居住 5年超	
国内に住所あり	居住無制限 納税義務者 (国内財産・国 外財産ともに 課税)	非居住無制限納税義務者 (国内財産・国外財産ともに課税)		
国内に住所なし　国外居住 5年以下				
国外居住 5年超			制限納税義務者 (国内財産のみ課税)	

(2) 米国における贈与税の納税義務者と課税対象

一方、米国の贈与税（Gift Tax）は、贈与者が納税義務者となります。

イ　納税義務者（贈与者）が米国市民又は税法上の居住者であれば、贈
　　与した財産すべてが課税対象（IRC：Sec.2501(a)）

ロ　納税義務者（贈与者）が米国市民又は税法上の居住者でなければ、
　　贈与した財産のうち米国所在財産のみが課税対象

　また、贈与者が米国非居住者で、かつ米国市民でない者（nonresident not a citizen of the United States）である場合には、無形資産は贈与税の課税対象にはなりません。無形資産とは、株式、社債、国債、地方債、貸付金債権、特許権等をいいます。

　なお、財産の所在が米国内か否かの判定基準は、次のとおりです（遺産、相続及び贈与に対する租税に関する二重課税の回避及び脱税の防止のための日本国とアメリカ合衆国との間の条約3）。

財産の種類	財産の所在の判定基準
株式	発行法人の設立地
債権（含む債券、預金）	債務者が居住する場所
特許権	登録されている場所（登録されていない場合には、それらが行使される場所）

2 財産の所在の変更、種類の変更

財産の所在の変更、種類の変更をします。

具体的には、MRF口座に預け入れている資金を米国所在の無形資産とします。日本の証券会社のMRF口座を解約して、米国債、米国企業株式などを購入することにより、日本所在の財産を米国所在の無形資産とすることができます。

3 贈与当事者の居住地等の変更

(1) 乙を贈与税の制限納税義務者に該当するようにするには

受贈者が日本に住所を有していないものの日本国籍を有する場合には、受贈者又は贈与者が、その贈与前5年以内のいずれかの時に日本に住所を有していたことがある場合には、受贈者は、非居住無制限納税義務者に該当し、たとえ贈与財産が国外財産であっても、受贈者に日本の贈与税が課されます。

本事例では、乙は日本の非居住無制限納税義務者に該当します。乙が日本の贈与税の非居住無制限納税義務者に該当しないようにするには、次のいずれかの方法が考えられます。

ロ　受贈者が米国市民権を取得し、日本国籍を放棄したうえで、贈与者
　　　及び受遺者が日本の住所を有していない場合
ロ　贈与者、受贈者ともに5年超日本国外に居住する

(2)　具体的な手続
①　受贈者が米国市民権を取得し、日本国籍を放棄する

　日本人が米国市民権（米国籍）を取得するには、米国永住権（グリーンカード）を取得してから5年経過後（結婚による米国永住権取得は3年経過後）、米国市民権の取得のための申請を行います。

　米国永住権は、日本国籍のままで米国に永続的に居住することができる権利です。米国永住権を取得すると、選挙権を除いて米国市民と同様の権利が与えられます。また、米国永住権取得後5年以上経過すると、米国市民権の取得も可能です。米国永住権を取得するには、次の方法があります。

a　米国籍を持つ家族のスポンサーによる方法
b　自己の才能による方法
c　就労ビザや駐在ビザによる方法
d　米国企業への投資による方法
e　抽選永住権プログラムによる方法

　一方、米国市民権は米国籍を意味します。米国は二重国籍を認めていますが、日本では国籍法により二重国籍を認めていません（国籍法11①）。

　日本人が米国市民権を取得すると、日本国籍を放棄しなければならず、日本国籍を自動的に喪失することになります。そのため、米国市民権の取得については相当の覚悟が必要です。

475

② 受贈者、贈与者ともに5年超日本国外に居住する

受贈者である乙はすでに米国に居住しています。

受贈者である乙に日本の贈与税の非居住無制限納税義務者に該当しなくなるのは、贈与者である甲が日本を離れ日本以外の国で5年超居住した場合です。

ただし、甲が居住する国は日本と米国以外の国である必要があります。甲が米国に居住するのであれば、贈与した財産が無形資産であっても米国の贈与税（Gift Tax）の課税対象となってしまうことに留意すべきです。無形資産が贈与税の非課税となるのは、贈与者が米国非居住者で、かつ米国市民でない者（nonresident not a citizen of the United States）である場合に限られるからです。

また、米国と同様に、贈与者がその国の居住者であれば、国内外を問わず贈与財産のすべてが贈与税の課税財産の対象となる制度を採用している国では、日本を離れ日本以外の国で5年間超居住したとしても、結局その国で贈与税が課されてしまうことから、まったく意味がありません。

税負担のない財産移転が可能になるのは、親の世代から日本国外に居住している場合や、子が日本国籍を放棄して親子ともに日本国外に住所を有している場合など、きわめて限られたケースのみです。

コラム

強化される各国との徴収共助体制
～見つかる・見つからないの議論なし～

　海外資産が日本の税務当局に見つかるはずがないと考えている上場会社オーナーなども多くいます。言葉の壁、距離の壁、文化の壁により、海外資産の調査を日本の税務当局が行うことは難しいと考えていることが背景にあるようです。しかし、これは今では遠い昔の話となりました。

　ある日、顔を青くして相談にこられた資産家がいました。家族も知らないニューヨークの証券口座に関して、日本の税務署から自宅に電話があり、このNY口座に係る所得申告がない、と指摘を受けたからです。

　現在、日本の国税庁は海外の国税庁と自動情報交換と称して、非居住者の財産情報を数十万の単位で双方向に交換しています。また、「徴収共助」による各国税務行政機関の協力体制は年々強くなっています。秘匿性で有名であったスイスの銀行も、海外支店において脱税に関与したとして巨額の賠償金を外国国税庁に支払ったり、海外からの調査に対して顧客の情報開示に応じています。つまり、見つかるとか、見つからないとかの議論は、もうありません。

　最近では、日本においても、国外財産を報告する制度に懲役刑という重い罰則が導入されました。

14-3 海外不動産の取得

事例

　上場会社オーナー甲の長男乙は、米国の現地法人に勤務しています。乙には資力がほとんどなく、居住用不動産を自己資金で購入することはできず、賃貸マンションに居住しています。乙は独立心が強く、できるだけ甲に負担をかけたくないと考えています。また、甲も、乙が自立し生計を別にすることを望んでいます。

　甲には他に二男丙と長女丁の二人の子がいます。丙と丁の気持ちも考慮し、乙、丙、丁の間で、甲の資金援助に差をつけたくないと甲は考えています。

　とはいえ、乙がこのまま賃貸マンションに居住し、賃貸料として外部に資金が流出してしまうのは無駄だと考えています。

解決策

　甲が、米国の居住用不動産を購入し、甲が乙に賃貸することにしました。乙がこのまま賃貸マンションに居住し、賃貸料として外部に資金を流出させるよりも、甲が米国の不動産を購入して、乙に賃貸し乙から賃貸料を徴収するほうが有利であると考えました。

　家賃は、IRS（米国内国歳入庁）の税務調査も配慮し、専門家の意見も取り入れた公正な価格を設定しました。

　これにより、甲の資産の分散投資、資産運用利回りの向上にも成功しました。

　ただし、甲が高齢である場合には、甲の逝去時には、裁判が関与する相続手続（Probate）等、海外特有の煩雑さが生じます。その場合には、甲個人で購入せずに、共有名義で購入する等、相続手続を見据えた検討

478　第14章　上場会社オーナーの海外取引

が必要です。

1 不動産の特定及び売買契約

　米国では、中古不動産を売買する際、売却希望者は購入希望者に対して、不動産物件に関する資料をディスクローズすることが義務づけられています。ディスクローズされた資料をよくチェックし、建物の傷み具合、備品の整備状況等を十分に吟味する必要があります。

　また、米国の不動産は、市場価値が安定している地域もあります。不動産市場の動向など、信頼のおける不動産仲介業者、又は現地弁護士に調査を依頼することが肝要です。

2 中古物件の税法上の耐用年数

⑴ 日本における税法上の耐用年数

　国ごとに税制は異なり、税法上の耐用年数も、各国でそれぞれ定められています。日本における中古資産の耐用年数は、合理的に見積もった耐用年数によります。耐用年数を合理的に見積もることが困難な場合には、次の簡便な方法により計算した年数を耐用年数とすることができます。

経過年数	年　数
法定耐用年数の「全部」を経過	法定耐用年数×20％
法定耐用年数の「一部」を経過	（法定耐用年数－経過年数）＋経過年数×20％ ※　計算した年数に1年未満の端数があるときは、その端数を切り捨てた年数 ※　計算した年数が2年に満たないときは、2年

479

たとえば、中古の木造住宅（法定耐用年数22年、経過年数は法定耐用年数の全部を経過）の簡便法により計算した耐用年数は、「22年×20％＝4年」となります。

(2) 米国における税法上の耐用年数

米国では、中古物件・新築物件、鉄筋・木造にかかわらず、住宅用不動産の耐用年数は一律27.5年、償却方法は定額法と定められています。

土地と建物の割合は、2：8あるいは3：7といわれています。取得価額のうち償却対象となる建物の割合が大きいため、減価償却費を多く計上できるというタックス上のメリットがあります。

3 不動産賃貸料の設定における課税上の問題

甲から乙に不動産を賃貸するに当たって、賃貸料を設定しなければなりません。

日本では、親と子など、特殊の関係がある者相互間で近隣相場と比べ著しく低い賃貸料を設定した場合には、賃借人が近隣相場と実際の賃貸料の差額による利益を、賃貸人から贈与により取得したとみなされてしまう可能性があります（相法9）。ただし、享受する利益の額が少額である場合又は課税上弊害がないと認められる場合には、無償で土地、家屋の貸与があったとしても贈与とは取り扱われません（相基通9－10ただし書）。

米国では、家族間の賃貸借について賃料設定の厳格性が求められるため、不動産仲介業者などの意見を勘案した適正な賃料を設定する必要があります。

4 米国での不動産所得の申告

海外に不動産を所有し、その不動産から不動産所得が発生している場合に

は、原則として不動産所在地で課税されます（OECDモデル租税条約6）。

米国の不動産を賃貸している本事例も例外ではなく、米国で不動産所得を申告しなければなりません（日米租税条約6）。

米国の所得の申告は、4月15日が提出期限です。最終的な所得の有無にかかわらず、所得の申告をする義務があります。

米国の所得税の負担を考えて、ローンを組んで不動産購入を考える富裕層もいます。米国では、借入金の支払利息の全額が不動産賃貸事業の費用として認識されます。受領する賃貸料に対して固定資産税、減価償却費などの経費を差し引いて所得の計算を行いますが、ローンを利用して支払利息を発生させることにより、米国での所得が発生しないようにしているようです。

なお、日本では、不動産所得が赤字のときは、土地等の購入のための借入金利子の額が損益通算できない制限があります（措法41の4）。

5　日本における不動産所得の申告における外国税額控除

(1)　不動産の賃貸及び売却時の外国税額控除

不動産の賃貸及び売却により生じた所得につき他国で申告課税されている場合もしくは不動産の賃貸及び売却に係る税金を他国で源泉徴収されている場合であっても、日本において、不動産の賃貸及び売却について所得税の確定申告をしなければなりません。他国でも課税され、日本でも課税されることになりますが、国外所得について他国へ納付した税額がある場合には、一定の金額を限度として、その他国で納付した税額を日本における所得税額から差し引くことができるという制度があります（所法95①）。

これを外国税額控除といいます。外国税額控除は、日本と他国における二重課税を防止する目的で定められた制度です。

外国税額控除には控除限度額が設けられており、納付した外国税額の全額が必ずしも控除されるとは限りません。控除限度額は、次の算式によって計

481

算した額です（所法95①、所令222）。

$$
\text{その年分の所得税の額} \times \frac{\text{その年分の国外所得総額}}{\text{その年分の所得総額}}
$$

　また、上記控除限度額よりも納付した外国税額のほうが大きい場合には、復興特別所得税の額の控除限度額の範囲まで、控除することができます。

$$
\text{その年分の復興特別所得税の額} \times \frac{\text{その年分の国外所得総額}}{\text{その年分の所得総額}}
$$

　前述したとおり、固定資産の減価償却費の計算は、日本と米国で異なります。日本では、中古資産の税法上の耐用年数につき比較的短い年数を適用できることから、当初減価償却費を多く計上できることがあります。このため、米国における不動産所得につき、米国での申告における所得は黒字で所得税が生じていたとしても、日本での申告計算における所得が赤字となることもあり得ます。この場合には「その年分の国外所得金額」がないため控除限度額はゼロとなり、日本での所得税申告において、米国に納付した税額を控除することはできません。外国税額控除の控除限度額を超えて控除できない金額は、その金額を翌年以降に3年間にわたって繰り越すことができます（所法95②）。

　なお、不動産所得から発生する外国税額は、外国税額控除の適用を受けず、選択により必要経費に算入することも可能です（所法46）。外国税額につき、外国税額控除を適用するか、必要経費算入するかを毎年検討する必要があります（所基通46－1）。

(2)　不動産の売却時の外国税額控除の落とし穴

　留意すべきは、不動産の売却時における外国税額控除です。外国税額控除は、外国所得税を納付することとなる日の属する年分において適用します。

ただし、外国所得税を実際に納付した日の属する年分において適用することも認められます（所基通95−3）。

　いわゆる予定納付又は見積納付等をした外国所得税の額、外国所得税の額を納付することとなる日又は実際に納付した日の属する年分において適用しますが、確定申告又は賦課決定等があった日の属する年分において適用することもできます。

　納付することとなる日とは、申告、賦課決定等の手続により、外国所得税について具体的にその納付すべき租税債権が確定した日をいいます（苫米地邦男編「回答事例による所得税質疑応答集」（平成18年版）1023頁）。

　外国税額控除の対象となる外国税額は、その年に具体的にその納付すべき租税債権が確定した額です。

　たとえば、X1年中に米国所在の不動産を売却し、X2年にその売却に関する納税申告書を米国に提出し、税額を納付した場合を考えてみます。

　日本におけるX1年分の所得税の確定申告（X2年3月15日に申告期限が到来する所得税確定申告）では、この納付した外国税額はその年（X1年）に具体的にその納付すべき租税債権が確定した額でないため外国税額控除の対象とはならず、X2年分の所得税の確定申告（X3年3月15日に申告期限が到来する所得税確定申告）で外国税額控除を行うことになります。

　しかし、米国の不動産を売却することにより、不動産の賃貸収入による国外所得総額がなくなってしまうため、X2年の国外所得総額はゼロひいては控除限度額はゼロとなり、外国税額控除が利用できなくなってしまう可能性があります。

　米国所在の不動産を売却するに当たっては、キャピタルゲインが大きく10％の源泉徴収税額では足りない場合や、売却価額が30万ドル以下であり源泉徴収がされないなど、十分な源泉徴収がされていない場合には、売却年中に米国でいわゆる予定納付をする必要があります。

　さらに、売却年の翌年2月中に米国で納税申告書の提出を行い、米国での

納付すべき租税債権を確定させた後、日本での所得税確定申告で、実際に納付した日の属する年分において外国税額控除を行うことが肝要です（所基通95－3、95－4）。

6　米国非居住者の賃貸収入及び売却時の課税

(1)　賃貸収入の課税方法

米国非居住者の米国内に所在する不動産から得る賃貸収入に係る米国連邦税の課税は、①源泉徴収方式、②純賃貸収入方式のいずれかの方法を選択することができます。

①　源泉徴収方式

源泉徴収方式は、賃借人が賃貸人に家賃を支払う際に30％の税率により源泉徴収（Tax Withholding）を行い、賃借人がその徴収税額をIRSに納付する方式です。賃借人にとっては手続が煩雑であり、賃貸人にとっても純賃貸収入方式を選択するより税額が多くなるとのデメリットがあります。

なお、源泉徴収方式が適用されるのは、米国連邦税だけであり、不動産が所在する州税は、純賃貸収入方式により申告する必要があります。

②　純賃貸収入方式

純賃貸収入方式は、賃貸人が確定申告を行い、税金をIRSに納付する方式です。賃貸収入金額から、減価償却費、固定資産税や管理費等の必要経費を控除して、純賃貸収入を算出し、その金額に対して累進税率（個人：10～35％）を乗じることにより納税額を計算します。

純賃貸収入方式を適用するには、賃貸開始の年の申告書に、純賃貸収入方式を選択する旨の意思表示を明記した文書を添付する必要があり、その後も毎年継続して申告書を提出しなければなりません。この手続を失念すると、自動的に源泉徴収方式が適用されます。

源泉徴収方式よりも純賃貸収入方式を選択するほうが税法上有利な場合が

ほとんどであるため、一般的には純賃貸収入方式が選択されています。

　注意すべきは、純賃貸収入方式を選択した場合には、純賃貸収入が結果として赤字となり税金が発生しなくても、赤字分は、無期限で繰越しが可能であるため、申告書の提出が必要となることです。

　米国の不動産は、経年減価が少ない傾向があるため、譲渡益が生じる可能性が高いです。そのため、無期限で繰り越される赤字は有効に活用することができます。

(2)　売却時の源泉徴収

　米国非居住者が米国内に所在する不動産を売却する場合には、原則として、購入者は支払代金の10％の源泉徴収を行い、IRSへ納付しなければなりません。譲渡者は、Form8288-A（源泉徴収票）を受領します。

　ただし、次のどちらの要件も満たせば、この源泉徴収の対象にはなりません。

---

①　売却価額が$300,000以下であること
②　購入者が自己の居住用として取得したものであること

　譲渡者に売却損が生じる場合であっても、原則として源泉徴収がされます。譲渡者が、源泉徴収された税額の還付を受けるには、Form8288-A（源泉徴収票）を添付して確定申告書を提出します。

14-4 グリーンカード保持者の課税

事　例

　上場会社A社のオーナー甲は、A社の株式を60％保有しており、A社の代表取締役社長に就任しています。A社から役員報酬と剰余金の配当を受け取っています。

　甲は、日本で住民登録をしていますが、米国のグリーンカード（米国永住権）を保有しており、プライベートで年間100日ほど米国に滞在しています。米国ではグリーンカード保持者は米国居住者となるため、連邦所得税の申告を行わなければなりません。

　一方、日本でも日本の居住者と認定されるため日本の所得税の申告も必要と顧問税理士から聞かされています。いったいどちらで所得税を申告すればよいのか困っています。

解決策

　上場会社オーナーのなかには、海外を忙しく飛び回る人も多く、1年の半数以上を外国で過ごすという人も珍しくありません。なかには、米国のグリーンカードを保有している人もいます。グリーンカードを保有しているということは、米国永住権を保有しているということです。米国市民と同様に何の制限も受けることなく、米国内に居住し、就職し、所得を得ながら生活をしていくことが永久的に可能です。

　しかし、グリーンカードを保持していると、日米で思わぬ課税を受けることもあるため、注意する必要があります。場合によっては、グリーンカードの放棄を検討する必要があります。ただし、グリーンカードを放棄する場合、米国で課税が生じる場合もありますので、慎重に判断しなければなりません。

486　第14章　上場会社オーナーの海外取引

まず、日米両国の税法上、甲が各国で居住者に該当するか否かを確認します。両国において居住者と認定される場合に、最終的に、どちらの国の居住者となるかは、日米租税条約により判定します。

条約の適用に関する移民法弁護士との慎重な協議をおすすめします。

1 居住者の判定

(1) 日本及び米国における居住者判定

日本の所得税法上、居住者は、「国内に住所を有し、又は現在まで引き続いて1年以上居所を有する個人」と定めています（所法2①三）。

ここでいう「住所」とは、住民登録の有無にかかわらず、生活の本拠をいい（所基通2－1）、住所が国内にあるかどうかについては、国籍、配偶者その他親族の状況、職業や資産の有無といった客観的事実によって判定します（所令14、15）。

甲は、日本の上場会社の代表取締役に就任しており、また、居所も日本に有することから、日本居住者と判定される可能性がきわめて高いといえます。

一方、グリーンカード保持者は、米国連邦所得税法上、米国を離れ日本に住んでいても、米国の居住者であり続けます。米国居住者であれば、原則的には全世界所得が課税対象となり、米国での所得がなくても日本で収入があれば、IRS（米国国歳入庁）への報告が必要です。

(2) 双方居住者の居住者判定

甲は日米両国の居住者となる双方居住者（Dual Resident）と判定されます。

日米租税条約では、双方居住者に該当する場合の居住者判定の優先順位を、次のように定め、双方居住者に該当する場合には、租税条約の規定により、一方の締約国の居住者とみなされる個人は、この条約の適用上、当該一方の締約国のみの居住者とみなすとしています（日米租税条約4③）。

487

3 双方の締約国の居住者に該当する個人（2の規定の対象となる合衆国の市民又は外国人である個人を除く）については、次のとおりその地位を決定する。

(a) 当該個人は、その使用する恒久的住居が所在する締約国の居住者とみなす。その使用する恒久的住居を双方の締約国内に有する場合には、当該個人は、その人的及び経済的関係がより密接な締約国（重要な利害関係の中心がある締約国）の居住者とみなす

(b) その重要な利害関係の中心がある締約国を決定することができない場合又はその使用する恒久的住居をいずれの締約国内にも有しない場合には、当該個人は、その有する常用の住居が所在する締約国の居住者とみなす

(c) その常用の住居を双方の締約国内に有する場合又はこれをいずれの締約国内にも有しない場合には、当該個人は、当該個人が国民である締約国の居住者とみなす

(d) 当該個人が双方の締約国の国民である場合又はいずれの締約国の国民でもない場合には、両締約国の権限のある当局は、合意により当該事案を解決する

　日本国に恒久的住居があり、米国に恒久的住居がないのであれば、この双方居住者の解決条項により、日本国では居住者、米国では非居住者となります。

　ただし、双方居住者が、IRSに対して日米租税条約の適用により米国における非居住者であることを主張するには、IRSへのForm1040NR（米国非居住者個人所得税申告書（U.S. Nonresident Alien Income Tax Return））の提出があった場合に限られています。Form1040NRにForm8833（（租税条約による恩典を適用する場合の情報開示のための様式）（Treaty-Based Return

Position Disclosure)）を添付してIRSに提出し、米国源泉所得のみを申告します。二重居住者の解消のため、日本居住者、米国非居住者のポジションをとる条件として、IRSの申告書上で「恒久的住居は日本にあって米国にはない」旨の陳述をしなければなりません。

　ここで、再入国許可証（リエントリー・パーミット）を持っているかどうかが大きなポイントになります。米国外に12カ月以上滞在する予定の人は、米国を離れる前に再入国許可証を申請するのが原則です。

　再入国許可証の申請をせずに米国を出国し、米国外に12カ月以上滞在している場合は、米国永住者としての資格を失っている可能性があります。再入国許可証を持っておらず、Form1040NRに「恒久的住居が米国にない」との内容を記載したForm8833を添付してIRSに提出した場合、仮に空港の入国審査の際に、在米日数の不足から移民官の疑念を呼び、過去３年分の米国非居住者個人所得税申告書の提示を求められてそれに応じて見せた場合、その記述が原因で永住権を剥奪されるということが起こり得ます。

　再入国許可証を持っている場合には、こうしたことは起こりません。米国に住んでいないため、米国に恒久的住居はないことになります。ただし、期限は２年、よほどの事情がなければ再入国期限を延ばすことはできません。

　なお、日米租税条約には、日米双方の居住者となる個人のうち、米国の市民又は永住権を認められた外国人（いわゆるグリーンカード保持者）についての振分け規定があります（日米租税条約４②）。

　2　合衆国の市民又は合衆国の法令に基づいて合衆国における永住を適法に認められた外国人（いわゆるグリーンカード保有者）である個人は、次の(a)から(c)までに掲げる要件を満たす場合に限り、合衆国の居住者とされる。

　(a)　当該個人が、日本国の居住者に該当する者でないこと

　(b)　当該個人が、合衆国内に実質的に所在し、又は恒久的住居もしく

489

は常用の住居を有すること

　(c)　当該個人が、日本国と合衆国以外の国との間の二重課税の回避の
　　　ための条約又は協定の適用上当該合衆国以外の国の居住者とされる
　　　者でないこと

　日米租税条約の第4条②は、日米租税条約第4条①により日本国の居住者
に該当すれば、それだけで米国居住者ではなくなると解釈できます。したがっ
て、日本に永住する意思が強固で一時的に米国に滞在するだけという場合に
は、合法的に米国非居住者の地位を確保できるようになるものと思われます。

　もっとも、移民法弁護士等においては、それでもなお懐疑的で、米国非居
住者個人所得税申告書を移民官に開示した場合には、永住権の剥奪につなが
るのでは、という意見もあります。

　日米租税条約の適用に関しては、然るべき専門家との慎重な協議を事前に
行っておくことが肝要です。

(3)　ステータスによる各種課税

　租税条約による居住者の判定を行った結果、適用される各種所得に対する
課税は、次のとおりです。

	日本居住者 米国非居住者		日本非居住者 米国居住者	
申告の要否	両国で申告が必要		米国のみ申告が必要	
国	日本	米国	日本	米国

所得の種類					
	A社給与	給与所得（総合課税）	Form1040NR に Form8833 を添付して提出。アメリカ合衆国源泉所得のみを申告	20.42％の源泉分離課税（所法164②二、212①、213①、日米租税条約14）	総所得に算入され累進課税。外国税額控除
	A社配当	配当所得（総合課税）（大口株主：措法8の4①一）		10%※の源泉分離課税（所法164②二、212①、213①、日米租税条約10）	

※　復興特別所得税も含め課税上限は10%（持株割合10%以上は5％、50%超は免税）

2　日本における課税が軽減されている項目について

(1)　日本における課税が軽減されている項目

　日本では課税が軽減されている所得であっても、米国では課税が軽減されていない所得があります。米国居住者と判定されると、日本居住者と判定されるのに比べて、税務上不利になってしまうケースがあり注意が必要です。

①　退職金

　日本では、退職所得と給与所得とは区分され、退職所得は課税が軽減されています。

　一方、米国では、退職所得といえども給与所得と同様に課税され、累進税率の適用を受けます。

②　適格ストックオプション

　日本では、税制適格ストックオプションと税制非適格ストックオプションに分類され、税制適格ストックオプションであれば、権利行使時に課税がなされず、権利行使により取得した株式を譲渡するまで課税が繰り延べられます。株式の譲渡時に、株式の譲渡価額と行使価額との差額が、給与所得では

なく、株式の譲渡所得として低率で課税されます。

　一方、米国では、インセンティブ・ストックオプション（Incentive Stock Option）と非適格ストックオプション（Nonqualified Stock Option）に分類されます。インセンティブ・ストックオプションは、権利行使により取得した株式の譲渡時にキャピタルゲインとして低率で課税されます。

　非適格ストックオプションは、権利行使時にオプション付与時の株式の市場価格と行使価額との差額が普通所得（Ordinary income）として課税されます。権利行使により取得した株式の譲渡時に、株式の譲渡価額とオプション付与時の市場価格の差額がキャピタルゲインとして低率で課税されます。

　なお、日米租税条約上の取扱いですが、日米租税条約議定書第10項では、ストックオプションの付与から行使までの期間に関連するものは「給与所得に類する報酬」として日米租税条約第14条を適用するとしています。

　さらに、付与時から行使時までの課税権を勤務期間に応じて両締結国間で配分することを規定しています。被用者が次の要件をすべて満たす場合には、二重課税を回避するため、ストックオプションの行使時にその被用者が居住者とならない締結国は、その利益のうち被用者が締結国内において行った勤務期間中において、そのストックオプションの付与から行使までの間に関連する部分についてのみ、課税権を行使することができるとしています。

　イ　その勤務に関して当該ストックオプションを付与されたこと

　ロ　当該ストックオプションの付与から行使までの期間中両締約国内において勤務を行ったこと

　ハ　当該行使の日において勤務を行っていること

　ニ　両締約国の法令に基づき両締約国において当該利益について租税を課されることになること

---

③ 年金

日本では、公的年金等は雑所得に区分され、収入額から公的年金等控除額を控除したうえで、他の所得と合算されます。退職金と同様、経済力が減退する老後の生計手段とするための給付である年金という所得の性質から、税負担軽減の措置が講じられています。

一方、米国では、米国居住者が日本から受ける年金の課税は、2004年までは非適格年金制度からの分配として非課税扱いとすることが可能でしたが、2004年12月の税制改正により課税強化が図られ、外国年金の給付は全面的に課税対象とされています。

(2) グリーンカードの放棄

2008年6月17日、永住権放棄者・国籍離脱者に対する新しい制度が創設されています。

新制度施行以前は、過去15年間のうち8年以上グリーンカードを保有しており、一定の金額以上の所得又は資産を有している場合には、グリーンカードを放棄してから10年間は、米国にForm8854の提出義務を課すという制度でした。10年間のうち、年間30日以上米国に滞在すると、米国居住者として取り扱われ、全世界の所得を申告しなければなりませんでしたが、米国の滞在期間を計画的に調整することで申告納税義務を回避することが可能でした。また、グリーンカードを放棄するタイミングで課税されるものではありませんでした。

しかし、新制度においては、長期にグリーンカードを保有していた者がグリーンカードを放棄する場合には、原則として放棄の前日に世界のすべての所有財産を時価で売却したものとみなして（Mark-to-Market）課税されることになりました（IRC：Sec.877A.）。旧制度と同様、過去15年間のうち8年以上グリーンカードを保有している人が、検討の対象です。次のいずれかに該当したら、$690,000（2015年）を超える含み益についてはみなし譲渡益

493

であるとして課税されます。

> イ　過去5年間の所得税の平均が$160,000（2015年）を超えている。なお、指標となる所得税の金額はインフレ調整を加えるため毎年改定されること
> ロ　純資産額が$2,000,000以上であること
> ハ　過去5年間において適正な所得税の申告をしていない年があること

　この税制の問題点は、実際に売却することのない資産であっても課税されるため、納税資金を確保できない可能性があることです。

　さらに、米国市民や米国居住者がグリーンカード放棄者から贈与・遺贈を受けたときには、受贈者が税金を支払うことになりました。米国では贈与者が納税義務者になるのが原則ですが、日本と同様に受益者が納税義務を負うことになります。一定の控除額を差し引いた額に対して遺産税で定められる最も高いレート（40%）で課税されます。

　永住権を放棄する場合に、思わぬ課税が生じる可能性があるため、十分に留意しておく必要があります。

コラム

海外での法人設立
～税負担は激減しない～

　海外の法人を活用すると税金が激減するという話は、いまだにあちこちで聞きます。

　典型的な事例では、タックスヘイブンなどの国で会社を作って資産を運用すると税金がかからないと信じている人たちです。実際には、そのほとんどが脱税行為で、税務当局に見つかっていないだけなのです。それではと、タックスヘイブン税制を避けるために、法人税率20％以上の国で会社を作れば節税できると助言するコンサルタントがいますが、形式的な法人税率テーブルが20％以上であっても、実際の租税負担割合は20％未満になってトラブルといったケースもあります。

　そもそも、日本の法人税率は段階的に下がっており、実効税率は国際的にも高くない水準ですから、海外に会社を作ってもコスト倒れになるケースが多くなりました。また、海外法人を信頼してまかせた人間に、資産を詐取された事件も少なくありません。

14-5 海外預金利子

事 例

　日本は、ゼロ金利が解除されたとはいえ、世界的にみるとまだまだ大幅な低金利です。銀行預金の利子をとっても、日本の銀行と米国の銀行とでは大きな開きがあります。

　上場会社オーナー甲は、米国内の銀行に口座を開設しています。海外の預金について、税務上留意すべき点があれば教えてください。

解決策

　最も多い誤りは、米国非居住者は、米国内の預金利子が非課税であることから、日本においても申告が不要と考え、申告漏れが生じてしまうケースです。

　日本国内の預金の利子所得は、15％の所得税と0.315％の復興特別所得税、5％の住民税を源泉徴収され課税は終了し確定申告の必要がないことから、米国内の預金利子も日本において申告が不要と考えてしまうことから生じる誤りです。

　日本国内での税務上の取扱いは、日本居住者は全世界所得課税、つまり、世界中で生じた所得について申告する義務がありますので、確定申告の際には申告漏れがないよう十分な注意が必要です。

1　米国での取扱い

(1)　居住者

　米国居住者が有する銀行預金の利子は、米国の所得税の対象となります。金融機関は、預金者に支払った利子所得（Interest Income）について社会

保障番号（ソーシャル・セキュリティー・ナンバー：Social Security Number（SSN））ごとにForm1099INTを預金者に発行し、同時に、IRS（内国歳入庁）へ報告する義務が金融機関に課されています。

　一方で、預金者は、納税申告の際にForm1099INTに記載されている利子の額を、課税所得に含めて申告します。

　IRSでは、金融機関からの報告内容と、納税者からの申告内容との照合により、申告漏れがないか否かを確認しています。

(2)　非居住者

　米国非居住者が米国の国内に開設した銀行口座から生じる利子は、非課税です。ただし、非課税の取扱いを受けるには、口座を開設する際に、非居住者であることを明らかにするための届出書（Form W-8BEN（米国源泉徴収のための受益者の外国人としての証明書：Certificate of Foreign Status of Beneficial Owner for US Tax Withholding））に必要事項を記載し、署名のうえ、金融機関に提出しなければなりません。

　金融機関は、預金者が非居住者であれば、Form1099INTによる預金利子についてのIRSへの報告義務が免除されます。

(3)　居住者が非居住者となった場合

　米国居住者であった者が非居住者になる場合に留意すべきなのは、口座名義人の資格を居住者から非居住者へ変更する旨の届出書（Form W-8BEN）を銀行に提出することです。Form W-8BENの提出により、以後の金融機関のForm1099INTの発行はなくなり、同時にこの者の利子所得についての米国における申告義務がなくなります。

　この手続を行わずに、非居住者だから非課税であることを根拠に米国での納税申告を行わないとすると、金融機関がForm1099INTを発行しているにもかかわらず、納税者は申告をしていないとの状態になります。

497

IRSでは、金融機関からの報告内容と納税者からの申告内容との照合により申告漏れがないかどうかに目を光らせているため、IRSから突然申告命令の催促状が送付され、ペナルティを課されることがあるかもしれません。

2 日本での取扱い

(1) 居住者

日本の居住者は、米国の銀行預金から生じた利子も含めた全世界所得が課税対象です。

日本国内の銀行預金利子は、源泉分離課税により20.315％の税金（所得税15％、復興特別所得税0.315％、住民税5％）により課税関係が終了し、確定申告義務はありません。

一方、米国内の預金利子など国外所在の金融機関で利子を直接受け取る場合は、その利子所得は総合課税の対象となり、他の給与所得、事業所得、不動産所得などと合算して確定申告しなければなりません（所法22①②一、120①）。他の所得が一定額以上ある場合には、累進税率により、源泉分離課税の税率よりも高い税率が適用されてしまいます。上場会社オーナーは通常実効税率が高いため、外国の銀行預金利子に対しても高い税率で課税されてしまいます。

なお、米国では、米国外の金融機関の口座を利用した租税回避を防止するため、外国口座税務コンプライアンス法、通称FATCA（Foreign Account Tax Compliance Act）が導入されています。米国は、米国外金融機関に、米国歳入庁（IRS）に対する顧客口座の報告義務を課しています。もし、報告しない場合には、米国は対象の金融機関が保有する米国債券や株式等のキャピタルゲインについて懲罰課税を課すことができます。

日本の金融機関でも、米国市民や米国居住者等、米国の納税義務者であるかどうかの確認が必要です。金融機関は、もし顧客が米国で生まれで米国籍

498　第14章　上場会社オーナーの海外取引

を保有していたり、米国赴任中である等の場合には、IRSに口座情報等の報告をする義務を負っています。

(2) 非居住者

利子所得は、利子の支払者の所在地で課税されるのが原則です。つまり、日本国内の銀行が支払う利子は日本で課税され、米国の銀行が支払う利子は米国で課税されます。

また、居住者は自分の居住地において全世界所得を申告するのが原則です。日本非居住者は、日本国において、米国内の銀行預金利子を申告する必要はありません。

日本 米国	居住者	非居住者
居住者	米国及び日本で申告	米国のみで申告
非居住者	日本で申告	日本でも米国でも課税なし

14-6 海外投資の留意点

事 例

　上場会社オーナー甲は、より効率のよい収益機会を求めて、海外での投資を積極的に行っています。多額の資金を海外現地の一任勘定を利用し運用する形式にしていました。現地の一任勘定はファンドマネージャーが直接運用しており、投資対象は、株、債券、投資信託など多岐にわたっています。

　海外への投資を行う際の留意事項を教えてください。

解決策

　海外への投資を行う際に留意すべきなのは、法人を通して投資の形式をとることです。

　直接個人投資をする場合には、投資先によって相続時の名義変更等に手間がかかる場合が多いため共有名義にしておく等の準備が必要です。

1 直接投資のデメリット

日本の金融商品の税制は、損益通算できる項目が限られています。

　債券等の利息は利子所得、株式や投資信託からの配当・分配金は配当所得、外貨預金換算による為替差益は雑所得として区分されます。

　平成28年１月１日以後、譲渡損益については、株式は上場と非上場に分類され、公社債等は、特定公社債と一般公社債に分類されました。すなわち、公社債の譲渡益を原則非課税とする取扱い、公社債の償還差益を総合課税の雑所得とする取扱いは平成27年をもって廃止となりました。特定公社債等の譲渡・償還については、上場株式等に係る譲渡所得等として20.315％（所得

500　第14章　上場会社オーナーの海外取引

税＋復興特別所得税＋住民税）の申告分離課税に、特定公社債等の利子等は、上場株式等に係る配当所得等として20.315％（所得税＋復興特別所得税＋住民税）の申告分離課税とされています。

また、上場株式と特定公社債の損益通算や非上場株式と一般公社債の損益通算は可能ですが、それ以外の組合せで損益通算はできません。

海外投資では、外貨預金から有価証券等を購入した場合など意図しない所得として為替差損益が生じます。為替差損益は、雑所得に区分され有価証券に関して生じる損益と通算することはできません。さらに、為替差損は、他の雑所得としか内部通算できないという雑所得の特異性があります。

このように、個人の所得区分の違いにより、損益通算ができないものがあり、投資に失敗し、投資元本よりも大幅に少ない金額となったにもかかわらず、税金面でも痛手を被る結果となることもあり得ます。

投資対象	収益の種類	所得区分
外貨預金	利　息	利子所得
	為替差損益	利息に関する部分は利子所得、その他の部分は雑所得
株　式	配　当	配当所得
	譲渡損益	株式等の譲渡所得（分離課税－他の所得との損益通算は不可）
債　券	利　息	利子所得
	譲渡損益	原則、非課税

2　海外投資の運用方法

海外投資には、次の方法を利用することが肝要です。

① 直接投資ではなく、間接投資を利用する

現地法人（日本法人でも可）を利用し、実際の投資を行う法人に株式等による出資を行います。実際の投資を行う法人から投資する先は様々であったとしても、その法人からの配当は配当所得としてのみ計上され、また、株式等を譲渡した際には、株式等の譲渡所得とすることができます。

② 私募の投資信託により運用を行う

投資信託から投資する先は様々であったとしても、投資信託であるため、投資信託からの分配金は配当所得としてのみ計上され、また、投資信託を譲渡解約した際には、配当所得や譲渡所得として計上することができます。

3 海外の名義変更手続

相続によって相続人が財産を取得するとき、米国やシンガポール、カナダなどでは、原則として裁判所の管理のもと、相続手続を実施する弁護士等を任命し、その弁護士等が財産や債務、相続人の確定や必要な納税等の手続を行い、最後に残った財産を相続人などに配分します。この検認裁判の手続は、プロベイトと呼ばれています。

プロベイトでは、通常、日本では行われない手続が要求されることがあります。そのため、専門家費用だけでなく、年単位で時間がかかるケースもあります。また、語学力をはじめ、法律や税制が異なるため、かなりの高度なコミュニケーション能力が求められることになり、とても煩雑な手続になることが多いのも事実です。相続人のことを考え、プロベイトを回避するための事前の準備を行っておくことは、大切な相続対策といえます。

したがって、海外に財産を所有しているような場合には、所有財産が所在する国においてプロベイトを要するか否かを確認しておくことが重要です。そのうえで、プロベイトに係るおそれがあれば、プロベイトを回避する（行わなくても済む）ための対応策を生前のうちに行っておくことが望ましく、

次のような手続が考えられます。

①　合有形態にしておく

財産の所有形態を受取権を付した合有形態にしておき、所有者の1人が死亡した場合に、他の者に権利を帰属させます。なお、日本においては、形式的に対象者の財産を合有形態にした際に贈与があったと認定されることも考えられますので、実質的な所有者を明確にしておくなど、日本の税務対策も必要です。

②　生前信託を作成する

委託者がいつでも変更、修正することが可能な取消可能信託（Revocable living trust）を作成します。遺言ではプロベイトは回避できませんが、信託によれば回避が可能となります。

14-7 海外資産の税務調査

> 事　例
>
> 　甲氏は、今まで日本の預金で資産保全を図ってきましたが、日本のインフレリスクを憂慮し、海外資産へのシフトを検討しています。
>
> 　海外資産を保有していることで、税務調査において留意すべきことはありますか。

解決策

　従来から、海外取引は重点的な税務調査項目とされています。

　資金の流れを明瞭にし、申告の根拠は説明できるよう資料を保存しておくことが肝要です。

1　富裕層への税務調査

　課税当局は、従来から富裕層や国際化への対応を税務調査の重点項目としてきました。

　特に、超富裕層は重点調査項目になっており、東京、大阪、名古屋国税局では富裕層プロジェクトチームが組成され情報収集をしています。この富裕層プロジェクトチームを全国的な取り組みにすべく、全国の納税者を次の基準により超富裕層に区分し、重点的に調査対象とするような方針が定まってきたようです。

形式基準	見込保有資産総額が特に大きい者（金融資産５億円超）
実質基準	形式基準に該当しない者のうち、一定規模以上の資産を保有し、かつ国際な租税回避行為その他富裕層固有の問題が想定され、特に指定する必要があると認められる者

504　第14章　上場会社オーナーの海外取引

さらに、この形式基準又は実質基準に該当する富裕層は、①すぐに調査の着手が必要な者、②継続的な注視が必要な者、③経過観察が相当とみられる者に区分されます。

2 海外資産調査

上場会社オーナーは、資金運用として、海外口座あるいは海外で資産を保有していることがあります。上場会社オーナーの死亡した後になっては、海外口座等の存在が明らかにならないこともままあり、税務調査で多額の海外資産の申告漏れを指摘されるケースもよくみられます。

「相続税の調査事績（平成25事務年度分）」における海外資産関連事案については、753件の実地調査を実施した結果、申告漏れ等の非違件数は124件（国内資産に係る非違も含めると580件）、申告漏れ課税価格は163億円、申告漏れ1件当たりでみると1.3億円であったと報告しています。

〈海外資産関連事案に係る調査事績の推移〉

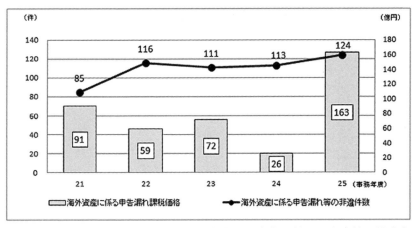

出典：国税庁「平成25事務年度分 海外資産関連事案に係る調査事績の推移」

上場会社オーナーが、海外口座等を保有している場合は、相続開始に当たって次の事項に留意する必要があります。

① 海外の証券会社等の金融機関から、被相続人の相続開始時点の残高明細を入手するに当たっては、日本国内にある金融機関から残高明細を入手するよりも時間、労力、コストがかかる場合がある
② 被相続人の海外口座の有無、海外での資産保有の有無が不明である場合、海外への送金及び海外からの入金の内容を追跡する等の手続が必要となる

3　国外財産調書制度

平成24年税制改正において、居住者の国外財産を把握する仕組みとして国外財産調書制度が導入されています。

	概　要
提出義務者	日本の居住者（非永住者を除く）で、12月31日時点の国外財産の価額が合計5,000万円超の個人
提出期限	翌年3月15日まで
記載内容	国外財産の詳細（財産を特定できる情報、金額等）
優遇・罰則	・調書自体を、故意に虚偽の内容で提出した場合又は正当な理由なく期限内に提出しなかった場合には、1年以下の懲役又は50万円以下の罰金 ・調書を提出期限内に提出した場合には、調書に記載がある国外財産に関し、所得税・相続税の申告漏れが生じてもその国外財産に係る過少申告加算税等を5％軽減 ・調書を提出期限内に提出しなかった場合又は調書に記載がないもしくは不十分な場合には、所得税の申告漏れが生じた時にその国外財産に係る過少申告加算税等を5％加重

記載する財産の価額は「時価」又は「見積価額」とされています。ただし、上場株式でもない限り、時価を入手するのは困難なことが多いため、実務上は見積価額が広く用いられると想定されます。この見積価額の算出方法も、次のように財産の区分ごとに定められています。ただし、財産評価基本通達に基づく評価も認められます。

	見積価額
土　地	・固定資産税に相当する税の課税標準額 ・取得価額をもとに、統計指標等を用いて価額変動を合理的に反映させる方法 ・翌年調書提出までに譲渡した時の価額
建　物	・土地と同様の方法 ・減価償却後残高
有価証券 （非上場）	・売買実例のうち適正と認められるもの ・上記がない場合、翌年調書提出までに譲渡した時の価額 ・どちらもない場合、取得価格

なお、外貨建て資産の換算方法は、12月31日以前の年内最終相場における取引金融機関の対顧客直物電信買相場（TTB）で換算します。

国内・国外の判定は財産の区分ごとに判定方法が定められています。以下、いくつか例を挙げます。

	所在地の判定方法
預貯金	その預金等の受入れをした営業所又は本店もしくは主たる事務所の所在
売掛金 貸付金	債務者の住所又は本店もしくは主たる事務所の所在
保険契約に 関する権利	保険会社の本店又は主たる事務所（国内に本店又は主たる事務所はないが、契約事務を行う営業所等がある場合はその営業所等）の所在

507

株 式 社 債	発行法人の本店又は主たる事務所の所在 ※　ただし金融商品取引業者の口座で管理されているものは 　　金融商品取引業者の本店又は主たる事務所の所在

　外貨預金であっても、国内の金融機関に預け入れている預金であれば、国内財産となります。外国の債券や株式、外国籍の投資信託等については、相続税法上は国外財産になりますが、国外財産調書制度下では、国内の金融機関の口座で管理している有価証券は、国内財産となります。

　制度導入初年度の平成25年分の調書の提出件数はわずか5,539件でしたが、翌年は前年比約5割増加の8,184件となっています。資産保全・運用の国際化がさらに拡大し、調書制度が浸透していくに伴い、提出件数は増加傾向をたどることと考えられます。また、国外財産としては、流動性の高い有価証券・預貯金の金融資産がほとんどを占めております。

〈国外財産調書の提出件数等〉

	総提出件数（件）				総財産額（億）			
	平成25年		平成26年		平成25年		平成26年	
東京局	3,755	67.8%	5,382	65.8%	20,989	83.5%	23,501	75.4%
大阪局	638	11.5%	1,054	12.9%	1,793	7.1%	3,637	11.7%
名古屋局	457	8.3%	632	7.7%	931	3.7%	1,648	5.3%
その他	689	12.4%	1,116	13.6%	1,429	5.7%	2,364	7.6%
合計※	5,539	100.0%	8,184	100.0%	25,142	100.0%	31,150	100.0%

財産の種類	平成25年		平成26年	
	総額（億）	構成比	総額（億）	構成比
有価証券	15,603	62.1%	16,845	54.1%
預貯金	3,770	15.0%	5,401	17.3%

財産の種類	平成25年		平成26年	
	総額（億）	構成比	総額（億）	構成比
建　物	1,852	7.4%	2,841	9.1%
土　地	821	3.3%	1,164	3.7%
貸付金	699	2.8%	1,068	3.4%
上記以外の財産	2,396	9.5%	3,831	12.4%
合　計※	25,142	100.0%	31,150	100.0%

※　各々の種類で四捨五入しているため、合計が一致しない場合がある
出典：国税庁「国外財産調書の提出状況について」（平成25年分・26年分）

4　国外転出時課税制度

　以前は、日本の株式を保有している者が、居住地を香港やシンガポールなどのキャピタルゲイン非課税国に居住地を移転した後に、株式を売却することで、日本でも出国先の国でもキャピタルゲインに課税されませんでした。そのため、一部の富裕層の節税対策として海外移住を実行するケースがありました。これを封じるため、平成27年度税制改正で、「国外転出をする場合の譲渡所得等の特例」及び「贈与等により非居住者に資産が移転した場合の譲渡所得等の特例」が創設され、平成27年7月1日から施行されています。

　具体的には、平成27年7月1日以後に1億円以上の有価証券等を所有し国外に転出する場合には、その資産の含み益に所得税及び復興特別所得税が課されます。また、国外に居住する親族等へ有価証券等を贈与や遺贈した場合や、国外居住の相続人等が有価証券等の相続を受けた場合にも、贈与者や被相続人等が譲渡等をしたものとみなして資産の含み益に課税します。

　国外転出時課税の対象となる者は、所得税の確定申告の手続を行う必要があります。また、担税力がないことから、一定の場合には納税猶予制度や税

額軽減の措置を受けることができます。内容をまとめると次のとおりです。

	内　容
対象者	次の①②のいずれにも該当する者が対象 ①　国外転出の時に所有等している対象資産の価額の合計額が1億円以上であること ②　国外転出の日前10年以内において、国内在住期間が5年を超えていること
対象資産	・有価証券等（株式（未公開株式を含む）、投資信託、公社債、匿名組合契約の出資持分） ・未決済信用取引等（未決済の信用取引、未決済の発行日取引） ・未決済デリバティブ取引
転出時	次のいずれかに該当する時が対象 ①　対象者が国外転出をする時 ②　対象者が国外に居住する親族等（非居住者）へ対象資産の一部又は全部を贈与する時 ③　対象者が亡くなり、相続又は遺贈により国外に居住する相続人又は受遺者が対象資産の一部又は全部を取得する時
収入金額とみなす額	国外転出時に確定申告書を提出する場合には、国外転出時の次の①②の合計額。国外転出前に確定申告書を提出する場合には、国外転出予定日から起算して3カ月前の日の次の①②の合計額 ①　有価証券の価額に相当する金額 ②　未決済取引を決済したものとみなして算出した損益の額に相当する額
納税猶予制度	・国外転出の時までに「納税管理人の届出書」を提出し、納付税額相当の担保を提供する等の一定の要件を満たす者は、国外転出の日から5年を経過する日まで納税が猶予される。「延長の届出書」を提出することでさらに最長5年の延長が認められる ・実際に譲渡や決済をしたり非居住者に贈与等をし、納税猶予期限が確定した場合には、法定申告期限の翌日から納税猶予期限までの期間について利子税がかかる

〈国外転出時課税制度の納付についてのフローチャート〉

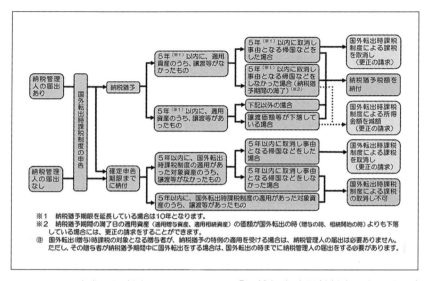

出典:国税庁　パンフレット「国外転出時課税制度のあらまし」

5　財産債務調書制度

　平成27年税制改正において、所得税・相続税の申告の適正性を確保する観点から、一定額以上の所得及び財産がある者について、保有する財産及び債務に係る調書の提出を求める制度が導入されています。

	概　要
提出義務者	次の①②の条件のどちらも満たしている者 ①　総所得金額及び山林所得金額の合計額が2,000万円を超える ②　その年の12月31日において、3億円以上の財産又は1億円以上の国外転出時課税の対象財産（上記4.「対象資産」参照）を有する
提出期限	翌年3月15日まで

511

記載内容	財産の詳細（財産を特定できる情報、金額等）
優遇・罰則	・調書を提出期限内に提出した場合には、調書に記載がある財産債務に関し、所得税・相続税の申告漏れが生じても過少申告加算税等を5％軽減 ・調書を提出期限内に提出しなかった場合又は調書に記載がないもしくは不十分な場合には、所得税の申告漏れが生じた時に過少申告加算税等を5％加重

6 その他の制度

(1) 情報交換制度

　国税庁では、租税条約等に基づき外国税務当局と積極的な情報交換をしています。情報交換には、「要請に基づく情報交換」「自発的情報交換」「自動的情報交換」の3類型があります。また、国際的には自国の金融機関から非居住者が保有する金融口座の残高や、利子配当等の年間受取金額の情報を提供しあうことについてG20で承認を受け、各国情報共有に取り組む方向です。

制　度	内　容	平成26年事務年度件数	
		日本への情報提供	外国への情報提供
要請に基づく情報交換	個別の調査において国内で入手する情報だけでは事実関係を解明できない場合に情報の提供を要請する	526	125
自発的情報交換	自国の調査の際に入手した情報で外国税務当局によって有益と認められる情報を自発的に提供する	1,258	317

512　第14章　上場会社オーナーの海外取引

自動的情報交換	法定調書から把握した非居住者等への支払等に関する情報を受領国の税務当局へ一括して送付する	約132,000	約137,000

(2) 調書制度

　所得税及び内国税の適正な課税の確保を図るための国外送金等に係る調書の提出等に関する法律により、一定の取引については、税務署に調書を提出しています。また、平成27年度税制改正で、平成28年以降に支払う特定公社債の利子等や償還金についても提出範囲が拡大しています。

　なお、特定口座の源泉徴収選択口座で受領する譲渡等の対価や利子・配当等については、支払調書ではなく特定口座の年間取引報告書が金融機関より税務署に提出されます。

　100万円超の国外送金及び国内送金について、翌月末日までに金融機関から税務署へ調書が提出されます。国外で運用していた多額の資金を日本に還流するような際には、国外財産調書や所得税等、過去に適正な申告をしていたか再度確認し、必要に応じて修正申告の提出納税を済ませることが肝要です。調書が提出される取引をまとめると次のとおりです。

取引内容	金額基準
為替取引	100万円超の国外送受金
上場株式等配当	すべて
未公開株式等の配当	年10万円超
株式等の譲渡の対価	すべて
特定公社債等の利子	すべて
一般公社債等の利子	個人は提出なし
公社債の譲渡（償還金）の対価	すべて

7 非居住者の居住地の実質判定

(1) 税務調査による申告漏れの指摘

　居住者・非居住者の判定をめぐり、税務調査により申告漏れを指摘される案件が増加しています。

　上場会社オーナー甲は、数年かけて従業員らに譲渡した自社株の売却益を申告していなかったとして、約30億円の申告漏れを税務調査により指摘されました。甲は、居住者判定について海外に居住しているとし、日本では個人所得税の税務申告をしていませんでした。国税当局は、実質的に日本に居住の実態があったと認定しました。

　また、世界的なベストセラーの邦訳をした翻訳家の乙は、税務調査により、3年間で約35億円の申告漏れを指摘されました。乙は、乙が代表を務めている日本国内の出版社A社から個人事業として翻訳料を受け取っていました。日本の非居住者としての国内源泉所得にあたる翻訳料の源泉徴収税額は、A社が源泉徴収して納税していました。乙は、海外の永住許可を取得した年から日本では個人所得税の税務申告をしていませんでした。国税庁は、実質的

514　第14章　上場会社オーナーの海外取引

に日本に居住実態があったと認定し、非居住者ではなく居住者であるとしました。

　贈与税においては、上場会社の前会長の長男が平成11年に前会長から海外の会社経由で贈与を受けた株式につき、個人としては過去最高となる1,600億円の申告漏れを指摘されたケースがあります。これは、平成10年に前会長夫妻が保有していた上場会社の株式を前会長夫妻が出資するオランダ法人に譲渡し、翌年、このオランダ法人の株式の90％を香港に住む長男に贈与したことというものです。

　平成11年当時の税法では、贈与による財産の取得のときにおいて日本以外の国に住所を有する個人は、その取得した財産が日本国内に係る場合に限ってその財産が贈与税の課税の対象となると規定していました。つまり、海外に居住している者が、国内財産を贈与により取得したときは贈与税が課されますが、海外財産を贈与により取得したときは贈与税が課されませんでした。長男は当時香港に居住しており、かつ、オランダ法人の株式を贈与されたため、この贈与につき申告を行わず納税もしていませんでした。しかし、国税当局は、長男の海外への移住は明らかに相続税・贈与税対策であり、生活の本拠は日本にあると認定したのです。

　なお、その後の平成12年度税制改正において、この制限納税義務者に関する相続税法の改正が行われています。贈与により日本国内にある財産を取得した個人で、その財産を取得したときにおいて日本国内に住所を有しない者のうち、日本国籍を有する者（その者又は当該贈与に係る贈与者が当該贈与前5年以内において日本国内に住所を有したことがある場合に限られる）は、贈与税を納める義務があるものとすることとされました（相法1の4①二イ）。つまり、日本国籍を有する者が国外に居住しても5年間は国内・国外を問わず、すべての財産について課税されます。

　さらに、平成25年の税制改正で、相続人・受贈者が日本国籍を有しない場合でも、被相続人・贈与者の住所が日本国内にあれば国外財産についても課

515

税されることになりました（本章473ページ図表参照）。

(2) 居住者・非居住者の判定

　税務上の規定を適用する大前提として、居住者・非居住者の判定が重要です。海外でも生活拠点・事業拠点の一部として広く活動されることの多い上場会社オーナーは、日本の居住者か非居住者かの判定が難しい場合もあり、慎重に対応する必要があります。

　一般的には、代表取締役は常に経営の最前線で意思決定を行うとの前提に立てば、内国法人の代表取締役が非居住者と認められるのは、日本における滞在期間がまったくないケースをのぞき、ほとんどないといえるでしょう。

　また、安易に1年に183日以上を日本で生活をしていなければ日本の居住者に該当しないと考えている者も多いようです。いわゆる183日ルール（短期滞在者免税）は、租税条約に規定されている概念であり（たとえば、日米租税条約第14条第2項(a)）、日本の税法上規定されている概念ではないことに留意すべきです。

　納税者が日本の非居住者と認識しているにもかかわらず、税務当局が日本の居住者と認定した場合には、日本国と日本国以外の国の両国の居住者となってしまいます。

　日本の所得税法では、日本国内に「住所」等を有する個人を居住者と定義しています。日本以外の国の居住者に該当するかどうかは、その国の法令等により決まります。2カ国にわたって滞在している者は、住居、職業、資産の所在、親族の居住状況、国籍等、客観的事実により居住者か否かが判定されます。

　それでも判定できず両国において居住者と判定された場合には、課税当局に申立て、租税条約の定めに従い、両国当局間の相互協議により、どちらの国の居住者となるかを決定されます。各国税務当局は、自国における居住者と認定し自国で課税権が保持できるよう、時間をかけて審議します。

このような海外生活が多く所得金額が大きい上場会社オーナーの居住者・非居住者の認定、法人における移転価格税制、タックスヘイブン税制などは、より大きな問題に発展してしまう可能性を秘めています。大きな問題とは、金額の問題、評判の問題もさながら、国と国との徴税戦争を巻き起こすことを指します。

【巻末資料】

平成 28 年度 税制改正大綱の概要

平成27年12月16日に、平成28年度税制改正大綱が公表されました。

法人税の引下げ及び消費税の軽減税率制度の導入が主要な論点となり、他の所得税や相続・贈与に関する税制改正は小振りなものとなりました。

本書に関係する主な改正事項は、次のとおりです。

1 法人税

(1) 法人税率の引下げ

改正内容	適用時期
法人税の税率について、次のとおり段階的に引き下げる。	平成28年4月1日以後に開始する事業年度（23.4%） 平成30年4月1日以後に開始する事業年度（23.2%）

	現行	改正	
		平成28年4月1日以後開始事業年度	平成30年4月1日以後開始事業年度
法人税率	23.9%	23.4%	23.2%

改正内容	適用時期
これにより法人実効税率が次のとおり段階的に引き下げられる。ただし、中小法人の所得800万円以下の部分については軽減措置の特例廃止により、29年度より引き上げられる予定。	平成29年4月1日以後、中小企業者等の法人税率の軽減措置特例の廃止（15%→19%）

開始事業年度		現行	改正		
		H27/4/1〜H28/3/31	H28/4/1〜H29/3/31	H29/4/1〜H30/3/31	H30/4/1〜
①外形標準課税法人		32.11%	29.97%	29.97%	29.74%
②上記①以外の所得課税法人	年400万円以下	21.42%	21.42%	25.99%	25.99%
	年400万円超800万円以下	23.20%	23.20%	27.57%	27.57%
	年800万円超	34.33%	33.80%	33.80%	33.59%

(2) 減価償却制度の見直し

改正内容	適用時期
平成28年4月1日以後に取得する以下の減価償却資産について定率法を廃止し、償却方法を次のとおりとする。	平成28年4月1日以後に取得する事業年度から適用

資産の区分	償却方法	
	現行	改正
建物附属設備及び構築物 （鉱業用のこれらの資産を除く）	定額法 定率法	定額法
鉱業用減価償却資産 （建物、建物附属設備及び構築物に限る）	定額法 定率法 生産高比例法	定額法 生産高比例法

(3) 欠損金の繰越控除制度の見直し

改正内容	適用時期
①平成27年度改正で講じた青色申告書提出事業年度の欠損金、青色申告書未提出事業年度の災害損失金、連結欠損金の繰越控除制度の控除限度額の段階的な引き下げ措置を以下のとおり見直す。	①（左記参照）

平成27年度改正		平成28年度改正	
事業年度 開始日	控除限度 割合	事業年度 開始日	控除限度 割合
平成27年4月1日～ 平成29年3月31日	100分の65	平成27年4月1日～ 平成28年3月31日	100分の65
		平成28年4月1日～ 平成29年3月31日	100分の60
平成29年4月1日～	100分の50	平成29年4月1日～ 平成30年3月31日	100分の55
		平成30年4月1日～	100分の50

521

②平成27年度改正で講じた次の期間延長措置の開始時期について1年延長し（平成29年4月1日施行から平成30年4月1日施行に延期）、平成30年4月1日以後開始事業年度において生じた欠損金額について適用することとする。

	現行	平成27年度改正
欠損金の繰越期間		
欠損金の繰越控除制度の適用に係る帳簿書類の保存期間	9年	10年
法人税の欠損金額に係る更正の期間制限		
法人税の欠損金額に係る更正の請求期間		

②平成30年4月1日以後に開始する事業年度から適用

2 法人住民税

(1) 法人事業税の税率引下げと外形標準課税の拡大

改正内容	適用時期
①法人事業税の税率の改正 資本金1億円超の普通法人の法人事業税の標準税率を以下のとおりとする。	平成28年4月1日以後に開始する事業年度から適用

		現行	改正案
		平成27年度	平成28年度～
付加価値割		0.72%	1.2%
資本割		0.30%	0.50%
所得割	年400万円以下	3.1%（1.6%）	1.9%（0.3%）
	年400万円超 800万円以下	4.6%（2.3%）	2.7%（0.5%）
	年800万円超	6.0%（3.1%）	3.6%（0.7%）

（注）　所得割の税率（　）内の率は、地方法人特別税等に関する暫定措置法適用後の税率

②地方法人特別税の税率の改正
資本金１億円超の普通法人の地方法人特別税の税率（法人事業税の所得割額に対する税率）を、現行（平成27年度）93.5％から改正案（平成28年度）414.2％とする。

③法人事業税の税率の改正に伴う負担変動の軽減措置を講ずる（付加価値割について、付加価値割額40億円未満の法人を対象とする）。

(2) 地方法人課税の偏在是正

改正内容	適用時期
①法人住民税法人税割の税率の改正 ②地方法人税の税率の改正 地方法人税の税率を現行4.4％から10.3％に引き上げる。 ③地方法人特別税は廃止し、法人事業税に復元する。	平成29年４月１日以後に開始する事業年度から適用

①法人住民税法人税割の税率の改正

		現行	改正案
道府県民税法人税割	標準税率	3.2%	1.0%
	制限税率	4.2%	2.0%
市町村民税法人税割	標準税率	9.7%	6.0%
	制限税率	12.1%	8.4%

523

3　消費税

（1）　軽減税率の導入

改正内容	適用時期
消費税率の引上げ（現行：8％→改正後：10％）と時期をあわせ、「軽減税率制度」を導入する。 ①軽減税率対象品目 　・飲食料品（酒類及び外食を除く） 　・新聞（定期購読契約が締結され、週2回以上刊行されるもの） ②適用税率 　8％（国6.24％、地方1.76％）	平成29年4月1日以後

（2）　適格請求書保存方式（いわゆる「インボイス制度」）の導入

改正内容	適用時期
現行の請求書等保存方式における請求書等の保存に代えて、「適格請求書発行事業者」（仮称）から交付を受けた「適格請求書」（仮称）又は「適格簡易請求書」（仮称）の保存が、仕入税額控除の要件となる。	平成33年4月1日以後

4 納税環境整備

加算税制度の見直し

改正内容	適用時期
①調査を行う旨、調査対象税目及び調査対象期間の通知以後、かつ、その調査があることにより更正又は決定があるべきことを予知（以下「更正予知」という）する前にされた修正申告に基づく過少申告加算税の割合、及び、期限後申告又は修正申告に基づく無申告加算税の割合を、一定の場合を除き以下のとおり見直す。	平成29年1月1日以後に法定申告期限が到来する国税について適用

	現行	改正後
更正予知前の修正申告による過少申告加算税	0%	5%	期限内申告税額と50万円とのいずれか多い金額を超える部分は10%。
更正予知前の期限後申告による無申告加算税	5%	10%	納付すべき税額が50万円を超える部分は15%

②期限後申告もしくは修正申告（更正予知によるものに限る）又は更正もしくは決定等（以下「期限後申告等」という）があった場合において、その期限後申告等があった日の前日から起算して5年前の日までの間に、その期限後申告等に係る税目について無申告加算税（更正予知によるものに限る）又は重加算税を課されたことがあるときは、その期限後申告等に基づき課する無申告加算税の割合、及び、重加算税の割合について、それぞれの割合に10%加算する措置を講ずる。

	本則 （改正なし）	過去5年の間に無申告加算税又は重加算税を賦課された者
無申告加算税	15% （50万円超部分は20%）	25% （50万円超部分は30%）
重加算税　原則	35%	45%
重加算税　無申告又は期限後申告	40%	50%

(注)　過少申告加算税及び源泉所得税に係る不納付加算税については上記②の見直しの対象外

上場会社オーナーのための資産管理実務

平成28年4月15日　初版発行

監修者　小　谷　野　幹　雄
編著者　小谷野公認会計士事務所
発行者　加　藤　一　浩
発行所　株式会社きんざい
〒160-8520　東京都新宿区南元町19
電話　03-3358-0016（編集）
03-3358-2891（販売）
URL　http://www.kinzai.jp/

印刷　奥村印刷株式会社　ISBN978-4-322-12438-5

・本書の全部または一部の複写、複製、転訳載および磁気または光記録媒体、コンピュータネットワーク上等への入力等は、特別の場合を除き、著作者、出版社の権利侵害となります。
・落丁、乱丁はお取替えします。定価はカバーに表示してあります。